本书受以下项目资助
陕西省社科规划项目"风险的存在论解读与风险社会的生成逻辑研究"(13C034)

当代风险社会

基于哲学存在论与复杂系统论的研究

郭洪水 著

中国社会科学出版社

图书在版编目(CIP)数据

当代风险社会：基于哲学存在论与复杂系统论的研究 / 郭洪水著. —北京：中国社会科学出版社，2015.12
 ISBN 978-7-5161-7395-4

Ⅰ.①当… Ⅱ.①郭… Ⅲ.①社会学—研究 Ⅳ.①C91

中国版本图书馆 CIP 数据核字(2015)第 313142 号

出 版 人	赵剑英
责任编辑	冯春凤
责任校对	张爱华
责任印制	张雪娇

出　版	中国社会科学出版社
社　址	北京鼓楼西大街甲 158 号
邮　编	100720
网　址	http://www.csspw.cn
发 行 部	010-84083685
门 市 部	010-84029450
经　销	新华书店及其他书店
印　刷	北京君升印刷有限公司
装　订	廊坊市广阳区广增装订厂
版　次	2015 年 12 月第 1 版
印　次	2015 年 12 月第 1 次印刷
开　本	710×1000　1/16
印　张	15.75
插　页	2
字　数	256 千字
定　价	58.00 元

凡购买中国社会科学出版社图书,如有质量问题请与本社营销中心联系调换
电话:010-84083683
版权所有　侵权必究

目　录

前　言 …………………………………………………………（ 1 ）
 一　本书研究的理论和实践意义 ……………………………（ 4 ）
 二　国内外研究现状 …………………………………………（ 5 ）
  1. 风险概念及其界定维度 …………………………………（ 5 ）
  2. 风险社会的来临 …………………………………………（ 8 ）
  3. 风险社会的根源 …………………………………………（ 8 ）
  4. 风险的扩散 ………………………………………………（ 9 ）
  5. 风险的评估与治理 ………………………………………（ 9 ）
 三　现有研究存在问题与本书研究创新之处 ………………（ 11 ）
 四　本书研究方法 ……………………………………………（ 14 ）

第一章　哲学存在论视域中的风险和风险社会 ………………（ 1 ）
 第一节　风险的存在论解读 …………………………………（ 1 ）
  一　风险存在论的可能性与必要性 ………………………（ 2 ）
  二　风险的存在论界说 ……………………………………（ 5 ）
  三　风险对于人之存在的意义 ……………………………（ 13 ）
 第二节　风险的时空结构 ……………………………………（ 16 ）
  一　风险的时间结构 ………………………………………（ 18 ）
  二　风险的空间结构 ………………………………………（ 19 ）
 第三节　风险的意识结构 ……………………………………（ 20 ）
  一　风险的感知和解释 ……………………………………（ 22 ）
  二　风险的预期与社会建构 ………………………………（ 25 ）
  三　死亡意识：风险存在的最高警示 ……………………（ 28 ）

第四节　当代风险社会与"风险异化" …………………（32）
　　　一　当代社会何以是风险社会 ……………………（32）
　　　二　"风险异化为危险" ……………………………（34）
　　第五节　风险社会的根源与应对 ……………………（39）
　　本章小结 …………………………………………………（41）

第二章　现代技术：不断加速的"行星运动"与"最大的危险" ………………………………………………（43）
　　第一节　技术的"位移"与技术时代的到来 …………（43）
　　第二节　现代技术力量向全球的快速蔓延 …………（47）
　　　一　时间向度：现代技术的自主性发展 …………（48）
　　　二　空间维度：技术的通约化 ……………………（54）
　　　三　思想根源：工具理性和"技术拜物教" ………（60）
　　　四　实践进程：当代技术竞赛 ……………………（67）
　　第三节　现代技术的"行星运动"与风险社会 ………（69）
　　　一　现代技术本身的风险 …………………………（69）
　　　二　现代技术的"行星运动"造成的风险 ………（73）
　　　三　"最大的危险" …………………………………（80）
　　本章小结 …………………………………………………（81）

第三章　"铤而走险"的资本运行逻辑与风险社会 ……（83）
　　第一节　利润最大化的生产目标及其风险 …………（83）
　　第二节　效率至上的竞争逻辑及其风险 ……………（87）
　　第三节　资本拜物教、商品拜物教和货币拜物教及其风险 ……（88）
　　第四节　资本主义的"时空技术"与风险社会 ………（93）
　　第五节　资本主义与风险社会 ………………………（101）
　　本章小结 …………………………………………………（104）

第四章　技术资本主义与风险社会的发展 ……………（105）
　　第一节　技术和资本的结合与技术资本主义 ………（105）
　　第二节　技术和资本的合作与风险社会两大根源的合流 ………（108）

一　技术和资本合作的历史条件与必要前提 …………………（109）
　　二　技术和资本的合作 ……………………………………………（112）
　　三　风险社会两大根源的合流 ……………………………………（117）
　第三节　信息技术资本主义与风险社会 ………………………………（118）
　　一　信息技术资本主义及其风险 …………………………………（118）
　　二　信息技术资本主义的"时空技术"及其风险 ………………（122）
　第四节　技术和资本的矛盾与风险社会 ………………………………（128）
　第五节　科学对风险的建构 ……………………………………………（130）
　　一　科学本身的风险 ………………………………………………（131）
　　二　当代风险的科学建构 …………………………………………（133）
　第六节　技术资本主义与风险社会的发展 ……………………………（136）
　　一　经济风险 ………………………………………………………（136）
　　二　政治风险 ………………………………………………………（141）
　　三　文化危机 ………………………………………………………（145）
　　四　赌场资本主义 …………………………………………………（147）
　本章小结 …………………………………………………………………（149）

第五章　风险系统与风险扩散 ………………………………………（151）
　第一节　风险扩散 ………………………………………………………（151）
　第二节　风险扩散的研究方法 …………………………………………（154）
　第三节　风险扩散的复杂系统分析 ……………………………………（158）
　　一　风险系统的要素构成 …………………………………………（158）
　　二　风险要素的复杂相干性与风险扩散 …………………………（162）
　第四节　风险扩散的效应分析 …………………………………………（174）
　　一　风险扩散的累积效应和乘数效应 ……………………………（175）
　　二　风险扩散的"温室效应"和"回飞镖效应" ………………（177）
　本章小结 …………………………………………………………………（183）

第六章　风险评估与治理 ……………………………………………（185）
　第一节　风险评估 ………………………………………………………（185）
　第二节　风险评估维度的扩展 …………………………………………（187）

一　风险评估方法的革新 …………………………………（187）
　　二　风险评估的目标改进和内容扩展 ……………………（188）
　　三　评估主体的范围和知识层次的扩展 …………………（192）
第三节　风险治理 ……………………………………………（195）
　　一　全球风险社会与风险治理 ……………………………（195）
　　二　风险治理的现实困境 …………………………………（198）
　　三　风险治理的可能路径 …………………………………（202）
本章小结 ………………………………………………………（214）
参考文献 ………………………………………………………（216）
后记 ……………………………………………………………（225）

前　言

风险本来就是人类文明的固有问题。这个古老话题早就在原始神话中以隐喻形式出现过，比如中国的"女娲补天"：

据说女娲造了人，做了女皇，镇守一方的水神共工不服，想争夺帝位而不断兴风作浪，女娲即命火神祝融迎战。结果共工失败，于是恼羞成怒，一头撞向擎天柱不周山，顿时天塌了个大窟窿，地也陷出大裂纹，山林烧起大火，洪水从地底下喷涌而出，龙蛇猛兽也出来吞食人民，人类面临着大劫难。女娲炼石补天，斩龟的四脚做擎天柱，斩杀残害人们的黑龙，堵塞洪水，人类重又恢复安宁。①

对这个神话，中国地震局研究员王若柏基于地质研究做出了大胆推测：在距今 4000 年到 5000 年间的某个时期，一颗小彗星冲入华北北部上空的大气层，形成陨石雨灾害。女娲补天就是关于这次灾害的传说式记载。其中载于《淮南子·览冥训》的说法——"四极废，九州裂，天不兼复，地不周载"是描述小型天体爆炸后形成的大规模陨石雨；"火炼炎而不灭"是描述撞击后在地面上引起的火灾；彗星成分主要是陨冰，陨冰融化形成大量地表水，由此产生了"水浩洋而不息"的结果。② 这样看来，"女娲补天"是对中国文明初创时期面临的一次巨大风险挑战的隐喻式描述，这个传说主要揭示了伴随人类社会发展的某种自然风险。自然风险存在于自然界和宇宙领域，主要指对包括人在内的生物体造成各种危害的可能性。在比较严重的意义上，包括地震、火山爆发的可能，恶劣气候

---

① 这个神话有几个版本，参见《淮南子·览冥训》、《淮南子·天文训》、《太平御览》等。
② 王若柏、谢觉民：《"女娲补天"源自于史前一次陨石雨撞击》，《历史教学》2004 年第 7 期。

造成生命损失的可能等。在早期社会，人们应对自然风险的能力很弱，自然风险具有极大的不可抗力性。受当时知识的局限，人们对自然的破坏性力量难以认知，于是对它加以超自然的解释和应对。自然风险于是以神话和原始宗教的形式被表达出来。所以，此时风险以隐喻的形式出现，并不奇怪。

今天，人们面对的自然风险也不见得比过去少。特别是近年来，全球范围内的自然风险进入了一个高发期。2008年以来，先后在汶川、海地、智利和日本东北地区等地发生大地震，死亡总人数超过30万。欧洲冰岛沉寂了187年的艾雅法拉火山于2010年一个月内爆发两次，火山灰使整个欧洲航空陷入停顿。全球台风和强热带风暴活动频繁，其中2005年，美国的"卡特里娜"飓风造成1800多人丧生；2012年，飓风"桑迪"袭击中美洲和美国新泽西州，很多城市变成空城；2008年，缅甸发生据专家认为是500年一遇的热带风暴，近15万人死亡和失踪。一些国家交替发生持续干旱和洪水、泥石流灾害，其中2010年的巴基斯坦受到"历史上最严重的洪灾"冲击，印度河水位达到1929年以来最高水平；澳大利亚也发生了百年一遇大洪水。2010年岁末，极端天气侵袭全球，欧洲、美国和中国东北遭遇罕见暴风雪袭击。这样看来，"女娲补天"这种风险隐喻在今天仍然有警示意义。"女娲补天"里所说的"天空漏洞"，现如今正以另一种现实的形式出现并且愈演愈烈。比如保护地球生态的臭氧层空洞越来越大；另据美国宇航局（NASA）披露：在地球外围保护地球的磁气层也破了个大洞，比地球宽四倍而且还在扩大中。① 看来"天"确实需要"补"。

西方也有"普罗米修斯盗火"的神话。按这个传说，普罗米修斯造了人，并且乐于助人，把各种好东西教给人类。特别地，他想把火赐予人。然而因为在随后的一次神人会议上，普罗米修斯自作聪明，用板油包裹的牛骨，欺骗据说爱吃肥油的宙斯，宙斯决定不给人类火种。普罗米修斯不顾宙斯反对，当太阳神的太阳车从他身旁经过时，他用一根茴香枝把火种引燃，偷着把火种从天上带到人间。从此人们可以吃熟食，开篝火晚

---

① 美国宇航局在2008年12月宣布了这个发现。参见《美宇航局：2013太阳风暴来袭》，http://www.chinanews.com/gj/gj-sjkj/news/2010/06-17/2348303.shtml，2012年1月5日。

会，人间充满了生活气息。不过这位人类的"恩神"也许不会想到，今天的人类已经能够乘坐"火箭"，从地上飞到天上，一窥天国的奥秘，连天国里也有了"人味"。从原野里的一处篝火，发展到今天的载人火箭，不知道上帝还能不能对喜欢思考的人类随便"发笑"。人类有了火这项"技术"，从此在猛兽林立的自然界有了一个生存的"好手段"。然而，火可以取暖，也会发生"杀人放火"的事情。自从学会了用火，人类一边使自己不断强大，一边也冒着"玩火自焚"的风险。

"普罗米修斯盗火"的神话暗示了一种技术风险。技术应用对人来说既可能有利，又可能不利，这就是技术风险。普罗米修斯盗火以后，遭到宙斯的惩罚，他被锁在高加索山上，让一只鹰不停地啄食他身上每天新生长出来的肝脏。在这个神话中，宙斯自始至终不愿意把火这项"技术"赐给人类，这是从宗教角度表示对人使用技术能力的怀疑。在宙斯看来，人们不能掌控使用技术的后果，人使用技术必有风险。甚至在更消极的意义上，有一种观点认为，普罗米修斯神话喻示了一种"技术原罪"，即技术使用带来的不利影响注定存在，技术负面作用植根于技术发展进程的始终。技术风险论本来持技术价值中立立场，而技术原罪论则倒向了技术悲观主义，它对技术造成的恶果情有独钟。不过，严格说来，古代技术不具有多大危险性，技术的各种危险的暴露是近代以后的事情。

技术风险是更大范围的人为风险的一个组成部分。人为风险主要存在于社会领域，主要指人的活动造成的各种可能损失或危险。当今社会，各种自然风险融汇在人为风险中，人为风险的作用越来越显著。特别是工业革命以来，科学技术的快速应用使地球的温室气体剧增，导致地球持续升温，很多科学家认为地球的暖化已是不争的事实，而且有继续恶化的趋势。当今困扰全球的气候变化问题是地球暖化的直接效应。工业社会发展的加速导致各种自然环境的破坏，其中包括耕地锐减，加上人口激增，不少国家面临粮食危机。同时，由于滥用各种食品添加剂和防腐剂等技术产品，食品安全问题也非常突出。继"非典"病毒肆虐之后，2010年下半年以来，一种"超级病菌"正在向全球蔓延，已致多人死亡。据报道，该病菌对所有抗生素免疫，目前无确定方法治疗。化学工业、核能、生物工程和计算机网络等领域的危险也不断挑战人们的生存，比如2011年日本大地震引发了福岛核电站的泄漏事故。可以说，现在整个地球生物圈的生存状况确实岌岌可危。

这样看来，人类文明进程其实一直伴随着各种风险，这些风险不断升级，并发生系统性的相互作用，乃至发展到当今时代，它们的"量变"开始引发各种"质变"。风险逐渐成为时代问题的焦点，人类不可避免地迈进了风险社会。

一　本书研究的理论和实践意义

首先，对当今风险社会的深入研究，是当前理论界必须面对的重大课题。自近代以来，科技和资本主义主导的现代化进程给人类创造了前所未有的文明成果，人类获得了改变自然和自身的强大能力。与此同时，各种威胁人们生存与发展的巨大风险，也开始不断涌现和集聚。风险社会是工业文明发展到当代才出现的崭新情况，各种自然风险和人为风险交织在一起，汇聚成一股巨大力量，对人类未来带来全局性的、长远的又是变幻莫测的威胁。人们喝着不同程度被污染的水，吃着不安全的食物，使用着给人体带来各种有害辐射的电子产品，呼吸着不再纯净的空气，危险无处不在。当代风险已不再意味着过去人们可以忽略的微小代价，不能再简化为社会发展的必要成本，它已经成长为塑造当今时代的重大力量，影响着全球社会的发展格局。比如当今气候变化引发全球社会的焦虑，必须尽快找到应对方略。据2009年哥本哈根气候大会有关人士估计：由于喜马拉雅山冰川加速融化，印度恒河有可能在20年内干枯，几十年内世界40%的人口用水将出现危机；2009年初，尼泊尔登山队员在珠穆朗玛峰5000多米处发现苍蝇，而过去苍蝇在此高度根本无法存活。[①] 种种迹象表明，风险已经从人类文明的幕后走向前台，同时人类则从工业社会走进风险社会。为此，人们需要及时面对并理解这一时代发展格局的深刻变化，并思考应对方略。

其次，国内外理论界对风险社会已经进行了一些卓有成效的研究。不过，随着风险社会实践的发展，还有一些问题需要继续深入回答：为什么

---

① 参见《喜马拉雅冰川加速融化，恒河20年后或干枯》，载《广州日报》，2009年12月6日。

人类在自身力量最强大的时候，却也陷入了令人惴惴不安的风险社会？风险是如何"潜藏"在人的存在和人类发展进程之中的？引发当代风险社会的主要根源是什么？特别是塑造风险社会的各种诱因有着怎样的相互作用机制，以至于在不到300年的工业文明发展进程中，各种风险迅速而全面地扩散为全球性的威胁？我们应该如何应对风险的急剧扩散？笔者试图在批判继承学界已有研究成果的基础上，对这些问题做出回答，以期理解风险社会的发展规律。这些问题的廓清，在实践中也有助于我们把握风险社会的未来走向，找到风险治理的有效路径。

最后，本研究有助于拓宽风险社会研究的学科视角，深化对当代哲学前沿问题的理解，使其成为"时代精神的精华"。风险社会是一个跨学科的研究领域。卢曼、贝克、吉登斯等人从社会学的视角，拉什等人从文化学的角度，斯洛维克等人从社会心理学的角度，都对风险社会进行了一些研究，本研究则整合了哲学存在论①、技术哲学、历史唯物主义与系统论和复杂性科学等视角。这延伸了当代风险研究的学科范围，有利于我们从多学科的角度，更全面地理解当代风险社会。

二 国内外研究现状

与本书相关的国内外研究内容涉及了五个主要方面。

1. 风险概念及其界定维度

对风险概念进行界定，这是风险研究的首要一步。德国学者乌尔里希·贝克考察了风险社会的各种定义关系，如特定文化背景下的规则、制度和对风险的认定和评估能力，把风险定义为"系统地处理现代化自身

---

① "存在论"是对"ontology"的翻译，原译"本体论"，海德格尔将其改造为"存在论"，力图揭示人与物的本真存在。海德格尔提出"存在的真理"和"存在者的真理"之区分，它们都出现在古希腊哲学中，不过后来前者被后者所遮蔽。很多学者认为马克思的实践唯物主义实际上也可以与此对话，甚至以存在论的形式重新被解释。值得重视的是，尤金·罗莎在对风险的社会放大框架进行逻辑研究时提出了"风险本体论"，风险是本体论意义的现实。参见〔美〕尤金·罗莎《风险的社会放大框架的逻辑结构：超理论基础与政策含义》，谭宏凯译。见〔英〕尼克·皮金编著《风险的社会放大》，中国劳动社会保障出版社2010年版，第36页。

引致的危险和不安全感的方式"①。吉登斯认为，传统文化中没有风险概念，风险这个概念出现在16、17世纪，他将风险定义为"在与将来可能性关系中被评价的危险程度"。②吉登斯区分了两种风险：自然风险与人工风险，并认为我们现在越来越多地面对各种类型的人工风险，即由于我们自己的知识和技术对自然界的影响而引发的风险。③美国学者尤金·罗莎综合并改进罗杰·卡斯帕森等人的观点，认为"风险是某种具有人类价值的事物（包括人类自身）在其中处于危急关头，而其结果不确定的一种局面或事件"。④国内学者李伯聪曾经把风险定义为"针对个人、集体或人类社会而言的有可能在未来带来有害后果的不定性"⑤。杨雪冬在综合了国内外相关学者的研究后，把风险的定义总结为"个人和群体在未来遇到的伤害的可能性以及对这种可能性的判断与认知"⑥。

总体上，学界对于风险的界定，围绕着风险实在论和风险建构论两个维度展开。张广利认为，在风险社会理论领域存在着客观主义和主观主义两种立场的争论，并主张应该把二者融合起来。⑦风险实在论认为风险源自客观存在的某种危险；风险建构论认为，风险与人的感知有关，是社会和文化的建构，并且与人们对它的解释分不开。西班牙技术哲学家奥特加·Y. 加塞特和贝克持有风险实在论的观点。加塞特的研究表明，人在自然中的存在方式是包含风险的存在，这种风险很大程度上源自自然给人制造的困难和挑战。⑧贝克认为：产生于晚期现代性的风险，指向完全逃脱人类感知能力的放射性、空气、水和食物中的毒素和污染物，以及相伴

---

① Ulrich Beck, Risk Society: *Towards a New Modernity*, Sage Publications: 1992, p. 21.
② ［英］安东尼·吉登斯：《失控的世界》，周红云译，江西人民出版社2001年版，第13—18页。
③ ［英］安东尼·吉登斯：《社会学》（第4版），赵旭东等译，北京大学出版社2003年版，第80页。
④ ［美］尤金·罗莎：《风险的社会放大框架的逻辑结构：超理论基础与政策含义》，谭宏凯译。见［英］尼克·皮金编著《风险的社会放大》，第43页。
⑤ 李伯聪：《风险三议》，《自然辩证法通讯》2000年第5期。
⑥ 杨雪冬等著：《风险社会与秩序重建》，社会科学文献出版社2006年版，第16页。
⑦ 张广利：《主客观风险社会理论的分歧与融合》，《广东社会科学》2008年第4期。
⑧ Ortega Y Gasset, "Man the Technician", in Craig Hanks, *Technology and Values: Essential Readings*, ed., Wiley – Blackwell: 2009, p. 115.

随的短期和长期的对植物、动物和人的影响。① 风险基于切实存在的放射性、毒害和污染及其产生的客观影响，尽管人们会对这些毒害和影响做出不同的主观判断。

风险建构论则提出，只要风险和人们的期望有关，那么风险必定是价值负载的，风险显示为人们的主观建构。根据主体层次的不同，这种建构有两大方面。第一，风险首先与个人的感知有关，风险感知论研究的主要代表人物有保罗·斯洛维克、玛丽·道格拉斯、阿隆·维达夫斯基和施雷德·福瑞切特。保罗·斯洛维克试图将风险发生时的行为与关于概率判断和风险选择的心理学研究联系起来，建立了关于风险的心理测试学体系。道格拉斯和维达夫斯基认为，现代的风险其实并没有增加，而仅仅是感知到的风险增加了。② 福瑞切特则提出一个贝克莱式的风险界说，即除了被感知的风险之外没有风险存在，风险的存在就是它的被感知。③ 第二，风险的界定与认知与社会文化背景紧密相关，不同的文化对风险的判断和抉择是不一样的。这种观点可以叫作风险文化论，其主要代表者是斯科特·拉什。拉什借用了康德的决定性判断与反思性判断的理论来分析风险：在康德哲学中，决定性判断是客观判断，采用数学和物理模型；反思性判断是主观判断。因此相应地，决定性判断希望理解风险，致力于对风险的"科学认知"；反思性判断应该是风险文化的核心。④

与风险的价值负载和主观建构相应，风险也具有解释学特征。风险是不可见的、隐蔽的，这为风险的解释留下了丰富的空间。贝克对于风险解释学表示了很多关注。他指出晚期现代性的风险，是以科学知识的形式，借助因果解释，而被社会界定和建构的。此外，学者们也看到了实在论和建构论不应该是割裂的，而是统一的。贝克和当代瑞典学者斯文·汉森都

---

① ［德］乌尔里希·贝克：《风险社会》，何博闻译，译林出版社2004年版，第20页。

② 斯洛维克建立的风险感知量表，参见［美］保罗·斯洛维克：《风险感知：对心理测量范式的思考》。见［英］谢尔顿·克里姆斯基等编著《风险的社会理论学说》，徐元玲等译，北京出版社2005年版，第134—135页。道格拉斯和维达夫斯基的观点转引自［英］斯科特·拉什：《风险文化》。见［英］芭芭拉·亚当等编著《风险社会及其超越：社会理论的关键议题》，赵延东等译，北京出版社2005年版，第70页。

③ ［英］尼克·皮金等编：《风险的社会放大》，第54页。

④ ［英］斯科特·拉什：《风险文化》。见芭芭拉·亚当等编著《风险社会及其超越：社会理论的关键议题》，第76、78页。

持有这种观点。贝克认为,有关风险的陈述从来没有简化为仅仅是关于事实的陈述,它包括理论的和规范的内容,这都是它的组成部分。汉森也指出,风险概念既有价值成分又有事实成分。① 罗杰·卡斯帕森和尤金·罗莎也认为,风险既是一种现实的威胁,也包含社会文化的建构。后者主张对风险的理解,要包含本体论的现实主义和认识论的视角。

2. 风险社会的来临

这方面的研究明确提出,当前人类已经进入风险社会。风险不是哪一个国家或哪个人的问题,而是我们这个时代的关键问题。甚至有人提出了风险社会的具体对应时间,是20世纪晚期至21世纪。② 德国学者卢曼早就提出,今天我们生活在一个除了冒险别无选择的社会。贝克认为,风险在今天成为突出问题,乃至出现"风险社会",是现代化的一个后果。贝克认为现代化有两个阶段,风险社会的出现是第二个阶段——晚期现代性的主导特征。③ 吉登斯也认为,风险概念尽管早就提出,但是风险社会的出现则是当代的事情。现在我们面对的是一个不安全的、充满焦虑的全球社会。随着"冷战"的结束,国家之间的激烈对抗不再占据主导地位,各国面临的最严重的问题是不断扩大的不平等和生态风险。贝克和吉登斯都认为,当代风险社会是全球性的,他们都认可了"世界风险社会"、"全球风险社会"的概念。沃特·阿赫特贝格和国内学者程光泉、庄友刚等也都支持了贝克、吉登斯的这个判断。

3. 风险社会的根源

关于风险社会的根源,学者们指出了工业社会的迅速发展是主因,其中科学、技术和资本都发挥了关键作用。马尔库塞认为发达工业社会步入了单行道,盛行单面思维,总是排除对它的反思和批判,这是危险的。贝克把风险社会的原因归结为现代工业的过度生产,其中"科学成为对人

---

① 参见[德]乌尔里希·贝克:《风险社会》,第26页;汉森的观点是笔者根据他未公开发表的英文演讲稿翻译的,见 Sven Ove Hansson, "Risk and Safety from the Viewpoint of Philosophy of Technology", *Lecture*, *Northeastern University*, *Shenyang*, *China*, August 20–21, 2010.
② 杨雪冬等:《风险社会与秩序重建》,第30页。
③ [德]乌尔里希·贝克《风险社会》,第7页。

和自然的全球污染的保护者"①，它以因果关系和"断定可接受值"的方式主导着风险界定和评估。吉登斯认为，现代性条件下，技术变迁是神速的，我们现在越来越多地面对各种类型的人工风险，即由于我们自己的知识和技术对自然界的影响而引发的风险。② 约纳斯认为，现代技术本身孕育着巨大的风险，必须引起人们负责任的关注。马克思曾经指出，不断提高的利润能使资本铤而走险、践踏一切人间法律乃至冒绞首的危险。这生动地阐明了资本逐利的本性及其风险。吉登斯指出，资本主义以"理性地冒险"推动了当今风险社会的发展。在国内的研究进展中，费多益曾提出：现代高新技术是高风险技术，包括技术开发和技术应用两方面风险。③ 庄友刚从历史唯物主义的视角分析了"全球资本关系"、"科技理性"和"世界市场"对风险社会形成的重要影响；王迎春也认为，技术和资本的共谋建构了现代性，其中包括"对风险社会的塑造"。④

4. 风险的扩散

风险扩散是指风险在时空层面不断扩展的过程。在此过程中，各种风险要素之间也发生系统性的相互作用，乃至催生新的风险。关于风险扩散，在经济学和管理学的文献中有基于数学模型的研究。英国学者尼克·皮金（Nick Pidgeon）、美国学者罗杰·E. 卡斯帕森和保罗·斯洛维奇主编了一个文集，研究了"风险的社会放大框架"，描述了社会与个体因素的相互作用及其如何放大或减弱对风险的认知，涵盖了疯牛病与食品安全、AIDS/HIV、核电、儿童保护、千禧年、电磁场以及废物焚化等风险议题。⑤

5. 风险的评估与治理

到目前为止，风险评估的研究更多集中在工程学领域，笔者在此只对

---

① [德] 乌尔里希·贝克：《风险社会》，第 83 页。
② [英] 安东尼·吉登斯：《社会学》（第 4 版），第 80 页。
③ 费多益：《风险技术的社会控制》，《清华大学学报》（哲学社会科学版）2005 年第 3 期。
④ 参见庄友刚《跨越风险社会：风险社会的历史唯物主义研究》，人民出版社 2008 年版，第三章内容；以及王迎春《技术与资本的共谋及其对现代性的建构》，复旦大学 2010 届博士论文，第四章第三节内容。
⑤ 参见 [英] 尼克·皮金等编《风险的社会放大》，2010 年版。

社会学和技术哲学角度的相关研究进行综述。具体来说,关于风险评估的研究内容主要涉及三个方面。第一,风险的量化研究与非量化研究的争论。美国学者福瑞切特(Kristin Shrader - Frechette)发现:风险的定义和评判分为两类,即工程学的和人文主义的。工程学的定义倾向于从工程角度分析技术项目本身运行的成败得失;在评判其造成的后果时,看重可以量化的身体伤害(physical harm),如年均死亡概率。哲学家和人文主义批评家则针锋相对地认为,风险不能仅仅定义为定量的伤害。① 科学技术的发展常常造成一些不可量化的损害等,这些损害也是必须要考虑的。第二,贝克、汉森、芭芭拉·亚当和约斯特·房龙等学者集中批判了风险研究中的量化方法。贝克认为,工程学的量化方法在当代的风险认知和把握中已不能适用。原因在于:伴随技术选择能力增长的,是它们的后果的不可计算性。汉森则指出,典型的真实生活的情景是以没有精确概率的不确定性为特征的,这一点尤其体现在技术中。大多数技术风险的概率不是可以精确知道的。芭芭拉·亚当和约斯特·房龙在总结学术界的风险研究的时候也认为,风险社会已经把我们带出了数学计算的安全范围,因此风险已经不能再简化为事件发生的概率乘以潜在危害的强度和范围。② 第三,鉴于量化方法的局限,冯登国主张把定量分析和定性分析结合起来,黄崇福则提出"综合风险评估"的思路。

风险治理是当前政治生活的主题。贝克认为,风险治理的关键是如何在全球范围内公平地分担风险责任和风险收益;朱葆伟也提出,如今公正问题被放在突出的位置,正是出于高技术与资本相结合,共同成为支配我们时代的基本力量这一背景,它要求公平地分配科学技术发展带来的好处、负担和风险,要求一种更为合理的制度和国际秩序。③ 由于全球性风险社会的发展,全球治理和公共治理都是风险治理的题中应有之义。程光泉认为,世界风险已经成为无法规避的现实,世界各国政府和人民应树立全球风险

---

① Kristin Shrader - Frechette, "Technology and Ethics", in *Technology and Values*: *Essential Readings*, p. 62.
② Barbara Adam、Ulrich Beck and Joost Van Loon, The Risk Society and Beyond: Critical Issues for Social Theory, eds. SAGE Publications of London: 2000, p. 7.
③ 朱葆伟:《高技术的发展与社会公正》,《天津社会科学》2007 年第 1 期。

意识,启动全球风险治理机制,以应对全球风险对人类社会构成的挑战。① 张文生和冯志宏认为,要有效地治理风险,必须走全球风险治理之路,这要求我们树立全球风险意识,采取多元主体治理风险,建立全球风险管理机制,力争以最小的风险实现最大的发展。② 张子礼和侯书和认为,要有效治理风险,必须改变传统的实践观和发展方式,再造政治和提升政治能力,保证科技、经济、社会的有限发展与合理发展,建立风险治理责任机制和风险的复合治理结构。③

在更为具体的应对办法方面,很多风险研究学者都认为,全球社会需要建立某种新型的民主政治,调动民众和专家系统两个方面的积极性,才能有效应对风险。美国学者、2009 年诺贝尔经济学奖得主埃莉诺·奥斯特罗姆基于实证研究提出了"多中心自主治理"的公共治理思路,给风险治理提供了重要启发。赵延东基于"非典型性肺炎"的应对实践提出,风险社会应该建立起双向沟通的"新合作风险治理"模式,在政府、企业、社区、非营利组织之间构筑起共同治理风险的网络联系和信任关系;建立风险治理的国际合作机制,即在充分考虑文化价值差异的前提下,协商建立可以在全球范围内适用的风险治理基本原则,明确国际风险治理的责任分担原则,在公平、合理、有效的前提下开展风险治理的国际合作。④ 蔡定剑提出,积极发挥非政府组织、公共知识分子、律师和媒体等公众参与的作用,促进风险社会的制度建设。李强彬等提出了以协商民主的形式应对各种风险挑战。⑤

三 现有研究存在问题与本书研究创新之处

现有研究存在诸多问题有待深入。

第一,对于风险概念,学界已经较多地从社会学、政治学等视角加以

---

① 程光泉:《全球化视野中的风险治理》,《社会主义研究》2006 年第 5 期。
② 张文生、冯志宏:《全球化视阈中的风险治理》,《甘肃社会科学》2009 年第 4 期。
③ 张子礼、侯书和:《风险社会风险的成因与治理》,《齐鲁学刊》2010 年第 6 期。
④ 赵延东:《风险社会与风险治理》,《中国科技论坛》2004 年第 4 期。
⑤ 李强彬、陈宝胜:《风险与公共危机治理的协商民主诉求及其价值》,《天府新论》2009 年第 5 期。

界定，这些风险定义更多是"后果论"和"将来时"的，即主要考虑了行为或事件对人的未来影响和结果。笔者以为，一方面，风险定义还需要"过程论"和"过去时"、"现在时"的视角。风险的源头往往孕育在过去，在现在持续扩散，乃至在未来产生影响。风险的定义应该容纳风险发生和发展的整个过程。另一方面，人的存在也是一个过程。人的存在贯穿"过去—现在—将来"三个时态。风险与人的存在在时间上的同构性并非巧合，因为人的现实生活过程是充满风险的，风险内在于人的存在结构中。为此，我们需要提出一个存在论的风险界说。

当然，学界对此也有了一些初步的探索。庄友刚基于马克思主义哲学的视角认识风险和风险社会；王茂涛曾经探讨过"存在学意义的风险社会"[①]；刘岩曾主张"风险社会理论的生存论价值情怀"[②]。这些研究更多聚焦当前风险社会，而对于与人之存在与生俱来的风险则鲜有阐述。笔者受马克思实践思想和海德格尔哲学的启发，试图从哲学存在论的角度来理解风险概念和风险社会。风险伴随人的整个存在过程，直到今天发展为风险社会。要理解今天的风险社会，就要理解它的"前史"。也许个别或局部的一些风险是可以规避的，但是从宏观上说，风险是人们无法规避的。[③] 人的存在过程总是有风险，社会发展进程也总是伴随风险，对此我们主要应采取风险治理的思路化解其有害影响，或曰把这种影响尽可能地降低到最小限度，即在推进社会发展的同时，强化对风险的尽可能有效的治理。

第二，对于"当前社会何以是风险社会"的认识有待深化。笔者以为，这个问题实际上可以分解为两个方面：其一，塑造了当今风险社会的缘由有哪些？其二，风险实际上始终伴随着人类文明的进程，伴随着个人的生存，它是如何从幕后走上前台，从而成为当今社会生活的焦点？学界努力回答了第一个方面的问题，指出了一些"风险根源"，即哪些方面塑造了风

---

① 王茂涛：《风险社会根源的历史唯物主义考察》，《学术论坛》2009年第2期。
② 参见刘岩《风险意识启蒙与反思性现代化——风险社会理论的生存论理路》，见邴正主编《改革开放与中国社会学：中国社会学学会学术年会获奖论文集》，社会科学文献出版社2009年版，第385—396页。刘岩提出，"对人类整体生存发展的深切关怀以及对此类问题的积极探讨，是生存论的思想传统。"笔者则认为，生存论的角度还应该包含具体个人的存在，因此理解风险和风险社会需要存在论的视角。
③ 这并不否认风险规避的重要性，规避风险是当代风险治理的一个方面。我们要基于风险治理认识风险规避，而不是基于风险规避谈论风险治理。

险社会,比如科技理性的扩张、网络和信息化生产、消费社会和资本主义全球化运作等。这种回答是社会静力学的,我们还需要一个社会动力学[①]的回答,以说明风险在人类社会发展过程中的作用的变化,从而解释为何今天人类进入了风险社会。贝克已经看到了"从财富分配逻辑为主的社会到风险分配逻辑为主的社会"的转变,但是他没有指出这种转变的深层动因是什么。吉登斯对第二个方面的问题进行过阐述,笔者则试图以"风险异化为危险"的过程来进一步回答第二个问题。风险在人类生活中作用的变化,需要一种能容纳动态变化的观点来解释,"风险异化为危险"可以提供这个解释。由于近代以来科学化技术的迅猛发展和资本生产体系的全球扩张,导致全球性风险不断衍生和持续扩散,一些本来层级不高的风险逐渐转变为对全人类的生存构成巨大挑战的危险,不同风险之间也发生复杂的相互作用,风险迅速扩散,人们的风险意识也跟着高度膨胀。人类步入了风险社会。"风险异化为危险"是风险社会的深层动因。

第三,对于上述第一个方面的问题,即风险社会根源的研究也有待于深入。尽管海德格尔等人的技术自主性研究和马克思等人的资本批判理论已经暗示了风险社会的某些根源,但这些研究在他们的思想体系中是晦而不显的,需要明确揭示出来。同时他们的研究各有其局限,比如海德格尔对于资本的作用未置一词;而因为时代条件的限制,马克思也不能看到,当今技术力量的强大远非工业革命时期所能相比。国内学者已经初步取得了一些进展,但还存在需要深化的地方。庄友刚指出了资本和科技理性对于风险社会的塑造,但是科技还有非理性的一面,后者对于风险社会所起的作用同样需要重视。王迎春提出了技术和资本的共谋对风险社会的塑造,然而技术与资本的关系既有合作又有矛盾,而且这种关系的发展也有一些阶段性特征,这些问题等待进一步的阐明。

笔者试图阐明,技术力量的过快增长——以技术自主性发展和技术通约化为特征,是塑造当今风险社会的首要原因。技术力量膨胀的思想根源,不止是工具理性的扩张,还包括非理性的"技术拜物教",它们渗入当今技术竞

---

① 社会静力学和社会动力学是孔德首先提出的。社会静力学研究社会的各个部分是如何构成一个社会整体的,以及这种社会结构的原则是什么。社会静力学的主题是秩序。社会动力学则研究社会秩序形成的历史过程,研究人类整体社会结构的变化和发展。社会动力学的主题是进步。社会静力学研究社会结构的成因,社会动力学研究社会变迁的机制。

赛的实践进程中愈演愈烈，把人们推入高风险的社会。资本的逐利和短视，成为风险社会的制度根源。科学化的技术和现代资本在近代以后深刻地结合在一起，出现了全球化的技术资本主义。风险社会的两种根源也结合在一起，推动着风险社会的纵深发展和风险的持续扩散。技术资本主义重构了全球时空，这是它引致"风险异化为危险"和催生高风险时代的现实基础。

第四，对于风险扩散机制的研究，包括研究方法都有待于展开和深入。学界已经对于导致风险扩散的某些诱因有了某种程度的认识，然而像技术、科学、资本和公众等这些诱因是怎样相互作用的，也就是风险的扩散机制是什么，学界还缺乏相关研究。笔者试图阐明，风险是一个复杂系统[①]，技术、科学和资本等风险因子存在复杂相关性，同时由于市场的放大效应，风险在社会实践进程中不断扩散和变异。本书研究用当代系统论和复杂性科学的方法研究了风险的扩散机制，认为风险扩散最终呈现出累积效应、乘数效应、温室效应和回飞镖效应。

四 本书研究方法

首先，本研究的首要方法是哲学存在论。当前风险已经成为时代问题的焦点，成为制约社会发展的重大问题，并在深层次改变着人类社会的进程，这需要我们从哲学视角对此问题展开深入思考。风险研究已经有社会学、经济学、管理学、文化学等视角，还缺乏深入的哲学思考。哲学视角应该把这些学科视角取得的研究成果融入自身的理论逻辑之内，进一步触及到风险与人的本质关联，阐明风险成为当今社会焦点问题的深层原因，提出应对风险的可行方式和现实路径。本研究正是在做此尝试。马克思的唯物史观、海德格尔的存在论为本研究方法的运用提供了重要启示。比如马克思对人的现实生活的关注，技术和资本对社会发展的作用的思考，都尽可能融汇到了本研究中。本研究也试图贯彻逻辑和历史相统一的方法。风险到危险的转化逻辑，当代风险社会的生成逻辑，要在技术和资本对风险社会塑造的历史进程中得

---

① 德国社会学家尼格拉斯·卢曼用社会系统论对风险已经进行了研究。笔者目前不能在本书中就自己的研究和卢曼这项研究做深入的比较分析。一个基本的不同是，通过系统论，卢曼主要研究了风险，而笔者主要研究风险扩散。

到说明。海德格尔在《存在与时间》中提出的基础存在论,为从哲学视角揭示人的风险存在也提供了重要的思想资源。他提出人被抛入世,人的存在是可能性之存在,人与周围世界的遭遇等,这其中都暗含风险。

其次,本研究在宏观层面也是跨学科的。在风险研究中,跨学科的融合也是一个共识。贝克认为:"风险的存在跨越了理论和实践的区别,跨越了专业和学科的边界,跨越了专业的能力和制度化的责任,跨越了价值和事实的区别(并因此跨越了伦理和科学的区别),并且跨越了似乎是由制度区分开的政治、公共空间、科学和经济的领域。在此方面,亚系统和功能领域的去分化,专家的重新网络化和降低风险的工作统一化,成为系统理论和组织的主要问题。"① 约斯特·房龙和芭芭拉·亚当也提出:"如果将风险、技术与未来的联系想象成一种社会实践,就要求社会理论家们至少在一定程度上要进入诸如科学与工程学、政治与金融市场、工业与保险等各个领域内的专家知识范围。"② 笔者试图把社会学等学科对于风险的研究融合在哲学视角之内,以期对当代风险社会有深入的哲学认识。此外,在风险扩散机制的研究中,笔者还应用了系统论方法以及复杂性科学的某些成果。风险因素的相互作用形成了某种动态结构,推动风险系统的发展。这需要我们超越还原论的思维定式,以整体性的视角研究风险社会的运作机理和风险的全球性扩散。

最后,在微观层面,笔者尽可能结合一些典型的风险事件辅助理论研究。现在一些重大的风险事件层出不穷,有些已经产生了现实影响和危害,如福岛核泄漏事故;有的则正在发挥作用,如全球变暖。这些案例为我们理解风险社会提供了丰富的素材,也在某种程度上增加了本研究的实证性。

总之,本研究基于哲学存在论认识风险与风险社会,以及从技术哲学和唯物史观的视角研究风险社会的根源,以系统论方法认识风险的扩散机制,借助当代技术伦理学的某些思想界定风险评估和挖掘风险治理的路径。本研究特色在于突出了对风险社会和风险扩散的哲学研究。

---

① [德]乌尔里希·贝克:《风险社会》,第84页。
② [英]芭芭拉·亚当等编著:《风险社会及其超越:社会理论的关键议题》,第8页。

第一章　哲学存在论视阈中的风险和风险社会

第一节　风险的存在论解读

在中文语汇中，关于"风险"一词的由来，有一种比较普遍的说法是：

在古代社会，以打鱼为生的渔民们，每次出海前都害怕遇到大风浪而船毁人亡。他们没有现在的高科技手段，因此只有祈祷神灵，保佑自己在出海时可以风平浪静、满载而归。在捕捞生活中，渔民们意识到"风"给他们带来了无法预测的危险，"风"即意味着"险"，这就有了"风险"一词。①

在西文语汇中，据吉登斯考证：英文中普遍使用的"风险"（risk）概念源自十六七世纪的航海时代，通过西班牙人和葡萄牙人传入英语中，其意指航行到未知的水域，因此这个词最早有空间的含义。后来这个词又有了时间方面的含义，指用来计算投资决策给借贷者带来的可能结果。② 彼得·蒂默曼则认为：英语中风险一词可能源自意大利语"riscare"，表示在危险的岩石间择路前进。③ 从词源上看，风险意味着当人进入陌生的世界时不得不面对的"险恶处境"。人在自然状态下的生存，是缺乏安全

---

① 风险在中文中的源起，可参见 http://baike.baidu.com/view/156901.htm，2011 年 10 月 8 日；以及黄崇福《综合风险评估的一个基本模式》，《应用基础与工程科学学报》2008 年第 3 期。

② 参见［英］安东尼·吉登斯《失控的世界》，周红云译，江西人民出版社 2001 年版，第 17—18 页。

③ 参见［美］尤金·罗莎《风险的社会放大框架的逻辑结构：超理论基础与政策含义》，谭宏凯译。见［英］尼克·皮金编著《风险的社会放大》，第 51 页。

感的。人类风险意识的发端是与人类想要摆脱某种不安全感的需要息息相关的。弗洛姆认为人的首要需要不是追求自由，而是获得安全感。风险是人在世界中存在的必然方式，哲学存在论是理解风险的基本视角。

一 风险存在论的可能性与必要性

存在论对于理解风险是既可能又必要的。

一方面，风险是人基于自身存在提出的特有问题，从存在论的角度理解风险是可能的。只有人才可能提出风险问题，产生风险意识。风险包含了生命体与周围世界的主动性关联。动物只是被动地适应周围世界，只有人才具有主观能动性，并积极主动地适应和改变周围世界。在此过程中，人面对周围世界给自己的诸种挑战，需要关心自身存在的安危，计算利害得失，并要积极主动地化解各种生存的威胁，因此风险是人面对世界时提出的独特问题。人的风险意识与动物的不安全感有联系。生命体如果没有不安全感，就不会产生风险意识。风险意识正是对不安全感的理性提升，而且这是人所特有的能力。风险问题的提出和风险意识的产生，也是人类脱离动物世界，进化到一个高级阶段的重要标志。动物的不安全感是本能层次的，而风险意识则意味着生命对周围的威胁具有某种认知能力，并且能够对其进行理性计算和主动化解。

另一方面，从存在论的角度理解风险也是必要的。不仅只有人才提出风险问题，而且人也一定会提出风险问题，这是人的存在状态必然引申出来的现实问题。人的风险存在，只有借助存在论才能获得深刻理解，只有存在论才能揭示出人的风险存在的现实基础。

存在论首先点明了人的存在的直接现实性。黑格尔把"存在"界定为"无规定性的直接性"①。马克思则说："我们首先应当确定一切人类生存的第一个前提，也就是一切历史的第一个前提，这个前提是：人们为了能够'创造历史'，必须能够生活。"② 海德格尔也指出，人的存在，如果"从存在者层次上来看，其与众不同之处在于：这个存在者在它的存在中

---

① ［德］马丁·海德格尔：《存在与时间》（修订译本），陈嘉映、王庆节合译，生活·读书·新知三联书店1999年版，第4页。
② 《马克思恩格斯选集》第1卷，人民出版社1995年版，第78—79页。

与这个存在本身发生交涉"①。三位思想家共同阐明了,人的存在实即人的现实生活过程。同时,人的存在是"在世界之中存在"(可以简称为海德格尔所说的"在世之在"),人被置于世界之中开始自己的行动过程。人必须面对世界、面向未来筹划自己的存在,其间经常面临各种不确定性。也就是说,人在世界中的现实生活过程,并非是"现成的",而是可能的。海德格尔说过:"'在之中'有别于一现成东西在另一现成东西'之中'的那种现成的'之内';'在之中'不是现成主体的一种性质,仿佛这种性质可以通过'世界'的现成存在受到影响或哪怕只是开动起来,引发出来;'在之中'毋宁是这种存在者本身的本质性的存在方式。"② 人的可能生活,需要通过存在论揭示出来,"存在论的任务在于非演绎地构造各种可能方式的存在谱系"③。

人的现实生活过程的可能性实质,海德格尔称为"生存"。人作为此在,"它的本质毋宁在于它所包含的存在向来就是它有待去是的那个存在……此在总是从它的生存来领会自己本身:总是从它本身的可能性——是它自身或不是它自身——来领会自己本身"④。在面向世界和未来的生存筹划中,人可能实现自身存在,也可能失去自身存在的条件,人之存在的风险在此显露无遗。人生下来,被置于世界之中,开始自己的现实生活,面对各种陌生的环境及其变化,人每一步行动都充满风险。就像一个幼儿,跌跌撞撞地长大。

因此,哲学存在论提供了理解风险的深层视角。不过,存在论对于人的风险存在的揭示意义,却长期被西方传统哲学的世界观所遮蔽。

这种世界观的雄心是要"观察整个世界",思考宇宙本原。这种雄心源起于人的一种本性,那就是对于未知事物的天生好奇。人总想知道自己不知道的东西。对于未知领域,人们喜欢"打破砂锅问到底",直至"看清整个世界"。但是人本来身居世界之中,怎么能观察整体呢?身在庐山之中,怎么能识"庐山真面目"呢?要看清整个世界,人必须能够"看到"自己肉眼"看不到"的地方!比如身在庐山之中想看

---

① [德]马丁·海德格尔:《存在与时间》(修订译本),第14页。
② 同上书,第153页。
③ 同上书,第13页。
④ 同上书,第15页。

到整个庐山，可能需要借助"望远镜"。同样，看清整个世界需要"第三只眼"，即"心灵的眼睛"，或者可以简称中文的"心眼"。希腊人的这个"心眼"就是"理性"，它是希腊文"logos"的中文意译。这个词在亚里士多德那里被改造为"logik"①，这是英文"logics"（逻辑学）的词源。海德格尔说过："唯有在柏拉图和亚里士多德的学院活动那里，才有一门逻辑学。"② 理性的功能是"推理"；在中文中，"心眼"的功能则是"算计"。把二者联系起来说，在人的肉眼看不到的地方，人可以借助数学把它"推算出来"。借助理性，人有希望能够看到"宇宙的尽头"了，理性成为人"观察整个世界"的方法。理性观察到的东西，成为"理论"（英文，theory）。至此，西方哲学成为"理论化的世界观"。正如海德格尔所说："哲学以理论性世界认识的方式针对着世界之整全和此在之终极。"③

这种世界观使人与世界的关系发生了颠覆性改变（参见图1—1和图1—2）。因为理性是人所特有的能力，凭借理性，人从世间万物中超拔出来，成为高居世界之上的主体，世界被降格为"客体"，任凭"理性的动物"处置和开发。主客体思维由此开启。自近代以来，主体思维更是空前盛行，主人权力空前膨胀，人上天入地，几乎毫无危机感地开发地球。人的活动造成的各种风险，被简化为社会发展的必要成本，可以忽略的代价。但从存在论的角度看，人并不是天生的"地球主人"。对地球来说，人反而是一个晚来的客人。"主体人"的前提是"在世界中存在着的人"。主体思维的盛行和长期统治，使它遮蔽了"在世界中存在着的人"。这样，世界观思维遮蔽了人的"在世之在"，也遮蔽了人存在的风险，只有超越这种世界观，通过存在论才能重新揭示并理解人的这种风险存在。

不只如此，世界观思维更是在不断放大人的风险存在。这种世界观着迷于探索未知和未来，其中各种不确定性没有成为知识的障碍，反而成为认知的动力。这种探求伴随着知识成就的积累不断被鼓励和膨胀。西方传统哲学本来是理性中心主义的，然而在对未来和未知事物的追求方面，

---

① 陈春文：《栖居在思想的密林中》，兰州大学出版社1999年版，第103页。
② 《海德格尔选集》上卷，孙周兴选编，生活·读书·新知三联书店1996年版，第533页。
③ 海德格尔：《现象学之基本问题》，丁耘译，上海译文出版社2008年版，第7页。

甚至在近代以来一度陷入"非理性"的疯狂状态。约纳斯曾援引斯宾格勒的观点指出：西方文化之中内含一种"浮士德灵魂"，这是永不满足的追求，尽管在与恶魔的契约中吉凶未卜，它仍然推动着西方文化非理性地追逐着无限的新事物和深不可测的可能性。① 西方传统哲学的那种世界观因此可以说是"风险偏好型"的。这些风险在西式现代化进程中不断累积，最终把人推向风险社会。风险社会的根基，也许早就埋在西方传统哲学中。

西方世界观思维的长期流行和其现实成就，在今天依然不断为风险社

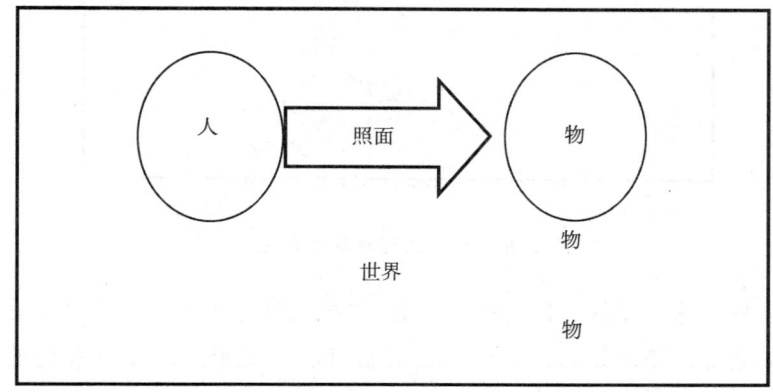

图1—1 人在世界中存在

会提供源源不断的思想支持，从存在论揭示人的风险存在尤显迫切。

二 风险的存在论界说

在世界之中存在的人，开始自己的人生历程，面向未来进行筹划，有所行动，在各种可能性之中做出选择。然而未来总是不确定的，选择的结果也不一定符合人们的预期，人生在世就总有风险。人的存在是一个过程，正如太阳每天都是新的，人在生活中每走一步，都会面临各种陌生的境遇和挑战，它们作为一种不确定性始终挑战着乃至威胁着人的存在。就

---

① Hans Jonas: Toward a Philosophy of Technology, in *Technology and Values: Essential Readings*, pp. 14–15.

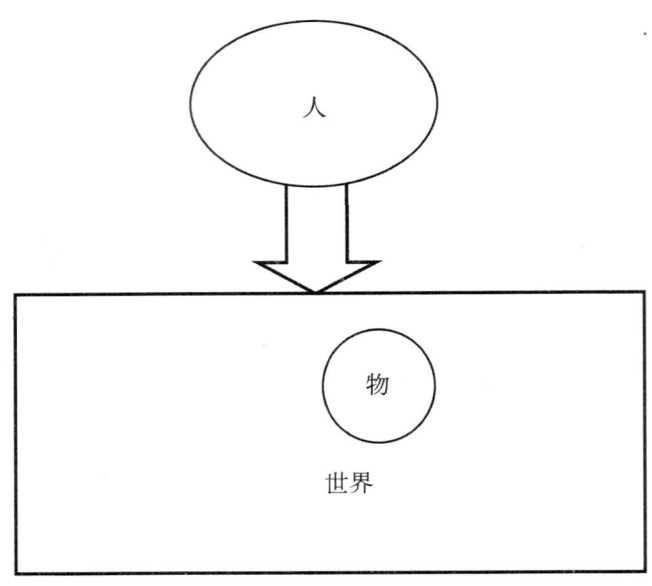

图 1—2 人在世界中存在

像复杂性理论研究的开拓者霍兰所说:"稳定就等于死亡。这个世界处在混沌的边缘,必须使自己适应永恒的新奇。"① 因此,基于存在论的风险概念,不只要从人们行动的结果上,更重要的是从人们的行动过程本身来理解。现实中存在的人们只要有所行动,就会面临风险。风险内在于人的存在结构中。风险,意谓给人的存在和发展带来挑战甚至威胁的各种不确定性,以及对这种不确定性的不可预知性。

第一,人存在的起点,按照海德格尔的说法是"被抛入世界之中",而这正是人的风险存在的开始。或者用克尔凯郭尔的说法,是人被动地来到这个世界。海德格尔认为:在被抛境遇中,人存在且不得不存在,而且不得不存在于"此"。② 海德格尔由此把人的存在规定为"此在"。尽管人都降生在不同的家庭,不过"他是无家可归的此在,是原始的、不在

---

① [美] 米歇尔·沃尔德罗普:《复杂:诞生于秩序与混沌边缘的科学》,陈玲译,生活·读书·新知三联书店 1997 年版,第 187 页。
② [德] 马丁·海德格尔:《存在与时间》(修订译本),第 157—158 页。

家的被抛在世的存在，是在世界之无中的赤身裸体的'它存在'"①。人确实是孤零零地来到世界。"被抛境况的抛掷性质与动荡性质"② 表明，人在自己生命历程的开端，不得不被动地接受一个陌生的世界和陌生的未来。人的存在自一开始就是他自己不能掌控的。此时人的被动接受性，人对外部世界的不熟悉，都意味着一种不确定性，风险扎根于人生的起始阶段。正如海德格尔所言："此在的一切实际被抛的存在都具有不确定的性质。"③ 人初入世界，就面临风险考验。

第二，人的存在作为生存过程，也是风险性的。人被抛入世界之中，接下来开始有所行动，面向未来筹划自己的人生。按照海德格尔，人的"在世之在"是面向未来的筹划，即生存。"此在作为被抛的此在被抛入生存。"④ 人与低等动物不同，人并非本能地与周围环境发生关系，而是能动地介入世界。介入的方式是从事创造性活动，它本质上是不确定的。创造活动总是把人们带入未知领域，使人面对各种不确定的因素；创造活动不断带来新事物，它们都是自然界本来没有的，这些新事物破坏了人与自然界的已有平衡和稳定联系，人就需要适应新的生存境遇；创造活动作为人的现实生活过程，在为人们不断创造出新的福祉的同时，也不断制造出新的不确定性，这种不确定性还是动态的，动态的不确定性本身又形成风险之网。

这种创造活动尽管于人而言总是不确定的，但却是非常必要的。因为正是在这种创造活动中，人才能实现自己种种未知的可能性。人的生存作为一个过程，总是面临诸多可能性，生存揭示出人的存在的可能性而非现成性。海德格尔说过：此在，"它向着它被抛入的种种可能性筹划自己"⑤。人的生存可能性面向未来，主要有两种不确定性：一是人具有自我实现的可能；二是人也有不能实现自我的可能，这也是生存可能性的应有含义。或者说，人筹划自己人生的时候，未来的境遇、人行动的结果既可能有利于人的生存与发展，也可能不利于人的生存和发展。就此而言，

---

① ［德］马丁·海德格尔：《存在与时间》（修订译本），第317页。
② 同上书，第207页。
③ 同上书，第340页。
④ 同上书，第316页。
⑤ 同上书，第325页。

人的生存是充满风险的。总之，人立足于现实，面向未来去创造，以实现"更多的自己"，那么未来的不确定性始终是不能消除的。创造活动作为人实现自身存在的方式，其中包含有无法克服的不确定性。就人的生存过程而言，风险植根于人的存在之中。

因此，人生注定是一场"历险记"。存在论从时间意义上揭示了人的风险存在。按照存在论，人的存在先于人的本质，存在的真理先于存在者的真理，人首先不是一个存在者（being），而是首先存在着。存在着的人是切实的生命个体，是"从事实际活动的人"①。这样的现实存在是朝向未来不断行动的"可能之在"。存在着的人要"去是"（to be）：筹划自身的存在，有所行动，在行动中有所选择、有所创造并力图实现自己的人生抱负。这即如海德格尔指出的，人在世界之中的存在需要领会为"存在的不定式"②。人的行动在时空上存在一个有限可控的范围，在这个范围内，人对自身行动有某种程度的控制力，对行动的结果有一定的预料；然而当超越了这个范围，人对其行动就失去了预知和约束的能力。人的行动会产生一些始料不及的后果，可能会制造出对其生存不利的新事物，这些后果和事物中包含风险。现在人类进入技术时代，人的主要行动领域是科技创新，其中蕴含更多风险。西班牙技术哲学家奥特加·Y.加塞特的一段话更具有总结性："对于人来说，生存并非意味着按照他是什么的方式存在，而是在于实现这种存在的可能和努力之中。生存中的人，不得不制造（make）他的生存。生存不是现成的，而是生产制造出来的。人的生命在于行动（action），是生产活动（production）。生活（to live）就是找到手段和路径去实现我们是作为什么样的人的规划。"③

总之，作为存在着的人，一方面，人的行动和结果之间必然存在一定的"时间间距"，这个时间间距是人不能掌控的，某种结果何时产生，怎样产生，对人们又有怎样的影响，都是不确定的。因此，人深居过程之中，存在着的人必然历险。"历险"的时间含义从根本上说，即那"未来"的不确定性，注定扎根于我"现在"的人生中。

---

① 《马克思恩格斯选集》第 1 卷，第 73 页。
② [德] 马丁·海德格尔：《存在与时间》（修订译本），第 63 页。
③ Ortega Y Gasset, "Man the Technician", in *Technology and Values: Essential Readings*, p. 117.

另一方面，人的存在在空间意义上也是"涉险"的。就存在的真理揭示出的物的存在特征来看，存在的真理内在地包含了两重性，即存在的显现或者存在的隐遁。存在的显现是存在的在场状态，然而此一状态是从"不在"的状态而来。就像我们来到某个现场，是从先前一个别的地方来到这里。我们从"不在此地"到"现身在此"。存在的隐遁是存在的不在场，然而此一不在场只是"尚未在场"，即是说它还会到来。因此存在的真理要求思想要把握存在的"显隐一体"①。在存在显现的一面，思存在就是思"有"；在存在隐遁的一面，思存在就是思"无"。存在之真理既要思"有"又要思"无"。如果只是思"有"，就只经验到了存在之显现，即只是专注于存在者及其本质，这就陷入了存在者的真理，也就是形而上学之路。如果只是思"无"，就只经验到了存在之隐遁，这就会陷入神秘主义。只有既思"有"又思"无"，人与存在才发生了完全的遭遇。这样就不难理解，存在者的真理作为显现的真理，出自存在的真理。海德格尔在一次访谈中道出过"本质性的事情"是："在显现之渊源中，那种隐蔽着在场与在场者之二重性的东西光临到人那里。"②

这就意味着，人生在世必然会遭遇黑暗的事物，必然会进入陌生领域。人面前不是只有光明，还有黑暗。这些黑暗的、隐蔽的领域给人世生存带来风险。中文"阴险"一词形象地描绘了这种风险境遇。"阴险"一般用来形容"人心的险恶"，人心因为不可见和隐蔽性而险恶。险是阴（隐）带来的。实际上，世界因其黑暗的一面，也是险恶的，人深处其中不能不涉险。此外，"风险"就其本来含义来说，也包含世界黑暗面之于人的挑战：人在茫茫大海上驭舟而行，遇到风浪是危险的。"风"正是来自未知的地方，并且把船带向未知的黑暗领域，"风"因此成为"险"。

另外，存在之真理中包含着的两重可能，并没有主次之分。存在是显现还是隐遁，这取决于存在的天命。此一天命不能通过理性认知和人力控制而达到，这个天命本身是神秘的。海德格尔后来更是通过"天、地、人、神"的四重整体来揭示人的本真存在。③ 在天、地、神、人四方互相

---

① 孙周兴先生曾经指出海德格尔的存在之真理是"显—隐"一体的。参见孙周兴《在思想的林中路上》。见《海德格尔选集》上卷，编者引论，上海三联书店1996年版，第13页。
② 《海德格尔选集》下卷，孙周兴选编，上海三联书店1996年版，第1044页。
③ 同上书，第1180页。

映射的游戏中,人要进入"诸神之夜",放手让自己裹进存在的旋涡,潜入事物本身的神秘中去,守护着自己的本真存在,而非保持与这个旋涡的安全距离,尽管技术时代人们取得的成就不断增加对这个安全距离的迷信。在这个旋涡中人要倾听存在的惊涛骇浪,跟随着风险之帆勇敢地走向前方。

总的来说,被抛入世的人,面向未来筹划自己人生的时候,不得不历险和涉险。陌生的世界和未来总是不确定的,就像水手在大海上航行,不得不面对危险重重的前方。

第三,每个人都不是孤立的,要与他人和自然"共在",即在与他者的复杂动态的交互作用中实现自身存在。海德格尔说:"与他人共在也属于此在的存在,属于此在恰恰为之存在的那一存在。因而此在作为共在在本质上是为他人之故而'存在'。这一点必须作为生存论的本质命题来领会。"[①] 人与他者共在的突出特征是"遭遇到一起",这种遭遇是偶然的。在共在中,我与他者打交道,相遇相识,他者之于我乃是"缘分",我与周围世界构成一个"因缘整体"[②]。这种缘分对于我来说,到底是有利还是不利,这是不确定的。

具体来说,人生在世面对的他者主要是他人和自然。他人总是自由的,不可能客体化为"我"的"无生命对象",不可能彻底沦为可以被我掌控的"物"。他人不一定认同自己的思想和行动,他人的行动总会给自己带来不确定的影响。萨特的哲理剧《禁闭》提示了"他人是地狱"的命题:三个已死的主人公被封闭在地狱中,这里没有尖桩刑具、烤刑架,折磨人的恰是他们之间的"相互关系",这种关系总是陌生的,每个人都无法通过他人找到自己的存在感。[③]

此外,人在自然中生存,风险也在所难免。当原始人必须进入丛林寻找食物或与陌生人打交道而来不及反应,那么也必须上去面对,不管前路是什么。人的生存的具体性本来就包含风险,原因在于,人对自然的本来关系是陌生的。人在最初并非以主动的姿态进入自然,而是战战兢兢地走

---

① [德]马丁·海德格尔:《存在与时间》(修订译本),第143页。
② 同上书,第98页。
③ [法]让-保罗·萨特:《禁闭》,冯汉津等译。见《萨特戏剧集》上卷,人民文学出版社1985年版,第101—154页。

进自然，即以被动的姿态"交付"给自然。面对种种风险，人凭借理性逐渐"认识"了自然并改变自然，于是人在自然面前逐渐占有主动。人成为主体，自然成为客体。在这个过程中，人不断增强了应对自然风险的能力，人所面对的自然风险减少了很多。当人最初涉足丛林之中的时候当然险象环生，但是当他找完食物熟悉了丛林的时候，丛林的危险降低了，他可以在很大程度上自由出入了。

然而，自然风险的不断降低同时伴随着新的人为风险的不断出现。人被动地进入自然会有危险，人主动地闯入自然同样也会有危险。作为"客人"，人可能对于自然的风险难以招架；作为"主人"，人又可能反应过度，破坏自然的生态机制从而摧毁人的生存基础。因为人对自然初级的、低度的改变带来的破坏作用，自然自身的生态机制可以修复；但是过度改变带来不可修复的副作用。自然风险展现了自然对于人的"不友好"关系，人为风险展现了人对自然的"不友好"关系，二者都对人的生存构成挑战。因此，人生在世必然伴随各种风险，人不是温室中的花朵，总要沐风栉雨。

总之，人被动进入自然要承受风险，人的生存谋划也是有风险的，当人们过度改变了自然，又带来危险。风险内在于人与他者的共在中。人们总是在冒险，但冒险要适度。一者，人们需要冒险。客观上，风险内在于人的在世结构，人不得不冒险；主观上，冒险是人的一种天性，人在冒险中找到乐趣，这是一种面对生存挑战而实现自身存在的乐趣，比如冲浪活动。麦克里斯和罗莎提出过"被渴望的风险"概念。① Lyng、Snow 和 Katz 等学者也提炼出一种"擦边球"的风险活动，如炒股、蹦极等休闲活动；在这些活动中，风险本身有诱人的一面。② 从本书的视角来看，人的创造活动虽然有风险，但是人也借此实现了新的可能性。二者，任何冒险需要适度，极端的冒险行为会否定人自身的存在。有些风险的后果太可怕，可能造成的灾难太严重，人们会拒绝接受这些风险。

最后，人们的行动也交织在一起，人和自然之间、人和他人之间、自

---

① 参见［美］珍妮·卡斯帕森等《风险的社会放大：15 年研究与理论评估》，见［英］尼克·皮金等编著：《风险的社会放大》，第 10 页。
② ［德］詹斯·O. 金等：《新风险的挑战》。见彼得·泰勒-顾柏等编著《社会科学中的风险研究》，黄觉译，中国劳动社会保障出版社 2010 年版，第 48—67 页。

然和社会之间进一步形成复杂的交互作用,并不断产生新的结构和功能。复杂性理论称之为"动态复杂性"。人与他者共在,形成一个复杂的系统。人在这个系统中生存,其中的复杂性风险必然影响着人。人对这个系统有所作为,然后这个系统对个人产生更大的反作用,其中一些不确定的和不可预测的事件也会影响着人。正如人对自然的改造,有时遭遇自然的报复性作用。人的风险生存是系统性的。美国学者彼得·圣吉认为:"人类目前所面临的大多数问题,是因为无法处理周遭日益复杂的系统所致。"①

第四,人的行动与结果之间的关系,也是不确定的。从现代决策论的角度来看,人的行动与其结果的关系有三种:

> 其一,人的每一个行动导向一个确定不变的特定结果,且这些结果都是已知的。那么在这种状况下是没有风险可言的。其二,如果每个行动导向一组可能的特定结果,尽管每个结果的概率是确定的,但究竟会导向哪一种结果是未知的。这就产生了风险。比如,一个行为可能导向这样一种风险后果:一枚硬币抛起来,正面朝上奖励 10 美元,背面朝上失去 5 美元。这里的风险概率在 0—1 之间 $[0<P(r)<1]$。其三,如果每个行为有其结果(或者全部行为有种可能的特定结果),但是这些结果的概率完全是未知的(或者某个行为会导向哪种结果是未知的),那么这就是一种高度的不确定性(uncertainty)。②

风险所隐含的不确定性是在后两种关系上说的。实际上,现实中的不确定性包含了比决策论更多的内容:某个行动或事件在某个时间段内是否有结果、何时有结果乃至有何结果,也都是不确定的。可以说,现代决策论对于风险的不确定性的认识是不全面的,风险植根于人的整个生活过程,仅从行动和决策的结果维度理解风险是不够的,尽管这是一个在考虑

---

① [美]彼得·圣吉:《第五项修炼》,郭进隆译,生活·读书·新知三联书店 2003 年版,第 15 页。
② 这三种关系的提出受到瑞典学者斯文·汉森(Sven Ove Hansson)在东北大学的演讲的启发,笔者根据自己理解做了修改,谨此致谢。

风险评估和治理时需要重视的必要维度。

第五，人对周遭环境给自身带来的整体的、动态的作用和影响，在很大程度上是不能预知的。客观上，每个人的行为交汇在一起，人和环境之间又产生相互作用，形成动态复杂的系统，这本身对人们的认知带来巨大挑战。人难以预知未来的东西，尤其当它变得更复杂的时候。对于未来的不确定性，人们在很大程度上是不能预测的。正所谓："井蛙不可以语于海者，拘于虚也；夏虫不可以语于冰者，笃于时也。"① 人面对未来和未知事物的处境犹如井蛙和夏虫。风险在广义上指的就是不确定性以及对它的不可预测性。不确定性是在风险存在论意义上说的，不可预测性是在风险建构论意义上说的。风险因其具有不确定性而具有不可预测性，面向未来的不确定性大大超出了人的认知能力的范围。

总之，人在世界之中存在，面向未来而行动，而未来总是不确定的，人对此缺乏预知能力，人的存在总是有风险的。人拘于从现在到未来的时间间距中，时常进入陌生的空间，时空不断流变，人与人、人与环境又构成动态复杂的系统，这都是人不得不面对的风险。

三 风险对于人之存在的意义

既然人生在世必然会提出风险问题，那么反过来，风险问题的提出和回答，对于人的存在又有什么意义呢？风险问题使人对自身存在的意义产生深刻的追问，驱迫着人实现自身的存在和发展。正如哈姆雷特在不断经受"生存还是毁灭"这个问题的拷问中，也在不断思考人生的意义，从而试图认清自己和实现自己。风险内在于人的存在结构中，风险是人展现自身存在的方式。具体来说，风险从两个方面展现存在的意义。

一方面，风险肯定式地揭示存在之意义，可称为"正面启发法"。人的存在是面向未来的生存筹划，去实现一种有待实现的东西，它是海德格尔所谓的"可能之在"。对此海德格尔指出："在对自身本真存在的生存论环节的领会之中，人并不是任何作为现成事物的'什么'，而是作为生存活动的存在，这是可能之在。"② 人要实现自身的诸种可能性，这些可

---

① 《庄子·外篇·秋水》，第十七。
② [德] 马丁·海德格尔：《存在与时间》（修订译本），第167页。

能性并不是"给定"的,而是一种不确定性。人实现自身可能性的方式是创造,比如科学技术创新。在创造中人开辟出崭新的可能性,并且从中实现自己在过去和现在所没有的东西。海德格尔意味深长地说:"基于筹划的生存论性质组建起来的那种存在方式,此在不断地比它事实上所是的'更多'。"① 这些新的可能性包含不确定性,内中有风险。在这个层面上,风险对于人之存在的意义,就是在有风险的创造活动中实现自身存在和发展。人世生存不得不冒险,人的现实生活本身就是一个探险过程。因此,人要把风险勇敢地承担起来,并把它作为实现自身存在的方式,而不是逃避它。正是由于这种风险生存,人不断探索未知的世界,创造出新的东西给自己使用,超越自身原来的限度,提升自己的生存能力,扩展自己的存在空间,从而使一些新的可能性在人身上不断实现。

另一方面,风险以否定的方式揭示存在之意义,可称为"负面启发法"。风险作为生存可能性的实现方式,即可能导向人的自我实现,也可能否定这种自我实现。尽管方式指向目标,但方式不等于目标本身。进入丛林寻找食物是一个充满风险的过程,然而其结果可能是找到食物,也可能是被猛兽吞噬。人世生存包含着自我的肯定式与否定式的内在矛盾,矛盾的发展推动矛盾的解决,解决方式就是人必须在"否定中肯定地保持住自身"(黑格尔语)。或如荷尔德林的诗所言:"困顿与黑夜使人强壮。"② 人生在世,机遇与挑战同在,挑战的一面也能逼示出人的现实存在。尤其当风险巨大时(比如当前人类进入风险社会的时候),对人的生存与发展极其不利的一面也许更能拷问出人的存在。海德格尔也发现:人的本真存在是以被褫夺的方式展现的,这些褫夺的方式比如怕的情绪、死亡的威胁。③

约纳斯在当代风险社会的背景下曾提出"恐惧启发法":当前技术发展带来的一些负面作用臻于极限,为防止陷入无法挽回的灾难境地,人们需要优先考虑技术发展所造成的某些巨大的负面后果,以唤起人的恐惧意识,从而想到提前反思和修正人类当前的发展道路。美国学者格雷特·哈

---

① [德]马丁·海德格尔:《存在与时间》(修订译本),第170页。
② 转自[德]马丁·海德格尔《荷尔德林诗的阐释》,孙周兴译,商务印书馆2000年版,第53页。
③ [德]马丁·海德格尔:《存在与时间》(修订译本),第165页。

丁等人的研究表明：人们对潜在损失的重视程度要高于对潜在收益的重视程度。相应的，人们对避免未来损害的预期收益的重视大大胜过对生产未来产品的收益的重视。① 博弈论的经典理论——囚徒困境也表明：两个囚徒之所以都会选择坦白，其中一个重要原因是对同伙的选择做了最坏的打算，即同伙可能会做出最不利于自己的选择——坦白并指控自己。②

人的风险意识对囚徒的策略选择产生了重要影响。以上理论都显示出，一种带有普遍性的人类意识是倾向于对自己行动的后果和与自己有关的事件之影响，首先做出有可能对自己不利的预计；然后未雨绸缪，更好地谋划自己的生存。

人类文明的发展历史也表明，风险经常被忽略，像海底的水草一样隐秘地疯长，以至于当它形成一种极具威胁的力量时，人们才想到要认真对待它。然而这往往错过了最佳的风险应对期。造成这种现象的原因有两方面。在客观上这与风险的隐蔽性有关。在主观上这是因为人们看不到风险与自身生存的实质关联，而总是采取"规避"的方式应对它；或是试图建立某种"保险"体系，人为地将它最小化。为了抓住最佳应对期，我

---

① 转引自［美］埃莉诺·奥斯特罗姆《公共事物的治理之道：集体行动制度的演进》，余逊达、陈旭东译，上海三联书店2000年版，第306页。

② 这个理论模型是1950年由梅里尔·弗勒德、梅尔文·德雷希尔、阿尔伯特·图克共同建立的。警方逮捕甲、乙两名嫌疑犯，并分别看管，不让他们有对话机会。检察官确信他们有罪，但没有足够证据指控，于是检察官向两人提供以下相同的选择：若甲坦白认罪并作证指控乙，而乙保持沉默，那么甲判3个月徒刑，乙判10年徒刑。反之也如此；若二人都保持沉默，则因为证据不足，二人同样判刑1年；若二人都坦白并指控对方，则二人同样判刑8年。如表所示：

	甲沉默	甲坦白
乙沉默	甲1年，乙1年	乙10年，甲3个月
乙坦白	乙3个月，甲10年	甲8年，乙8年

最后，这个模型一次博弈的结果是甲和乙都坦白认罪。"囚徒困境"假定每个参与者都是理性的，力求实现自身利益的最大化；两名囚徒由于隔绝监禁，并不知道对方选择。两名囚徒现在要考虑，如何能将自己个人的刑期缩至最短？每个人在算计的时候都发现，检举背叛对方将获得最大收益。甲会设想：若乙沉默，坦白会让我只判刑3个月；若乙坦白指控我，我也要指控乙才能得到最小刑期，所以最佳选择也是坦白。同理乙也会这样设想。实际上，"囚徒困境"还反映了人们的一种常规心态，即做好最坏的打算以实现最大利益。

们需要一种"风险生存意识",把风险看成是伴随人类发展进程的内在因素并时时加以化解,不放任风险最终成长为彻底否定人类存在和发展的力量。在今天科技发展造成了众多高危事件、人类进入风险社会的时候,风险生存意识作为一种"危急事件的提前预防意识",其重要性也更加凸显。

综上所述,基于哲学存在论的观点,风险内在于人的生命历程之中并揭示了人的存在状态;风险内在于人的存在结构中。

第二节 风险的时空结构

如果哲学存在论已经揭示了风险内在于人的存在,那么风险也有一个时空结构有待于揭示。正如海德格尔通过时间展现了人的存在,我们也需要通过时空结构进一步阐明人的风险存在。

要理解风险的时空结构,我们需要先"清理地基",即首先清除形而上学时间观对人的存在和真实时间的遮蔽,使存在和时间本身能够呈现出来。唯有真实的时间才能揭示人的存在,并绽露出其中蕴含的风险。真实的时间是流动的,是从过去到现在并延伸至将来。用柏格森的话说,真实时间正是"不断变异的绵延"[①]。它是不可分割因而没有"缝隙"的连续过程[②],是异质的连续过程。形而上学的时间观从时间的现在时态把握时间,把"时间之流"截断为"时间之点",[③] 结果使时间成为静止的,而静止的时间是可以分割、可以计算的。这种时间成为物理时间而掩盖了真实的时间。海德格尔把形而上学的、物理的时间称为"时钟时间",它有两个特点。一是不可逆性,即一往无前的一维性;二是均质化,即"时间等于空间",是现在点的均匀分布。"时间被完全数学化了,变成了与

[①] 叶秀山:《"进入""时间"是"接近""事物本身"的唯一方式》,《学术月刊》2006年1月号。

[②] 叶秀山:《从 Mythos 到 Logos》,《中国社会科学院研究生院学报》1995年第2期。

[③] 芝诺的"飞矢不动"提供了理解这种形而上学时间的最好例子:如果一个物体在任何一个时间只占据和自身相等的一个空间,那么这个物体是不动的。飞矢正是这样的物体,所以飞矢是不动的。这个命题把运动的过程分割为间断点的连续过程,这为现代人的时间计算提供了思想启示。

空间坐标 x、y、z 并列的 t。"① 形而上学时间观开启了对时间的技术谋划之路②，这种时间观掩盖了真实时间的流逝，以及过去、现在和未来的复杂交融关系。基于存在论，应该是流动的时间先于静止的时间。

透过真实时间看人的存在，"过去—现在—将来"三种时态贯穿于人的存在之中。过去是曾经的存在，它可以在记忆中重现，被带到现在，并对未来有所启示。因此，过去通达现在和未来；现在萌生于过去，并终将走向未来。人的生命总是鲜活的，就是因为现在的人总是带着憧憬活在将来，这样人的生命内容中才有"新鲜"的东西（也才有风险存在），新鲜的东西是有待于带入现在的东西。将来会在现在的憧憬中"先行到来"。因此，现在"桥接"了过去和将来；将来不是虚无缥缈的，而是源自过去、历经现在终将到达的可能性，是展现过去和现在的可能性。人在过去和现在的行动和努力，其结果要在将来得到回应。因此，将来包容过去和现在。

总之，过去不会真的过去，现在也不意味着全部现存的东西，将来也不意味着尚未存在。要在时间中呈现人的存在，人不能局限于这三种时态中的任一种，而是要把它们都融汇在自身的存在之中。就像年轻人总是憧憬未来，老年人总是回忆过去，在这种憧憬和回忆中人们回归自我。人存在的时间性也被海德格尔刻画为一个连贯的时间结构："先行于自身的——已经在（世界）之中的——作为寓于（世内）来照面的存在者的存在。"③

人的存在的时间性表明，人在真实时间中呈现自我，这种呈现不是凝固在某一时间点上，而是变动的。这就意味着人实现自身存在的过程是动态的，即人要行动，人的一生是一个生命活动的过程。这种生命过程也曾经被形而上学长期遮蔽。时间在过去的形而上学中被解释为"在场"状态，流动的时间被换算成"现在时"，即可以量化的物理时间。生命时间

---

① ［德］海德格尔：《时间概念》，见《海德格尔选集》上卷，第22—23页。
② 此问题将在第三章、第四章进一步阐述。
③ 参见［德］马丁·海德格尔《存在与时间》（修订译本），第287页。"先行于自身"对应着将来，将来作为可能性带入存在，是为"生存"；"已经在世界中"对应着过去的"曾在"，是海德格尔所谓的存在的"实际性"；最后的"在世之在"对应着现在，即海德格尔所谓的"沉沦"。

被量化成物理时间，为后来资本从劳动时间上计算和剥削劳动力奠定了思想基础。马克思则用行动着、实践着的人批判了形而上学，提出具体地、历史地看待人。为此他曾经指出："历史什么事情也没有做，正是人，现实的、活生生的人在创造这一切，拥有这一切。"[①]

一 风险的时间结构

风险正是指向这种历史的人的存在状态。风险往往萌发在过去的某个时间段，在现在不断发育，并延续到未来而产生不确定的影响。风险有一个时间结构：风险与人的生存都是一种可能性，而非现实性。芭芭拉·亚当和约斯特·房龙认为："风险的本质不在于它正在发生，而在于它可能会发生。"[②]

风险的存在伴随三种时态：过去—现在—未来。

首先，通常情况下，我们理解的风险是面向未来的非现实性。在尚未发生的意义上，风险是非现实的，风险主要表现了未来的内容。在时间结构上，风险提示了一种迫在眉睫的不利影响，即一种作为威胁的东西还未到来，但是已临近。正是这种"还没有来而将要来"的特点使其成为可怕的东西，因为一种只在将来发生的东西不构成威胁。虽然说地球的地理生命迟早会结束，但是对于今天的人们来说这不是什么危险；倒是关于"2012"的种种"世界末日猜想"让人不寒而栗，引发各种人生在世的意义求索。

其次，风险也是现实的、当下的。尽管风险是面向未来的，但是我们不能等到大难临头才有所作为。我们总是现在开始就要去应对风险，甚至整个社会都可以为此而动员起来，它改变了我们的整个现实生活。未来可能发生的东西现在就开始影响我们，并成为某种行动的原因。

最后，风险往往萌生在过去的某个时间。任何风险的产生，都有一个历史原点，是为风险的源头。尽管风险看上去是在当下制约着我们并在未来持续威胁着我们，但是危险的种子往往早就种下了。我们仰望参天大树

[①] 《马克思恩格斯文集》第 1 卷，人民出版社 2009 年版，第 295 页。

[②] Barbara Adam, Ulrich Beck and Joost Van Loon, *The Risk Society and Beyond: Critical Issues for Social Theory*, London, SAGE Publications, 2000, p. 2.

的时候，不要忘记早就深埋在地下的树根。风险有一个过去的"根"。大树是醒目的，树根是隐蔽的，风险的"根"也具有隐蔽性。风险的"历史面目"具有模糊性，这往往加剧人们把握和应对风险的困难。人们对风险的认知会不足，风险的因果关联不能符合实际地建立起来或者追溯到源头；对相关责任人的追究因长时间滞后而难以实现，放纵了不负责任的行为。例如，2011年一种瘦肉精在猪肉中被大量发现，严重危害人们的饮食健康，然而研发这种瘦肉精的企业和相关人员却难觅踪影了。风险的"过去时"提醒我们，对风险的感知和治理越早越好。

风险的三种时态是一个整体的时间序列，风险呈现出历史的、连续的变化，因此我们不能从一种时态孤立地理解风险。风险的过去式和未来式共同揭示了风险的隐蔽性，风险并非当下可见，而是常常表现为一些人们无法直接感知的放射性、生存环境中的毒素和污染物，乃至相伴随的短期的和长期的对包括人在内的生命的影响，并常常引发不可逆的伤害。风险存在具有虚拟性，尤其是当代信息技术的发展给人类带来一个虚拟社会，这为风险存在的虚拟性提供了重要的社会条件。吉登斯曾经提道："虚拟经济为1998年的亚洲金融危机提供了极好的技术条件，鼠标点几次，危机瞬间就爆发了。"[①] 风险的时间结构表明，风险具有累积效应，风险在连续变化的过程中可能会被放大。对此笔者将在第五章详述。

二　风险的空间结构

风险的空间结构通过人的存在的空间条件被揭示出来。从空间来看，人的存在是在世界之中的存在。要理解人的在世之在的空间架构，有两个要点。

其一，从原初意义上，人进入世界是被动的，即"被抛入世"。被抛入世的人与周围事物首先发生的是"照面"的关系，其次才可能是"认识"的关系。认识的前提是，在人对事物有所认识之前，人先得与事物"照面"，亦即上文提到的"遭遇"。人与事物的这种照面的发生，表明了人是存在于世界之中的，而非站在世界之外有意识地去认知世界（参见上文的图1—1和图1—2）。当然这种照面还只是"纯粹外观的"（海德格

---

① ［英］安东尼·吉登斯《失控的世界》，第5页。

尔语），人和事物还不熟悉，打交道不深。认识的意义就在于深化人与事物的"友谊"，彼此加深了解。从发生照面到认识世界进而改变世界，人更深地融入了世界。不过，人改变世界的同时也"刷新"了人与世界的关系，先前熟悉的东西又会变成陌生的。人在世界中的存在经常面临未知的可能，正如海德格尔所指出的，人的在世"不是如水在杯子里，衣服在柜子里，不是在某个现成东西中的现成存在"[①]。变化着的人不断遭遇着变换的境遇，人就不得不经常与陌生的事物打交道，人的行动就始终携带着风险。

其二，由人与世界的被动照面，揭示出人与周围事物是通过机缘聚在一起的。人对周围事物的爱也罢，恨也罢，人与他人和事物的交往都是一种"缘分"。世界是因缘和合而成的整体。[②] 在这样一个充满机缘的世界中，人面临周遭的各种偶然性并与之打交道，各种始料未及东西就伴随着人们，人的行动就充满风险。更具体的，风险的空间结构呈现为：一种风险还没有来到眼前，但就在附近，它是迫在眉睫的。也正是这种临近的风险使其可怕。核电站附近的人们对核风险的体会很深，而远离核电站的人们对这种风险没有什么感受。

人在世界中存在，总是要与陌生的事物打交道，人要探向未知领域实现自身存在的各种可能，相应的风险植入人的成长历程。

第三节 风险的意识结构

人对于自身存在的风险是有意识的，风险存在论引申出风险的意识结

---

① ［德］马丁·海德格尔：《存在与时间》（修订译本），第63页。
② 人与周围事物的因缘关系，海德格尔曾经用"上手之物"来揭示。在通常情况下，人在使用锤子的时候，锤子是称手的，即"上手之物"。此时人与锤子是有缘的；当锤子坏了不称手的时候，人才会专注于它，研究它，人与物才会发生对象化的观察与把握。此时，"上手之物"变成"现成在手之物"。海德格尔说："上手的东西的存在性质就是因缘。"人与锤子的因缘，又植根于一个更大的"因缘整体"："我们称之为锤子的那种上手的东西因其自身同锤打有缘（所以我们才称之为锤子）；因锤打，又同修固有缘；因修固，又同防风避雨之所有缘；这个防风避雨之所为此在能避居其下之故而'存在'。也就是说，为此在存在的某种可能性之故而'存在'。某种上手的东西何因何缘，这向来是由因缘整体性先行描绘出来的。因缘整体性构成了在一个工场中上到手头的东西的上手状态。所以，因缘整体性'早于'单个的用具。"参见［德］马丁·海德格尔：《存在与时间》（修订译本），第98—99页。

构。海德格尔说:"此在总是从它的生存来领会自己本身:总是从它本身的可能性——是它自身或不是它自身——来领会自己本身。"① 这句话表明,人对自身存在的风险是有领会的。基于风险存在的时空结构,存在及其内含于其中的风险不是静止的因而可以"本质直观"的,而是变动不居的,因而需要"领会"的。基于风险存在,传统哲学所谓的"认识你自己"有了一个新的理解视角:人没有一个现成的自己供认识,而是要不断认识可能的自己。可能的自己要比现成的自己丰富多彩。可能的"自己"总是会遭遇风险的,这个"自己"必须被认识到,否则人就走向了自欺,人的现实生活本身就被遮蔽了。

人们对风险存在的各种感知、解释、预期,直至某些建构,构成了风险意识。风险意识总体上是人对给自身存在带来的各种不确定性的主观反映。在风险意识中,人们强烈地意识到,自己处在"存在"或者"不存在"的两可之间。这种风险意识,实际上已经暗含在德国古典哲学对"自我意识"的阐释中。从费希特到黑格尔的哲学都包含"自我意识的辩证法":自我要在对象中,在自身的否定中实现自我。他们看到了"自我意识在自身之内的二元化"(黑格尔语),即在自我意识之内,对自身存在的否定和肯定辩证地统一在一起。风险意识在黑格尔的"苦恼意识"中已经道出:"苦恼意识就是那意识到自身是二元化的、分裂的、仅仅是矛盾着的东西。"② 自我面对陌生的非我和未来,感到实现自我的痛苦。海德格尔也说过,"痛苦就是坚定地保持在开端中"。③ 人被抛入世,开始面向未来筹划人生,在这个过程中人要实现自己的存在,然而这个过程充满变数,包含风险,它有否定人的存在的可能。在这个意义上,风险内在于人的存在之中,这就是痛苦所在。

总的来看,风险意识植根于风险的现实存在,风险建构论不能脱离风险存在论。为什么古代社会不是风险社会,而当今社会却被认为是风险社会?一个重要原因正是当今各种风险迅速萌生和扩散,现实中风险力量的急剧膨胀远远超过了先前社会。那种认为风险完全是建构的、可以脱离实

---

① [德] 马丁·海德格尔:《存在与时间》(修订译本),第 15 页。
② [德] 黑格尔:《精神现象学》上卷,贺麟、王玖兴译,商务印书馆 1997 年版,第 140 页。
③ [德] 马丁·海德格尔:《海德格尔选集》上卷,第 355 页。

际而有效的观点是成问题的。一方面，确实，有时候一种短暂的、人为制造的恐慌可以激发起一种"风险意识"，然而如果它缺乏现实基础，那么这种恐慌会随着时光的流逝而逐渐消失。正如时间长了，一些谣言会不攻自破一样。另一方面，一种有现实基础的风险会随着人们的主观建构被放大，这不是否定了风险存在论，而是对风险存在的"反作用"。这时候，需要人们冷静对待，把这种被夸大的风险放归原位，使风险建构论符合风险存在论。风险存在和风险意识不一定是一一对应的，二者经常有不一致的时候，此时风险意识脱离了其现实基础。那么这时候，我们更不能执迷于风险意识的迷雾，而应该透过风险意识认清其现实层面，才能更好应对风险。

一　风险的感知和解释

从存在论来看，人在世界中存在的本源状态首先包含情绪和情感的反应，而且情绪反应在本源结构中要先于理性认知。海德格尔指出，基于存在论，不能"否定情绪是此在的原始存在方式，否定此在以这种方式先于一切认识和意志，且超出二者的开展程度而对它自己展开了"①。人和世界打交道的方式首先不是理性的，而是有感觉、情绪化的。人对周围事物首先要有感觉，事物触动了人，之后人才会"认识"事物。叔本华和尼采认为真实的人生状态不是理性决定意志，而是相反。人对世界的理性认知是后发的，是本源状态的衍生物。

人最初的这种情绪反应不是欢喜，而是怕或者畏惧。这是因为，人是被抛入世界中的，这种"突然入世"直接给人以某种负面的情绪体验，就像孩子带着哭声来到这个世界。这种情绪体验能使人意识到自身的存在及其与周围世界的关联。焦虑与忧患不断使人拷问出自己的存在意义，得意反而使人忘形。克尔凯郭尔提出了人的存在的三个层次：感性、理性与宗教。借助他的启发我们会发现，孤独的个体首先带着各种感性情绪进入世界，恐惧和战栗要比欢喜和幸福更能揭示人的存在状态。海德格尔则指明："唯有为存在而存在的存在者能够害怕。害怕开展出这种存在者的危险，开展出它沉迷于其自身的状态。尽管明确程度不一，怕总绽露出此在

---

① ［德］马丁·海德格尔：《存在与时间》（修订译本），第159页。

的此之在。"① 在这种本源状态中的情绪反应,海德格尔称为"现身情态",这是存在显示自身的方式:"在现身情态中此在总已经被带到它自己面前来了,它总已经发现了它自己,是带有情绪的自己现身。"②

这么说,人对自身存在已经有了某种害怕的情绪反应和感受,这种情感体验不恰恰是一种对风险的感知吗?借助海德格尔的启示,循着那让人害怕的东西,我们可以发现这种风险感知的现实结构:害怕显示了一种人与周围事物的危险关联,这种关联作为一种可能性、不确定性威胁着人,逼迫着人面对风险维系自身的存在。此时,人们会陷入上文所述的痛苦,会流露沮丧情绪:"这种情形由情绪沮丧显示出来。在沮丧之际,此在面对自己,相视无睹,操劳所及的周围世界垂幅隐真,操劳的寻视误入迷津。"③ 风险的时空结构也提示我们,那种虽然还没有到来但已迫在眉睫的、近在咫尺的威胁更是直接地把风险意识带到人们面前。对于临近的风险,人们越是熟悉,风险意识越淡薄;相反,如果人们越是陌生,自然就越害怕。人们对可怕东西的认知程度与风险意识的强度一般成反比,高风险意识往往与理性认知的缺乏有一定关联。因此,面对高风险,人们往往求助于专家系统。

在风险意识中,人们不仅会感知风险,还会出于自身生死存亡的考虑"认知"风险,其中都包含有对风险的解释。人的存在总是具体的、历史的。这样,每个人对于自身存在的风险性总是有因人而异的感知和理解,风险必然归属于个体生存的解释学范畴。风险解释是把风险揭示出来,再重构为自己所能理解抑或可以接受的东西。风险解释是对风险进行现象学描述,正如海德格尔所说:"现象学描述的方法论意义就是解释。"④

具体来说,风险解释的路径遵循海德格尔所说的"解释学循环"。按照笔者对海德格尔的理解,被抛入世的人对自身存在及其与周围事物的关系是有"领会"的,领会循着各个事物的"自然分界"⑤,分别对其赋予

---

① [德] 马丁·海德格尔:《存在与时间》(修订译本),第 165 页。
② 同上书,第 156、158 页。
③ 同上书,第 159 页。
④ 同上书,第 173 页。
⑤ 自然分界意谓事物的分界是自然而然的,事物的联系则是因缘和合的。事物的分分合合皆是存在的天命之运动的结果。

意义，形成命题。关于存在内容的领会才形成命题形式上的解释。广义上，存在的言说是话语，它透过"心灵的眼睛"看周围世界，话语揭示了周围世界的因缘整体。总的来说，所谓解释学循环，即解释源于领会，又反过来加深领会，把这种领会中现身的存在如其本然地再展示出来。海德格尔总结过：

> 领会的筹划活动本身具有使自身成形的可能性。我们把领会使自己成形的活动称为解释。领会在解释中有所领会地占有它所领会的东西。领会在解释中并不成为别的东西，而是成为它自身。在生存论上，解释植根于领会，而不是领会生自解释。解释并非要对被领会的东西有所认知，而是把领会中所筹划的可能性整理出来。①

领会总是携带情绪的，即是对临近危险的某种害怕、恐惧等反应；这种情绪反应会在解释学循环中体现。对风险存在的领会先于风险解释，风险存在论引出风险解释学。

这种先于风险解释的领会，是某种"前见"。海德格尔说过："解释奠基于一种先行掌握（Vorgriff）之中。……解释从来不是对先行给定的东西所做的无前提的把握。任何解释工作之初都必然有这种先入之见，它作为随着解释就已经'设定了的'东西是先行给定的，这就是说，是在先行具有、先行视见和先行掌握中先行给定的。"② 风险解释的"前见"，其内容包含人的利益诉求，人对风险的态度等。因为有利益诉求，人们喜欢把风险和收益比对，进行"风险—收益"分析，力求风险最小化，收益最大化。人们对风险的态度也不同，心理学对此分为三类：一是风险偏爱者，他们喜欢冒险，以积极的心态面对风险，比如投资者信奉"高风险、高收益"；二是风险回避者，他们不愿意冒险，以消极的心态看待风险；三是风险中立者，他们不愠不火地应对风险，既不主动追求风险也不刻意回避风险。

每个人对风险的领会和解释，汇聚起来构成一股建构力量，参与到整

---

① ［德］马丁·海德格尔：《存在与时间》（修订译本），第173页。
② 同上书，第176页。

个社会对风险的界定和认知中。在当代社会，风险的感知与解释成为理解风险的重要维度。笔者在前言部分曾提到斯洛维克、道格拉斯和拉什等人的相关观点。这些观点道出了当代社会中高风险的"意识特征"，但忽略了其所扎根的存在论维度。高风险意识绝非仅仅是风险感知和建构的产物，更根本的是因为当代社会对于人世生存的挑战远远超过以往。人类的活动，特别是科学技术正在创造出越来越陌生的"周围环境"（其中包括人际关系），人与其生存环境的"因缘整体性"不断被打破。这种现实状况必然不断加剧人的生存焦虑和高强度的风险意识。

二 风险的预期与社会建构

人面向未来筹划自己的存在，必然会对未来有所预期，人采取每一个行动往往都带着对其可能结果的预判，这是人特有的某种倾向，在这里人超越本能发挥主动性。在人们看来，有所计划的自觉行为总比没有计划的盲目行为更好。然而行动的结果可能未必符合人的先前预期甚至大相径庭，结果可能隐含对人的存在的挑战甚至巨大威胁。① 特朗斯特罗默诗曰："我们从未成为我们曾经想成为的。"② 这样说来，人总是带着某种风险预期而行动。另一方面，面对某种已知的风险，人们会意识到风险的存在，并且感知它并做出进一步的解释，解释不仅要把存在的风险揭示出来，还要构建风险事件的因果联系，对风险做出合乎理性的预期，以应对风险。风险预期，即是立足过去的经验和现实的威胁，面向未来对风险影响做出估计。在风险预期中，风险的"未来/非现实性"和"当下/现实

---

① 风险是否一定是不符合人们预期的？尤金·罗莎认为存在某种可能符合人们预期的风险，她提出"合意的风险"概念，指某种风险因其本身带来的刺激和乐趣而被追求，因此这种风险是合意的。参见［美］尤金·罗莎《风险的社会放大框架的逻辑结构：超理论基础与政策含义》，谭宏凯译。见［英］尼克·皮金等编著《风险的社会放大》，第47页。笔者以为，从风险存在论的角度来看，风险事件是否合意，这并不取决于人们单方面的意图，而是由某种未来的客观情境和人们的预期之间的实践关联来决定。罗莎本人也承认风险指向本体论意义上的某种现实。即使某种风险看起来在当下是合意的，但是也仍然可能在更远的将来产生不合意的结果（二阶风险），比如喜欢冲浪和赛车的人实际上仍然面临伤亡的风险。风险的时间结构是变化的，风险总是因其可能不符合人们的预期而存在。当然，"合意的风险"概念有助于我们理解冒险的意义。

② ［瑞典］托马斯·特朗斯特罗默：《托马斯·特朗斯特罗默诗10首》，黄灿然译，载《大公报》2011年10月9日文学版。

性"统一起来,这也与风险的时间结构相吻合。贝克称风险为"预期变数"并说:"在本质上,风险与预期有关,与虽然还没有发生但存在威胁的破坏作用有关。"① 这种预期的作用是为当前的风险治理提供某种"科学依据"。风险预期在很大程度上左右着我们今天的思考和行动,"在风险社会中,未知的和意外的后果成为历史和社会的主导力量"②。

那么,风险预期的合理性尺度应该由谁来建立、怎样建立?

风险预期的主要任务是对风险的性质和它未来的走向做估计,以此使我们有一个行动的依据。传统社会不同于当今社会,那时风险还没有上升为社会性的、全局性的问题,风险预期主要由个人做出,这种预期很大程度上是与个人的感知密切相关,很不"科学"。但在当代社会,由于风险影响的普遍性和长期性,风险预期的主体层次和内容开始丰富起来。普通民众只是感知风险,然后以此决定对风险的态度。昌西·斯塔尔发现:一般公众总是过高地估计与死亡相关的低概率风险的可能性,而过低地估计了与死亡相关的高概率风险的可能性。③ 科技专家则区分"风险"与"可接受风险"的概念,比如通过量化方法制定某种毒物的可接受值。专家认为,需要通过实际上存在的因果关系对风险加以界定,否则不能肯定这种风险的存在。比如人们对放射性危害的认知就在很大程度上取决于"科学知识",它的确定要经过复杂的因果性解释。贝克说:"文明的风险一般并且只出现在物理和化学的方程式中。"④ 风险的知识依赖使它在知识中被"改变",或是被夸大或是被缩小,甚或被转嫁。政府管理者对风险预期的态度则与专家不同:专家倾向于反对错误的肯定判断,即当一种因果联系不存在时,我们不能宣称这种联系存在;政府则倾向于当一种因果联系存在时,我们不能宣称这种联系不存在。比如,考虑一种化合物 X 与癌症的可能联系。⑤ 专家认为,如果没有证实二者之间的因果关系,那

---

① [德] 乌尔里希·贝克:《风险社会》,第34页。
② 同上书,第20页。
③ [美] 查尔斯·E. 哈里斯等:《工程伦理概念和案例》(第3版),丛杭青等译,北京理工大学出版社2006年版,第127页。
④ [德] 乌尔里希·贝克:《风险社会》,第18页。
⑤ 参见 [美] 查尔斯·E. 哈里斯等《工程伦理概念和案例》(第3版),第131页。该案例笔者根据原文做了修改。

么可以排除这种联系,专家在此奉行无罪推定。政府为保护公众免受致癌物质的可能影响,需要考虑,如果化合物 X 对癌症确实有影响,那么我们需要及时发现这种因果关联并有效防范。也就是说,政府的任务是保护公众免受可能的伤害,奉行"有罪推定",以防患于未然。

在当代社会,风险的影响是普遍性的,风险的应对是全局性的。风险的感知、解释和预期不会仅停留在个体的、局部的范围,而是要上升到整个社会系统的文化建构的层面。一个事件是否具有风险,其威胁的程度和性质与整个社会对它的理解、感受有关,并且通过社会媒介来传递,被传媒和各种信息渠道确认、转化、夸大或削弱。掌握着界定风险权力的大众媒体、专家系统以及各种伦理规范和法律制度,也同时掌握了风险社会的话语权,在当代社会中拥有关键的社会和政治地位。这样,关于风险的陈述越出了事实领域,进入价值领域。不过,以往的价值陈述往往是针对一个过去的或者现在的东西进行评价和批判,比如现代性对传统的价值陈述就是这样。然而,风险的价值陈述却是与未来相关的:即对风险进行解释和评测,以帮助人们应对将来的可能威胁。

既然专家系统、各种媒体和社会大众都对风险提出解释和建议,风险于是成为"总体的共谋",它将引发"有组织的不负责任"。贝克提道:

> 换言之,与高度分化的劳动分工相一致,存在一种总体的共谋,而且这种共谋与责任的缺乏相伴。任何人都是原因也是结果,因而是无原因的。原因逐渐变成一种总体的行动者和境况、反应和逆反应的混合物,它把社会的确定性和普及性带进了系统的概念之中。……这以一种典型的方式揭示了系统这个概念的伦理意义:你可以做某些事情并且一直做下去,不必考虑对之应负的个人责任。[①]

应该说,"有组织的不负责任"有其存在论的基础和主观原因。从存在论的角度来看,确实有一些现实中的风险,其原因与集体行动,甚至是全人类的活动有关,比如地球暖化。风险事件可能是多个主体的行为导致的,而且这些行为之间存在复杂的相互作用,由此产生了一种综合效应,

---

① [德] 乌尔里希·贝克:《风险社会》,第 33 页。

其中每个人需要承担的风险责任具有一定的模糊性。这从事实方面助长着风险建构中责任推卸和转移的话语力量。主观上，人们不关心整体利益，对自己行为导致的综合效应不想承担责任。人们有时还抱着"法不责众"的心理，将风险事件的责任归咎为自己身处其中的某个团体，甚或转嫁给别人，从而成功推卸掉责任。有组织的不负责任，实际上包含几个方面的综合作用，即客观上难以分清风险责任，主观上人们投机取巧、不愿意承担风险责任，以及转移和推卸责任。由此出现一种更加危险的现象：风险不断被主体重新建构，主体的责任又更加缺失。冒险的人不再考虑风险，风险在不断掩盖自身的情况下扩散。这成为当代风险扩散的一种深层根源。风险在全球范围内的急剧扩散，是今天人类进入风险社会的一个重要原因。

风险的社会建构有割裂风险意识与风险存在论之间关系的危险。正是因为风险揭示的是某种不确定性，因此才给不同主体对它的不同认识和多种定义留下了广阔空间和多种可能，风险的话语权争夺才形成一个无形的文化战场。当代社会的风险对人类生存构成巨大威胁，人们急切地求助于风险的"建构"，以及通过某种社会文化体制快速地转移风险。风险建构论可能使人们忽视风险植根的现实基础。可以说，人们越是急于重新解释和建构风险，人们就越是在掩盖真正的风险。这将阻碍对风险本身的理解。我们需要把风险建构论建立在风险存在论的坚实基础上，以便应对各种风险。

三　死亡意识：风险存在的最高警示

伴随着当代风险社会的到来和不断推进，各种威胁人类的全球性问题不断涌现。当高强度的风险关乎人的生死存亡，风险意识表现为人的死亡意识。人不仅是必死的，更重要的也是怕死的。风险在极端的意义上揭示出死亡的危险，逼示出生存的焦虑。死亡是人被抛入世界的最极端的可能性，死亡意识将在此揭示出人对自身存在的最深层次的体认。

一方面，死亡意识对于揭示人的存在既是必要的，也是可能的。我们需要从日常生活入手绽露此在的本真存在，日常生活处在生死之间，并没有穷尽此在的全部可能性，只有面向死亡才能展现这全部可能。"向死而在"就是"向终结存在"，就是绽露出人之存在的可能的整体结构。死亡意识对于揭示人之存在的必要性，可以用一个三段论推理来总结：

前提一：此在是可能之在，只有绽露此在的全部可能性才能揭示其存在。

前提二：死亡意识且只有死亡意识才能够绽露出此在的全部可能性。

结论：死亡意识对于揭示此在是必要的。

另一方面，面向死亡揭示人的存在也是可能的。人的存在是可能之在，人面向未来筹划人生，不断超越自身。未来的终点是死亡。面向死亡，人可以领悟人生的全部可能。狄尔泰说："那由死而来的生存的界限，对于我们对生的领会和评价，总是具有决定性的意义。"①

不过，日常生活中人的"死亡意识"有诸多误区，不澄清这些误区，人们就无法通过死亡意识揭示自身的真实存在。海德格尔指出，只有对死亡的本真领悟和承担，才能绽露出人的本真存在。本真的死亡意识包括两个基本内容。一是人要意识到，死亡需要人自己承担起来。每个人的死亡不可替代，因而它是个体最本己的可能性。海德格尔发现：在此方面，日常有一种虚假的死亡意识，即通过经验他死，来逃避自己的死亡体验，这遮蔽了本真的死亡意识。② 在"有人死了"的事件中，此在获得了某种死亡体验，然而这种死亡体验与自己没有实质关联，反而助长了对死亡的侥幸逃避的心理。个体要意识到，我是必死的，是无法通过经验他人的死亡来替代的。因此，每个人必须把自己的死亡通过自己承担起来，以此让自己"成熟"起来，实现自身的全部可能性。二是死亡不可逃避，这对于人来说是必然的真实命运，死亡又是人的最本真的可能性。

真实的死亡领悟揭示了，死亡是人的最本己和最本真的可能性。死亡意识至少从两个方面揭示了人的风险存在。

第一，死亡本身的不可经验性构成了一种不确定性，它作为某种极端的风险体悟内在于人的存在结构之中。死亡作为人的必然命运，在现

---

① 转引自［德］马丁·海德格尔《存在与时间》（修订译本），第286页注释。
② 同上书，第274页。

在就可看到，这是确定的。不过死亡本身又是不可经验的，人无法拥有关于自身死亡的知识。这又使死亡成为不确定的。死亡是每个人自己必须承担的、不能逃避的必然命运，并且作为这样一种确定的命运，死亡对于每个人自己来说又是不能确知的。死亡作为一种极致的风险体悟也在此显示出来了，即那在未来威胁我的一种东西——而且这种威胁将彻底否定我的存在，自我出生直到现在，将一直"确定无疑"地伴随着我。死亡风险作为未来的威胁，就这样植入了我的现实生活中，从现在开始就影响着我。

那么，这样的一种风险体悟，如何对于人实现自身存在具有意义？

死亡乃是未来的可能命运，然而它又是属于人的最本己和最本真的东西，死亡因此是"未来的真实"。要让死亡的"积极作用"发挥出来，我们需要一种面向死亡的意识，它应该在人的现实人生中"先行到来"，这样就能为人领悟自身的存在打下基础。"未知死，焉知生？"对于死亡的先行意识实际上是对死亡的"提前领会"，这种提前领会使人唤起某种危机感，引发对自身生存意义和价值的思考，面向未来更好地谋划和实现自身存在。因此海德格尔说："这一先行把先行着的存在者逼入一种可能性中，这种可能性即是由它自己出发，主动把它的最本己的存在承担起来。"[①] 死亡作为风险体悟，反而启发出对于生存的要求和筹划。

第二，死亡的另一种不确定性，是"死亡何时到来，如何到来"，这些于我也都是不确定的。这是一种来自"未来"的威胁，而且"不时"地威胁着人，因此人需要好好安排"现在"的生活，必须珍惜"现在"的人生。这样，当人面向未来进行人生筹划的时候，就领悟了"死"之于人生的存在意义，从而把握如何"生"的问题。海德格尔为此也说过："在向着不确定的确知的死先行之际，此在把自身的一种从它的此本身中产生出来的持续的威胁敞开着。向终结存在必须把自己保持在这威胁中，不仅不能淡化这威胁，反倒必须培养确定可知状态的不确定性。"[②] 这就是要把死亡这种极致威胁，保持在此在的人生筹划中，从而为在

[①] ［德］马丁·海德格尔：《存在与时间》（修订译本），第303页。
[②] 同上书，第305页。

"畏"——此在本真的现身情态中实现这种筹划准备好前提条件。在"畏死"中,人最终领悟自己的存在。"畏死"不等于"怕死",怕死是对死亡的逃避,畏死却是对死亡的勇敢体认和承担,在其中能够唤起人对生存可能性的把握。

因此,死亡意识并不是引导着人们在现实中积极赴死,反倒是把死亡领悟先行带入人的现实存在中,拷问出人生在世的本真意义。为了避免让死亡意识变成"赴死"的误解,死亡意识的内容有两点需要强调。其一,对于人而言,在日常状态,死亡的"意识"和"现实"是分离的。死亡意识带有终极体验的性质:在未死以前,我们只能对死亡有体验;在真正死亡的那一刻,我们不可能还对死亡有意识。平常的死亡意识只是意识,而非现实。死亡犹如康德的"物自体",我们知道有这么个东西,但是它是什么样的,我们并不知道。我们不拥有对物自体的知识。在这种死亡体悟中,死亡于人而言是不确定的。这种极端的风险体悟启示我们,要好好珍惜现有的人生。

其二,死亡意识让死亡的可能性只是作为一种可能性,而非现实性来体悟。死亡真正到来之际,是可能性之终结,结果也就是使可能变成了不可能。海德格尔说过:"向死存在的意思并不是指'实现'死亡……"① 死亡意识不是让此在慷慨赴死,那样的话,此在就不再是可能的了。那么海德格尔所谓的"向死而在"的真正含义是什么呢?答案是让此在始终向着可能性敞开,而且是向着全部可能性敞开,从而让此在始终是可能之在。死亡意识就是让人之存在的可能性始终保持为可能性,使人不断面向未来筹划和实现自己的存在。死亡意识是对死亡之不确定性的深刻领会,也是对自身的一种终极可能性的领会,死亡成为对人之风险存在的最高警示和最后警示。"置之死地而后生。"海德格尔指出过:死亡的可能性显示出,人"被抛入了它的'极限处境'的不确定性之中,此在因面对这种'极限处境'下决心而赢得其本真的整体能在"。②

总的来看,"向死而在"走了一条黑格尔式的螺旋式上升的道路:从此在面向死亡超越自身,再到领悟死亡回到自身。海德格尔意味深长地

---

① [德]马丁·海德格尔:《存在与时间》(修订译本),第300页。
② 同上书,第352页。

说："从现实的东西中出来并回到现实的东西上去，可能的东西就合乎期待地被吸入现实的东西中去了。"①经过"先行到死"的领悟，人或许现在就能够参透人生的很多奥秘，明白自己的真正追求。"向死而在"揭示的人生方向并非是从现在去展望没有终点的未来，而是相反地，把终极的未来带入现在，即是把人面向未来筹划人生时所遭遇到的最大挑战和危险，不是推到遥远的未来去逃避，而是置入自己的内心深处和拉到自己的"近处"（既是时间上的又是空间上的）来拷问和应对。死亡哲学的真正启发是，人面向未来筹划人生的时候，死亡不是现实的行动选择，而是存在论意义上的领会，领会自己人生的真正意义。

第四节　当代风险社会与"风险异化"

一　当代社会何以是风险社会

我们今天所处的时代何以是风险社会？

古代社会的人们面临的风险，无论就强度和范围来看都小于今天，但是那时候人们应对风险的能力也是很弱小的。因此，和人类的风险应对能力相对应，实际上古代社会的人类面临的风险挑战也是很严峻的。但为什么在那个时期，风险不是社会主要问题，而在今天这个时代，风险却成为制约社会发展的核心问题？笔者以为，主要有四个原因。

其一，今天与过去相比，人类面临的风险种类不同。古代社会的人类主要面对的是自然风险。这个时期人们的技术能力不高，人类活动的层次和水平很低，人为风险不占主要地位。各种自然风险，如地震、火山爆发、河流泛滥或者病虫瘟疫等一旦发生，人类的应对能力是非常孱弱的。此时的应对方式主要是精神性的而非技术性的，即通过原始宗教或巫术、图腾等方式，将其转化为一种神秘的信仰，化解内心的恐惧。借助超自然力量和神灵，风险感知被转移了，风险问题隐退到人类文明的幕后。然而，今天人们面对更多的人为风险，特别是工业革命以来由于社会经济发展和科技进步带来的风险，如地球暖化可能造成的全球灾难、基因食品可能造成的健康损害等。吉登斯指出："我们过去担心自然会对我们做什

---

① ［德］马丁·海德格尔：《存在与时间》（修订译本），第301页。

么，现在我们则担心对自然所做的。这表明现在人为风险已经取代自然风险占据主要地位。"① 贝克也是从人为风险的角度理解风险概念。贝克认为：风险本质上是一个现代概念，它形成于工业化进程，风险是当代人的行动造成的一种"危险辩证法"，即现代人"创造了一种文明，以便使自己的决定将会造成的不可预见的后果具备可预见性，从而控制不可控制的事情"。② 今天，风险发展的强度和范围远大于过去，但是在"上帝已死"的时代，人类只有自己面对这一切危险。对风险的感知成为切身感受，无可替代。人们的风险意识空前高涨，风险也成为人类社会无法逃避的现实问题。

其二，当今时代，风险的存在和影响具有普遍性，风险是全球性的。贝克认为：现代化的风险，不像19世纪和20世纪局限在工厂里的和职业性的危险，也不再局限于特定的地域或团体，而是超出了生产领域，跨越了国家界限，从而呈现出一种全球化的趋势。③

其三，风险的存在和影响具有长期性与深刻性。当今时代的很多风险对于人类有长远影响，短期内是无法摆脱的。这些风险比如地球暖化造成的全球性的恶劣气候，核电站可能导致的放射性危害与泄漏事故，太空垃圾的长期存在对地球大气层的破坏等。过去，人类根据历史经验对现实和未来采取行动；现在颠倒过来了，人类根据未来风险决定现在的行动。

其四，当今风险扩散在很大程度上也是失控的、不能"保险"的。今天与过去相比，风险存在、影响的范围乃至应对的主体层次都是不同的。过去的风险应对在很大程度上是个人化、局域化的。风险在个人或者少数人范围内产生和扩散，影响也限于局部范围，在很大程度上是可控的。只有一些不可抗力的自然灾难超出人们的控制范围。今天却不同，风险很大程度上是全国性、全球性的，很多人为风险影响的范围可能波及整

---

① 吉登斯所谓的"external risk"，周红云翻译成"外部风险"。根据吉登斯上下文的意思，笔者以为，它实际上翻译"自然风险"更为恰当。同理，"manufactured risk"翻译成"人为风险"要比"制造出来的风险"的译法更为简捷。参见［英］安东尼·吉登斯《失控的世界》，第23页。

② ［德］乌尔里希·贝克、威廉姆斯：《关于风险社会的对话》，路国林编译。见薛晓源等主编《全球化与风险社会》，社会科学文献出版社2005年版，第4—5页。

③ ［德］乌尔里希·贝克：《风险社会》，第7页。

个地球和遥远的未来,风险在很大程度上是不可控的。风险应对和治理也是需要集合全球政治智慧,经过长时间协商谈判才能有希望获得一些有效成果。

种种迹象表明,今天人类确实进入了一个新的社会阶段,这个阶段不同于以往阶段的典型特征是,风险在社会发展过程中成为核心问题,因此我们称之为"风险社会"。贝克说:"自从20世纪中期以来,工业社会的社会机制已经面临着历史上前所未有的一种可能性,即一项决策可能会毁灭我们人类赖以生存的这颗行星上的所有生命。仅仅这一点就足以说明,当今时代已经与我们人类历史上所经历的各个时代都有着根本的区别。"[①] 能够造成这种毁灭性后果的决策领域主要是在核技术、化学和生物技术等当前的高新技术领域。另一方面,由于当今风险的不可控,引发了风险的"不可保险"。过去的风险领域大多是可以保险的,如火灾、车祸等,而类似核技术领域的这种风险是不可保的,"今后的风险社会已经成为一个无法保险的社会"[②]。总的来说,从传统社会向当代社会的转变,是贝克所说的"从财富生产和分配的逻辑向风险承担和分配的逻辑的转变"。风险社会产生和发展的时期,为上述贝克所说的20世纪中期以来,这是贝克等所谓的"晚期现代性"阶段,即现代社会的第二个阶段,而我们现在正处于这个阶段。

二 "风险异化为危险"

当代社会成为风险社会,乃是因为植根于人之存在的风险发生了异化。

"异化"是对德文"entfremdung"和英文"alienation"的汉译,马克思在《1844年经济学—哲学手稿》中还使用过德文"entäuβerung",国内学界一般译成"外化",其含义与异化相通。长期以来,学界对异化的解说遵循着"主客二分"的逻辑结构。[③] 按照这种结构,异化是主体嬗变为他物,这是主体的自我丧失状态,主体中分裂出来一个"客体"并反

[①] [德]乌尔里希·贝克、威廉姆斯:《从工业社会到风险社会》,王武龙编译。见薛晓源等主编《全球化与风险社会》,第72页。

[②] 同上书,第73页。

[③] 韩立新:《〈穆勒评注〉中的交往异化:马克思的转折点》,《现代哲学》2007年第5期。

对主体，其逻辑结构如图1—3所示。需要说明，主体A可能整个地异化为一个对抗它的客体，也可能是主体A其中的一部分A_1异化为一个对抗主体A的客体。为了简便起见，笔者只是列出了后一种情形。

主客二分的异化解释模式是有缺陷的。主体被分出来的客体所统治，客体"反客为主"。客体不再被动，主体也不再主动。"主体能动性"被"客体"宰制。为更好地说明异化，本书提出一个新的逻辑结构（如图1—4），即"原体—变体"来阐释异化：变体从原来的"自我—原体"中分化出来并成为"他者"，即变体是"自身的他者"[①]，这个变体反过来与原体相对立。

"风险异化"的原体是风险，变体则是危险乃至凶险。近代以来的科技现代化进程使风险异化为危险，这正是导致当代风险社会生成的深层原因。

诚如前文阐明的那样，风险本来一直内在于人的存在结构中，并且贯穿在整个人类社会的发展进程之中。近代以来，科学技术的迅速发展，资本主义力求最快实现利润最大化，这都导致风险在社会各个层面迅速产生和扩散，以至于到了当今社会，风险终于成长为极具威胁的力量，人类也进入了风险社会。海德格尔曾指出：计算性思维主宰了当今技术时代，它的"无限权力"制造了一个"庞然大物"（the gigantic），使整个世界活在它的阴影下，比如核武器给人们带来的毁灭性威胁。[②]"庞然大物"的特点是：开始是纯粹数量的扩张，但是这种量的扩张达到一定程度，它突变为一种特有的质。表面看来能够计算的东西，恰恰成为不可计算的东西。[③]科技文明的全球化进程带来了"庞然大物"，这个不可计算的"巨大阴影"正是那张辐射全球的风险之网。

此时，风险不仅威胁到人类的生存，而且也使风险自身存在的合法性

---

① ［英］肖恩·赛耶斯：《存在主义与马克思主义中的异化概念》，高宝丽译，《教学与研究》2009年第7期。

② 贝克曾经说过，风险社会是一个可与古代的上帝和魔鬼的国度相比的"阴影国度"（shadow kingdom），它藏匿在可见世界的后面，并威胁着地球上的人类生活。参见［德］乌尔里希·贝克《风险社会》，第87页。"庞大之物"是孙周兴的翻译，参见《海德格尔选集》下卷，第905页。

③ Martin Heidegger, "The Age of the World Picture", in *The Question Concerning Technology and Other Essays*, trans. William Lovitt, New York, Harper & Row: 1977, p.135.

成为问题。曾几何时,冒险被视为一种勇敢的表现,敢于承担风险是受到社会肯定的品质;而现在,允许冒险的领域已经压缩到了越来越小的范围,敢于冒险不再是一个褒义词,人们试图规避和反对风险。风险社会的到来,其背景是风险的某种深刻变化,即"风险异化为危险(乃至凶险)"。风险本来就植根于人和社会发展进程,这埋下了它异化为危险的种子。

贝克曾经区分风险与危险。读者可能会发现,贝克在描述风险社会时,使用频率最高的一个词就是"危险"。风险在风险社会转化为危险,约纳斯和贝克已经有所认识。约纳斯发现,现代化进程中的技术能力的使用,所造成的资源耗竭和环境问题,已经濒临地球承载的极限。贝克也说过:"从短缺社会的财富分配的逻辑向晚期现代性的风险分配的逻辑的转变,一个原因是生产力的指数式增长,使危险和潜在威胁的释放达到一个前所未有的深度。"① 笔者发现,"风险异化为危险",其实是风险的运行机制发生了异变。风险本来包含两重可能,即否定或者肯定人的存在;而危险乃至凶险只剩下一种可能,即否定人的存在。按照汉语词典介绍:"危"有"不安全、损害"的意思,而"凶"则有"恶的、不幸的"意思,危险则意指"有可能失败、死亡或遭受损害的境况",凶险则是"非常不幸的境况"。② 危险和凶险已经对人们的现实生存构成极大威胁,它们作为唯一的可能,即将变成现实。就像建在地震带、火山口或者海边的核电站,就算现在还没有发生事故,但是发生事故是迟早的事。也可以说,风险是一种损害的可能性,而危险在很大程度上是损害的现实性。③可能性变为现实性,这否定了可能性本身。当风险变成危险乃至凶险,谁还愿意把巨大的危险承担起来呢?当人们惬意地享受核能发电带来的光明时,人们是愿意承受核技术风险的;但是当核电站要发生核泄漏事故的时候,人们必然像逃避瘟疫一样逃避这种危险。因此,风险变成危险和凶

---

① [德]乌尔里希·贝克:《风险社会》,第15页。
② 参见http://www.zdic.net/,2011年9月3日。
③ 保罗·斯洛维奇和詹姆士·弗林认为,风险是感知到的威胁,而那些真实存在的但是没有被感知到的威胁则是危险。就此而言,危险可以被认为是真实的风险。参见[美]尤金·罗莎《风险的社会放大框架的逻辑结构:超理论基础与政策含义》,谭宏凯译。见[英]尼克·皮金编著《风险的社会放大》,第55—57页。

险，它会反过来否定风险本身。

"风险异化为危险"为我们提供了一个社会动力学的解释，解释为何今天人类进入了风险社会。各种人为风险的不断加剧，风险影响的全球性和长期性，风险本身的难以控制和持续扩散，使得早就伴随着人类文明和个体生存的风险在今天异化为巨大危险，各种风险意识也空前高涨，风险于是成为全球社会的焦点所在。贝克曾深刻指出：风险社会带来了"危险社区"[①]。

"风险异化为危险"，风险从可能性进入现实性，风险在很大程度上就失去了对于人之生存的启发和预警意义。这将进一步引发人之存在的异化（如图1—5）。在人的存在结构中本来就包含风险，风险并不必然否定人的存在；而在风险社会，风险变成否定人的存在的力量，人的生存倒是需要从风险结构中求解。风险异化为危险，它就从人之存在的"启发"力量变成了人之存在的否定力量。

上文曾经阐明，风险暗含的否定性一面乃至死亡意识有利于激发人的存在的实现，那么"风险转化为危险"怎么会导致人存在的异化呢？这里需要注意"危险"和"风险"两个概念的区别。危险指向风险社会的一种现实处境，这一现实处境不是可能而是已经极大危害了人的存在和发展；而风险则只是一种不确定性，其中否定人之存在的一面只是作为可能性包含在风险之中的。也就是说，"风险异化为危险"把风险的可能性变成了现实性，而风险之于存在的启示意义恰恰在于它是作为一种可能而非现实。作为可能性，风险可以激发人们的预警意识，反思现在的行动，做有利于实现人的生存的事情。而危险作为一种现实处境，已经在很大程度上失去了预警效果，人们只愿意对危险事件进行善后治理。心理学的研究也表明，人们对于极大的威胁，不愿意直接面对，而是倾向于避而远之。也许只有当某一类危害事件可能再度发生时，危险才会再激发出一种预警意识，然而最初的危害已经无法挽回了。比如人们都知道核电技术具有泄漏的风险，如果人们把核电站建在远离地震带和火山口的地方，远离海边和居民生活区的地方，并且尽量采用较为成熟的新一代核电技术，那么这种核电站就只是一种风险。但是当人们把核电站建在地震带和火山口上，建在海边和居民生活区附近，并且采用了低级的核电技术，那么这种核电

---

① ［德］乌尔里希·贝克：《风险社会》，第54页。

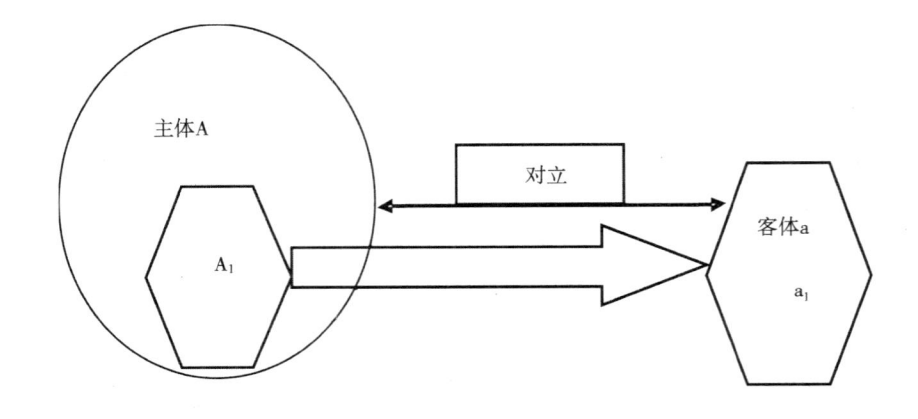

图 1—3　异化的主客二分结构

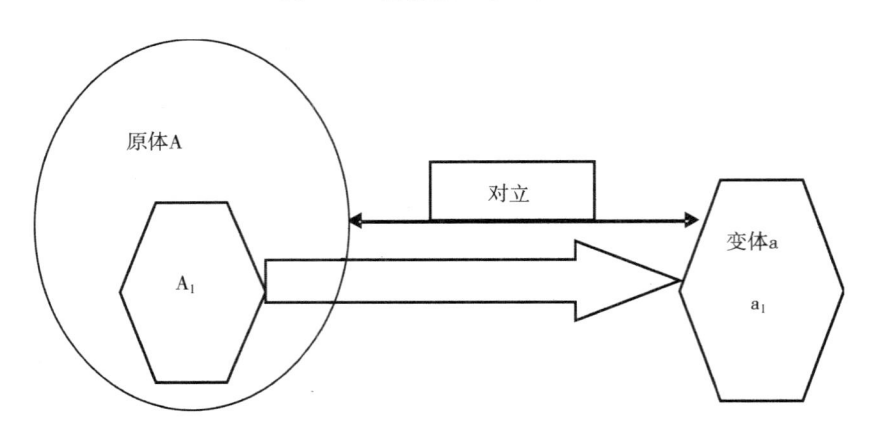

图 1—4　异化结构

站就是危险了。苏联的切尔诺贝利主要是因为低级核电技术引发泄漏事故，福岛核电站则主要是因为建在了地震带和海边，并靠近居民区而引发巨大灾难的。切尔诺贝利核泄漏事故对当地居民的危害延续到了现在，而日本福岛核电站的泄漏事故已经导致周围海域遭受不同程度的放射性污染了，这种放射性污染将延续很长的历史时期。

总之，当代风险社会的生成逻辑，恰恰包含在"风险异化为危险"的历史进程中。这对当今风险社会至少有三个重要启示。第一是风险之于人之存在意义的异化。风险本来是人的存在方式，现在反过来危及人的生存，成长为否定人的生存的巨大力量。威胁人的存在的力量，恰恰植根于

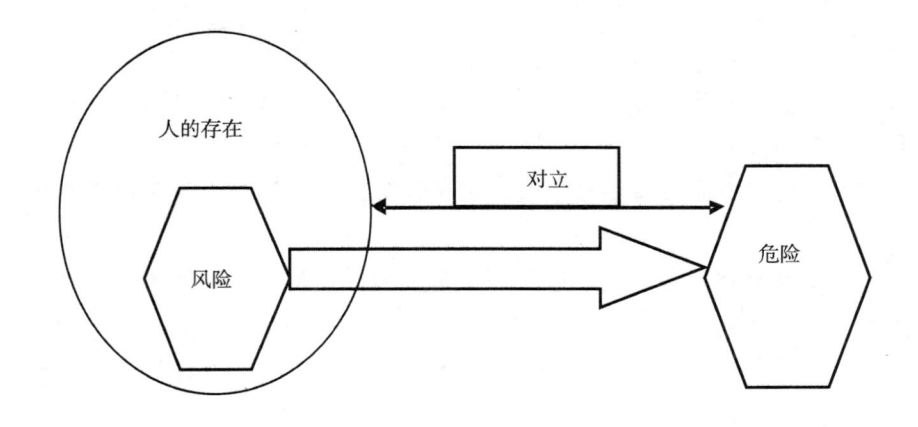

图 1—5　风险异化结构

人的存在之中，这就是人的风险生存之悖论。第二是整个人类的生存处境需要哲学层面的深思。当风险变成危险，人们都试图逃避风险，而这恰恰也是需要对人类整体命运备加关注的时候。约纳斯追问道："技术力量的恐怖潜能危及人类生存，由此提出了一个伦理学从未面对的问题：是否以及为什么应该有人类存在？"[①] 第三是"风险社会"的翻译问题。对于贝克的"Die Risikogesellschaft"，学界一般翻译为"风险社会"，笔者以为如果翻译为"危险社会"或者"冒险社会"或许更契合当今人类的处境。这不是故作惊人之语，而是风险社会的生成逻辑引申出来的自然结论。鉴于"风险社会"在学界已成通用，本书仍然沿袭此用法，只是其中的深意不可不察。当代社会中的风险状况更加危及人的生存，风险对于生存的逼问更甚于传统社会，从而它对于人世生存的挑战更大。一种缺乏历史经验的风险状况正在成为当今社会发展的一个中心问题，风险的及时应对与有效治理成为当今人类社会发展的关键议题。

第五节　风险社会的根源与应对

如果说我们确实迎来了风险社会，那么哪些力量塑造了风险社会

---

① ［德］汉斯·约纳斯：《技术、医学与伦理学——责任原理的实践》，张荣译，上海译文出版社 2008 年版，第 29 页。

呢？在时间上，风险社会的众多诱因集中地萌生在近代，特别是工业革命以来的历史时期。这一时期，技术与资本是塑造风险社会的两个基本因素。科学化的技术与融合金融、传媒等社会体制的资本结合在一起，形成一个强大的系统性力量，对自然展开了"强行拆迁"。近代以来，技术力量急速膨胀。特别是通过三次科技革命，技术与科学深刻地结合在一起，更是获得了前所未有的快速更新。技术升级之快是人们应接不暇的；技术改变自然的程度之深刻，是人们难以预料的；技术创造的无数人工产品之新奇，是令人眼花缭乱的。在人类面对的现实和认知层面，技术都前所未有地创造出众多不确定性，这些不确定性作为一个风险之网笼罩了全人类。

技术能获得这种大发展，一个基本的制度支持是资本主义。技术和资本主义都是在近两个世纪获得快速发展，这不是偶然的。资本的扩张需要科学技术的支持，也同时为技术扩张提供各种条件。技术与资本主导的社会发展创造了崭新的生活，极大地推进了人类文明的进程，人类进入历史上最强大的时期。不过，这个过程也带来了诸多人类缺少认知和应对经验的风险，科技创新和资本社会的运行加剧了"风险异化为危险"的进程。技术和资本塑造了当今风险社会并导致风险的持续扩散。

风险在当代异化为危险，这警示我们，人们如不能有效应对风险，人类将面临生死存亡的挑战。在此我们也可以理解，为什么当前"世界末日论"比较盛行，它凸显了当前日益严重的全球性风险对人的威胁，人们需要某种预警机制，以便唤起全人类的危机意识，从而及时应对和化解这些威胁。社会心理学家迈克尔·舒梅为此提供了一个案例：

假设你是三百万年前站在非洲平原上的一个直立人，如果耳边听到了野草摇曳的声音，你会想到什么？如果你想到，这是一头危险的动物，而不是普通的风声，那你确实犯了错误，这是"误报"。然而，这一错误并不会对你有任何危害；换一个角度，如果你把草的动静声认为是风，而不认为是一头饥饿的狮子的话，这是"漏报"。那这个错误就可能很严重了，试想如果狮子是真的，而你没当一回事，会带来什么后果。在原始社会，生存危机极其严重，往往一个小失误就有可能面临死亡境地。因此，进化使得人类演化出一种能力，把未来的可能灾难想成是真实的，宁肯误报不能漏报。这种预警能力对人类是非常重要的。①

因此，厘清当代风险社会的根源与扩散机制，并探索风险治理的有效路径，是十分重要的。风险社会中的人必须学会"与狼共舞"，同时不被狼吃掉。也许正如狄更斯在《双城记》中所说：

"这是最好的时代，这是最糟糕的时代。"

本章小结

哲学存在论揭示出风险是人在世界中存在的特有方式，是人面对各种不确定性要实现自身存在时提出的现实问题。存在论对于揭示风险既是可能的也是必要的。基于存在论，风险即是指不断给人世生存带来挑战甚或威胁的各种不确定性和对它的不可预测性。风险作为不确定性，既可能对人有利，即肯定人的存在；也可能对人不利，否定人的存在。不确定性因其包含着对人不利的可能而成为风险。人要面向未来筹划自己的存在和发展，未来总是不确定的，风险就扎根于人的生存状态，风险内在于人的存在结构中。风险作为一种可能性，也启发人实现自己的存在。一方面，风险让人们去实现一种有待实现的东西，是为"正面启发法"；另一方面，风险作为否定人之存在的可能，也警示人们在面临生存挑战和危机时实现自身存在，是为"负面启发法"。风险的时空结构启示我们，风险的产生和发展正如人的存在一样，是一个过程：那在未来威胁着我们的东西，实际上孕育在过去，并且从现在就开始威胁着我们，人生在世不得不"历险"；人被抛入世界，面对各种不确定性，也不得不"涉险"，各种自然风险和人为风险伴随人生。

风险存在论引申出风险的意识结构。基于对自身存在的不确定性的领会或者理解，人们感知风险，解释风险；在应对风险的过程中，普通民众、专家和政府按照各自的认知标准对风险展开预期，风险也是社会文化的建构。死亡意识作为一种极端的风险体悟，也启发人们谋划好自己的现实人生。当今人类被结合了资本的技术推进一个前所未有的风险社会，其中"风险不断异化为危险"，风险之为否定人的存在的一面更加突出。

---

① 金煜：《"末日预言"不死，世界照常活着》，《新京报》，2011年5月29日第B04版。

"风险异化为危险"是从"风险作为可能性"到"风险作为现实性"的变化,这种变化从社会动力学的角度,解释了当代风险社会的生成逻辑。各种挑战人们生存的巨大危险作为残酷的现实,摆在人们面前,一种缺乏历史经验的风险状况正在考验着全球人类的应对智慧。

第二章 现代技术：不断加速的"行星运动"与"最大的危险"

在塑造当今风险社会的各种力量中，技术发挥着举足轻重的作用。技术风险已经成为当今风险社会的核心内容。当代社会的风险不断产生并迅速扩散，在很大程度上是由于现代技术本身的过快发展，超过了社会制度的适应能力。对此，马克思的相关理论早就给我们重要启示：包含技术的生产力是社会发展中最活跃、最革命的因素，它的变化是最快的；而社会政治和文化制度的建立和发展则是相对滞后的，经常跟不上技术生产力的发展。因此，技术力量的迅速增长经常使人们应接不暇，它的各种危险因素和后果就不断"沉积"下来。约纳斯也说过："现代技术正作为一个巨大的冒险使自己成为人类行为的先验目标。这项普罗米修斯事业的追求永无止境。它打破了需求与供给的平衡，总是创造属于它自己的新需要。技术不仅控制了我们的生活，而且使我们对它的支配性价值的信仰更加坚定。这项庄严伟大和看似无限的事业不断点燃激情和激发野心。"[①]

第一节 技术的"位移"与技术时代的到来

技术力量的增长经历了一个过程，其中技术在人类文明发展中的地位和作用也不断发生了一些变化，直到今天人们迎来技术时代。技术时代和风险社会的相遇并非偶然：技术的迅速发展正是发生在技术时代，引致风险的迅速扩散和高风险频发。

[①] Hans Jonas, "Toward a Philosophy of Technology," in *Technology and Values: Essential Readings*, p. 17.

人类文明发展的早期，技术只是人与世界遭遇在一起的偶然事件，人们在改变自然物的过程中不经意地发现了自然力的运行方式并学会运用，比如帆船的发明；抑或由于长期经验的积累发现了某种自然规律，比如摩擦起火。此时技术是人与世界打交道的普通方式。但是社会发展到当代，技术转而成为人与世界打交道的前提，技术是人与世界打交道的唯一的、首要的方式。笔者借助几何学中的线段，来说明技术在文明历史中的地位变化，借用物理学的术语，可以称为技术在文明历史中的"位移"。如下所示：

前技术时代：人——中点——技术——世界
技术时代早期：人——技术——中点——世界
当今技术时代：技术——人——中点——世界

从这个图示中不难看到，线段两头连接的是人与世界，线段本身表示的是人与世界的关系。为了说明技术在这个关系中的历史地位，我们用线段中点来标识，由此容易展示技术的"位移"。"前技术时代"大体上可以划定为18世纪工业革命以前的历史时期，此时技术发展更多受制于自然律，宗教、艺术、政治等文化力量是人与世界打交道的主要方式。人与技术的联系并不紧密，技术之于人还是相当陌生的。"技术时代早期"主要指18、19世纪，人们更多地发现了自然律，工业革命和随后的科技革命使人们看到了技术的巨大力量，技术在人的生活世界中的地位越来越重要，人对技术有很大的依赖性，宗教与艺术力量逐渐式微。不过，这时期科学的力量也很强大，两种力量逐渐汇聚到一起。"当今技术时代"主要指20、21世纪，人对技术的依赖和迷恋使技术制度反过来宰制了人，政治、宗教和艺术等或被动或主动地整合到技术文明中。就像年轻人谈恋爱，当张三对李四达到迷恋程度时，他就被李四掌控了，愿意为他（她）做任何事情。

以上是技术"位移"的历时态特征。关于技术位移的共时态特征，可参见图2—1、图2—2和图2—3。通过这些图，可以说明技术在文明进程中的重要性不断前移，而且政治、宗教和艺术等或被动或主动地整合到技术文明中。技术逐渐成为全球意识形态，人们进入技术主宰社会发展进程的时代——技术时代。

海德格尔对技术时代的深刻觉知进一步阐明了当代技术的实质与其全

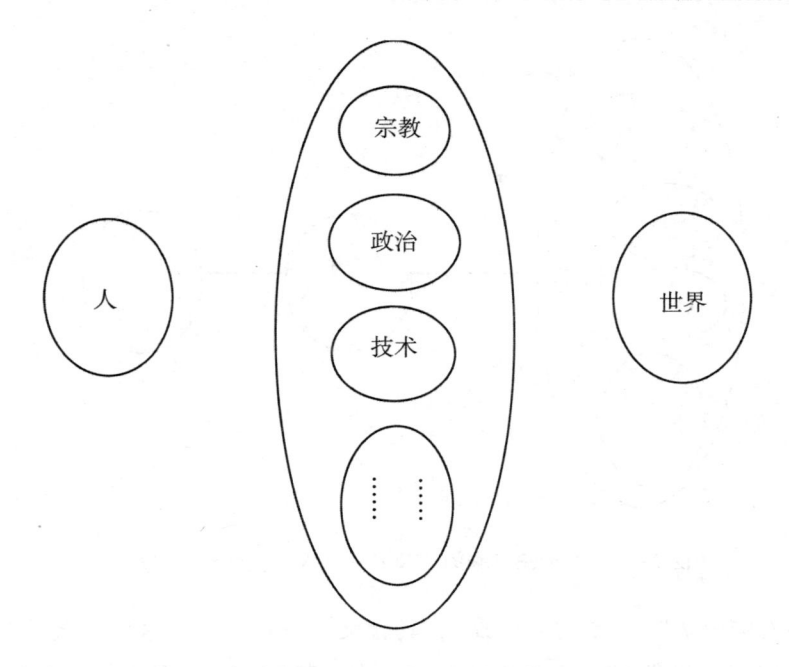

第二章 现代技术：不断加速的"行星运动"与"最大的危险" 45

图 2—1 18 世纪以前的"人——技术——世界"关系

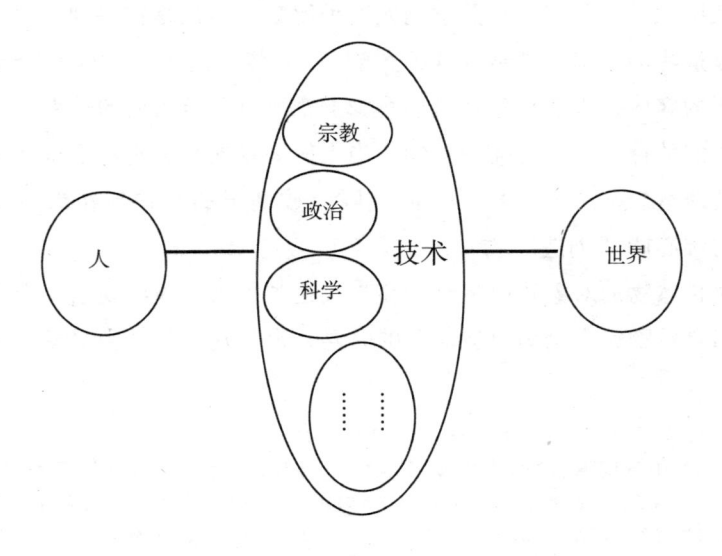

图 2—2 18、19 世纪的"人——技术——世界"

新的地位。技术究其实质早就是一种解蔽的方式，而近现代技术也是一种解蔽的方式；不过，与先前时代相比，这种解蔽也有不同，即它是一种

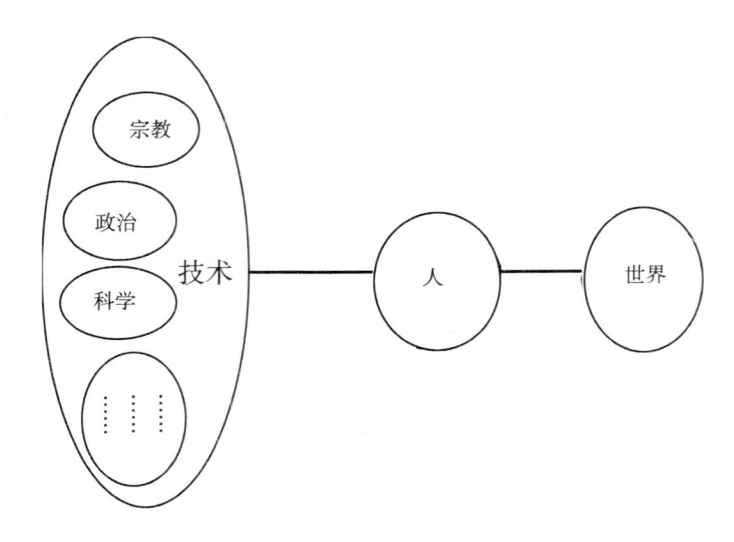

图 2—3　20 世纪以来的"技术——人——世界"关系

"促逼着的解蔽"①。所谓"促逼",其含义有三:其一,这种解蔽乃是一种必然发生,人没有选择是否解蔽的权力。其二,人归属于解蔽的命运,并无法从中抽身。其三,自然被纳入这种解蔽,而且是在一种被提前预定为人的改造物的前提下被纳入这种解蔽。② 自然在这个新时代完全沦为一个对象化的客体,人们任意从自然物身上割取自己所需要的属性,自然完全失去了它的神秘性。任何一个物,当人们一发现它,它就再也无法逃脱被改造的命运。甚至人的雄心已经把眼光放到了那些在现在尚不存在的物,人的雄心能"创造"物。

人对自然物的对象化改造于是在当代达到极致,并出现了一个吊诡的现象:当自然物完全沦为改造对象的时候,也是它丧失这种对象资格的时

---

① 《海德格尔选集》下卷,前引书,第 932—933 页。
② 为了帮助我们理解新时代技术的这个本质,海德格尔给我们举了很多例子做说明。我们在这里只看一个例子,即农民耕种土地:在前技术时代,农民把种子种下,然后交给自然的生长之力,并且守护着种子的发育和植株的生长。在这里,人们尚能意识到自然有着不以人的意志为转移的自身性,种子的生长和发育是神秘的,因而非人力所能为。因而,自然一方面被纳入对象化筹划;但另一方面它的神秘性又不断阻止着这种对象化筹划。但是到了技术时代,田地的肥力可以被无限度地开发,种子的发育生长没有什么秘密,新时代的自然科学已经帮人们找到了这些秘密,或者即使现在没有被找到,迟早也会被找到。参见《海德格尔选集》下卷,前引书,第 933 页。

候。对自然物的对象化筹划虽然使它处于被动位置，但这种位置尚为它保留着一种"被看"的资格，现在我们连看也不看一眼，就把自然物装进了技术的搅拌机里。主客体关系在当代技术这里成为一种"纯粹的改造关系"：关系的任何一方都失去了自身存在的真实性和活力，关系本身的存在成为决定性的，左右着关系的任何一方。因此在这个状态，"主体"死了，真实的物也名存实亡了。海德格尔把处于这个状态的自然物和人叫"持存物"（be‐stand），持存物实际上是提前被技术预订了的原料和人力。① 海德格尔又把这个纯粹的关系状态，用一个他自造的词命名："Ge‐stell"。这个词旨在揭示当代技术的本性。按孙周兴，这个词翻译为"座架"，人与自然物坐落在技术体系中，不能自由活动。海德格尔指出："人决不能事后接受与座架的关系。"② 人与自然物都被座架提前安排为改造的对象了。今天，纯粹的技术关系已经建立了它的全球统治，技术制度已经成为全球规范。不仅自然物，连人也被完全挟持进这种关系状态中不能自拔。技术嵌入并塑造着人的生活世界。

第二节　现代技术力量向全球的快速蔓延

技术时代的显著特征是技术力量的快速增长。自18世纪工业革命开始，技术就进入了加速发展期。在随后的19、20世纪，技术和科学结合在一起，获得了更快发展。人们把19世纪称为"科学时代"，20世纪称为"技术时代"。当然，这样的称呼只是说明了这两个世纪中科学与技术的不同地位，而不是否认科学技术融合发展的事实。实际上，正是有了科学这一强大的"精神和智力支持"，技术才在20世纪获得了突飞猛进的进步，人类拥有了核技术、航天技术、激光技术、信息技术、生物技术和基因工程，技术在新能源、新材料、自动化等领域也有了长足的发展。

---

① 对此，海德格尔说过："在持存意义上立身的东西，不再作为对象而与我们相对而立……这种东西处被订造而立即到场，而且是为了本身能为进一步的订造所订造而到场。结果，通过逼迫着的摆置，人们所谓的现实就被解蔽为持存。"参见《海德格尔选集》下卷，前引书，第935—936页。

② Martin Heidegger, "The Question Concerning Technology", in The Question Concerning Technology and Other Essays, p. 21.

一　时间向度：现代技术的自主性发展

理解和把握技术力量增长的一个基本的时间向度是现代技术的自主性发展。

（一）现代技术自主性的实质

现代技术的自主性包含两个方面的含义。它首先是指技术本身的自动化特征。自动化技术始于工业革命出现的机器大工业，马克思对此早已阐述。马克思发现，工业革命的起点是机器的革命，机器革命的核心是机器动力的革命。机器在工业革命之前已经开始使用。但是在工业革命之前，机器主要是人力推动的，机器的动力是人。在工业革命之后，机器的动力来自于它自身，人只需要从旁"照料"机器。换句话说，工业革命之前，是人使用机器；工业革命之后，是机器使用人。马克思认为，工业革命塑造了"机器生产的最发达的形态"，是"通过传动机由一个中央自动机推动的工作机的有组织的体系"①。这个中央自动机，就是工业革命之后的机器新动力，其最初的形态就是瓦特改良的蒸汽机。机器新动力的出现使人成为一个只是负责开关机器的"旁观者"，生产过程的关键变成了马克思所说的"用机器生产机器"②。

机器生产构成了一个由"中央自动机"、"传动机"和"工作机"多种机器组合在一起的复杂系统。马克思把这种系统叫"机器体系"。机器体系与日常所谓的"工具"是不同的。工场手工业时代的工具不是自动的：人动，工具才动。人在工具面前是有主动性的。但是机器大工业时代的机器体系是自动的，人在其中成为被动的。中央自动机通过传动机推动工作机，代替了原来需要人动的部位。当今时代，电动机和计算机广泛使用在生产和生活过程中，成为新的"中央自动机"。技术自动化发展到了新的高度。

现代技术自主性的另一含义是指技术按照自身逻辑扩张。现代技术进入生产和生活过程，把各种生产要素及其相关联的生活要素并入自身，使其按照技术要求发展。技术成为一个"制度体系（system）"，它通过自身

---

① 《马克思恩格斯全集》第44卷，人民出版社2001年版，第438页。
② 马克思：《机器——自然力和科学的应用》，人民出版社1978年版，第89页。

有机地扩展。技术哲学视野中的技术自主性，更多地指向这层含义。

　　同样地，正如马克思所指明的，现代技术体系的这种自主性发展开始于18世纪工业革命之后。马克思说："变得空虚了的单个机器工人的局部技巧，在科学面前，在巨大的自然力面前，在社会的群众性劳动面前，作为微不足道的附属品而消失了；科学、巨大的自然力、社会的群众性劳动都体现在机器体系中，并同机器体系一道构成'主人'的权力。"① 以机器大工业为内容的技术体系决不是可以由人任意操纵的工具；相反，这个技术体系已经反过来成长为操纵人、统治人的力量。机器大工业因此成为人的本质力量的异化。18世纪的技术成就延续到19世纪，技术的自主性获得了进一步加强。德林森（Alan R. Drenson）认为，存在一种"技术无政府主义"（technology anarchy），这是19世纪西方工业社会发展的支配性哲学。他说：

　　　　技术和技术知识是好工具，应该被用来实现发财致富和驯服自然，不管为了这样的目的去这样做是不是应该的。对技术和市场的管制越少越好。市场可以决定哪一种技术会盛行。技术无政府主义激发了技术的快速发展。它倾向于鼓励技术的多样化。技术在很大程度上呈现出确定的自主性特征。技术本来是作为满足人们需要的工具，在这样的背景下成为目的本身。②

　　20世纪，技术的自主性发展达到极致，技术在人类文明历史中的位置也上升到了前所未有的高度和水平。海德格尔在这个世纪鲜明地提出技术自主性观点，反对技术中立论。他认为，现代技术作为"座架"，已经牢牢地把人与自然绑在了技术生产的链条上，纯粹的技术关系已经完成了其全球统治。这一点我们在上文已经阐述。

　　最后需要指出，技术自主性的两个方面的含义是内在统一的。技术本身的自动化是实现技术自主发展的必要前提。技术必须首先自己实现自动

---

① 《马克思恩格斯全集》第44卷，前引书，第487页。
② Alan R. Drenson, "Four Philosophies of Technology", in *Technology and Values: Essential Readings*, p. 29.

扩张，然后才能把各种生产要素"吸附"到它身上，从而形成一个自我扩展的"体系"。技术史也能证明这一点。经过工业革命，机器实现了自动化，即有了自动的机器体系之后，技术的自主发展才真正开始。技术体系首先要"自立"，然后才能"自主"。马克思对此也曾有说明："大工业必须掌握它特有的生产资料，即机器本身，必须用机器来生产机器。这样，大工业才建立起与自己相适应的技术基础，才得以自立。"① 然后马克思又指明了这个自立的技术体系成为"主人"，使生产者成为它的奴隶。

（二）技术自主发展的实现方式

技术的自主性发展，是通过两个方面的关系变革实现的。

第一，技术改变的是它与自然的关系。改变自然力的运行方式，或者重新整合某些自然因素使其符合技术生产的要求，技术合并了自然的"有用条件"于自身之内，实现自主发展。埃吕尔指出："技术每遇到一个自然障碍都会尽力绕过它，方式是或者通过机器取代其充满活力的有机体，或者改变有机体以便它不再做出特殊的有机反应。"② 比如人们注射各种激素对动物进行催产；改变植物的自然基因结构，植入新的基因，这段基因能杀死某种害虫。

第二，技术改变它与人的关系，使之成为技术生产的附属物。正如马克思指出的那样："在机械工厂里，人不过是总机体的有生命的附件，有意识的附属物。机器体系以自动的形式存在于人之外。"③ 如今，信息技术发展出更高的控制手段，人越来越被动地参与到技术生产中。埃吕尔发现，现代技术的发展过程不断把人从其核心的和关键的作用部位排除出去。他指出："现代技术追求数学的精确性，人是错误的来源，人必须被排除在技术运算之外。在机械工厂里，机器自己解释数据，处理数据，无须人的参与。"④ 同时埃吕尔援引德国学者君克（Robert Jungk）的话说：

---

① 《马克思恩格斯全集》第 44 卷，前引书，第 441 页。
② Jacques Ellul, "The Autonomy of Technology", in *Technology and Values: Essential Readings*, p. 69.
③ 马克思：《机器——自然力和科学的应用》，前引书，第 162—163 页。
④ Jacques Ellul, "The Autonomy of Technology", in *Technology and Values: Essential Readings*, p. 70.

"从现代技术的观点来看,人是一个无用的附件;个人是进步的刹车。"①

(三) 技术进步与技术进化:技术自主发展的动因和内在机制

当前,现代技术规范已经主宰了全球化进程,技术塑造着人们的生产和生活,已经内化为社会发展的核心要素。技术创新和技术进步的观念深入人心,上升为国家和社会最重要的发展战略。约纳斯早就阐明了技术进步与技术自主性的深刻联系:"进步不是现代技术的一个意识形态修饰,也不是它所提供的一个选择,而是它本身的一个内在驱动力。不管人们愿意与否,技术以它的自主方式与社会相互作用。"②

约纳斯发现,永不满足地追求技术进步的观念是现代时期特有的,这表现在全社会对创新的不断期待和无穷渴望中。约纳斯认为这代表了前现代技术和现代技术的某种本质区别。对于前现代技术,约纳斯发现:"前现代时期的古典文化中没有现代意义上的持续进步的观念,更没有一个引发技术进步的方法(如实验)。技术革命的发生大多是偶然的而非主观设计的,发生技术革新的动因更多来自外部压迫而非内部推动。"③ 而在现代技术这里,对进步和创新的追求是其固有特征。约纳斯指出:"人们相信可能存在无限的进步,因为总有新的、更好的事物有待于被发现。技术适应了自然和知识的无限潜能从而确保它不断地、无限地转化为现实的力量,每一步都催生下一步,它的内在可能性永不耗竭。人们总是为紧跟科学进展之后的技术创新开辟前进道路。"④ 约纳斯从三个方面阐明这个特点:其一是技术创新的持续性和永久性,即任何技术领域的任何进展决不会止于一种静态的平衡点或饱和点,而是在成功的不断激发下不断追求进步。技术创新本身成为社会进步的标准,并且这也是技术给自己提出的强制性目标。其二是技术创新扩展的普遍性,即技术创新连同科学发现一定会迅速"传遍"整个技术世界。人们狂热追逐新技术。其三是技术手段和目标的循环关系。现代技术的手段和目标之间不是一次性满足的线性关

---

① Jacques Ellul, "The Autonomy of Technology", in *Technology and Values: Essential Readings*, p. 70.

② Hans Jonas, "Toward a Philosophy of Technology", in *Technology and Values: Essential Readings*, pp. 12.

③ Ibid., pp. 12 – 13.

④ Ibid., p. 15.

系,而是"你中有我、我只有你"的循环关系。人们通过技术满足自己的某些目标,此时人是目标,技术是手段;同样地,技术也可以建议、创造甚至强加一些新的、以前从未想到的目标给人们,仅仅是指出这些目标的可操作性就行了;此时,人是手段,技术成了某种目标。技术创造了一种准乌托邦式的生活,人们可以实现的梦想越来越多,这刺激着更多的技术想象来实现更美好的生活。①

当前科技进步和创新成为各国发展的核心要素,主宰着一个国家的命运。人们如果不按照科技创新的要求提升自己的能力和本国的实力,就会在全球化格局中被边缘化。那些技术落后的国家,命运也会被别国所控制。全球各国对技术进步和创新的无限追求,成为技术自主发展的社会动因。这是技术自主发展的外在原因。技术进步与创新是一个过程,那么这个过程又遵循着怎样的规律呢?美国学者 W. 阿瑟(W. Brian Arthur)提出了一种"技术进化"(technological evolution)过程的阐释。技术进化理论要解释技术是如何从早期技术发展而来,并且超越了原来的技术发展水平。技术进化可以说明技术创新(innovation)的内在进程。W. 阿瑟发现,技术进化需要一个"遗传"机制的说明,即阐释技术从过去发展到一个新阶段的细节化联系。这个遗传机制需要在技术发展内部寻求答案。为此,W. 阿瑟整合奥地利经济学家约瑟夫·熊彼特(Joseph Schumpeter)和美国技术哲学家奥格本(William Fielding Ogburn)的理论,提出"组合进化论"(Combinatorial Evolution)来说明技术进化的机制:

> 新技术产生于现有技术的结合,并且因此已经存在的技术催生了进一步的技术进化。对此机制解释如下:早期技术把使用中的现存的简单(primitive)技术塑造为技术"元件"(components)。这些新技术(元件)终会变成各种可能部件——"砌块"(building blocks),提供给下一步的新技术构造。其中的一些技术部件反过来继续变成可能的"砌块"提供给更新的技术创造。以这种方式,慢慢地经过时间累积,一些技术从最初的零星技术产生了,而且通过使用更简单的

---

① Hans Jonas, "Toward a Philosophy of Technology", in *Technology and Values: Essential Readings*, pp. 13 – 14.

技术部件，一些更复杂的技术产生了。技术的整体聚合引导自身向前发展：聚少成多，从简单到复杂。我们可以说，技术通过自身创造了自身，技术通过自身有机地发展。这就是组合进化论。①

美国学者卡斯特在分析第三次科技革命的动因时也表达了类似的观点，这一次革命始于1970年代的美国。他首先排除了当时资本主义经济危机和美苏冷战等因素，认为"1970年代新技术系统的产生，必须溯及技术发现与扩散的自主动态过程，包含各种关键技术之间的综合效果（synergistic effects）"②。微处理器、微电脑、电子通信、半导体、软件技术等这些技术元素的长期积累和相互激发，最终促成了万维网（World Wide Web）的诞生。组合进化论解释了技术实现自我完善和自我发展的过程，也揭示了技术自主发展的内在机制。

当然需要注意的是，W. 阿瑟的组合进化论如果作为技术创新的唯一解释是有问题的。因为按照这个理论，技术发展如果总是源自已有的技术"元件"而没有别的来源，那么以此类推，已有的那些技术组合的"元件"又来自已有的技术"元件"。这样的推论陷入无穷倒退，人类在诞生最初的技术储备反而是无限的。这是荒谬的。阿瑟自己意识到了这个问题，认为组合进化论还有一个重要补充：新技术在组合已有的技术元件的同时，也通过认知自然规律从而把握利用自然力和自然能量来实现技术创新；在技术时代的最开端处，人们直接利用自然力（如火的热量）走出技术蒙昧。③ 从这里我们也可以看到，技术自主发展的过程必然要把科学力量整合到自身之内，技术创新需要借助科学对自然律的各种发现。

总的来看，现代技术把自身立为社会发展的至高规则，实现了自给自足的进步。技术以自身的力量和成就证明了其存在的合法性和优越性，这是技术力量在全球快速增长的深层原因。正如技术哲学家埃吕尔提出的：现代技术的自主性发展，表明技术已经独立于社会的经济和政治制度，而

---

① W. Brian Arthur: *The Nature of Technology: What It Is and How It Evolves*, Free Press, 2009, p. 21.

② ［美］曼纽尔·卡斯特：《网络社会的崛起》，夏铸九等译，社会科学文献出版社2001年版，第71页。

③ W. Brian Arthur: *The Nature of Technology: What It Is and How It Evolves*, p. 22.

完全遵循自身的运行法则。外部的需要不再决定技术，技术自己的内部需要是决定性的。此外，技术标准凌驾于社会道德标准之上。技术力量和自主性是如此可靠，以至于它反过来成了道德的判断标准，新道德的缔造者。技术超越传统道德使自身成为独立的力量。[①]

二 空间维度：技术的通约化

现代技术"独立自主"的发展说明了技术力量不断膨胀的纵向过程，对此我们还需要一个横向过程的阐释，这就是现代技术的"通约化"。这个概念的提出源自当代科学哲学的启示。科学哲学家库恩在研究科学革命的过程中，首先提出包括技术结构在内的科学范式之间的"不可通约性"（incommensurability）。后来费伊阿本德也重申了范式的"无公度性"，并使其成为"达达主义"的理论基础。[②] 两位学者关于"不可通约性"的思想指向的是科学内部的理论体系，而如果考虑到科学技术与社会的关系，我们却发现，把科学融合在自身之内的现代技术本身已经成为一把标尺，逐渐统一了社会发展进程中的各种物质和文化力量。也就是说，现代技术本身已经成为一种"公度"（commensurability），或说一种高度通约化的现实力量，这就是技术的通约化作用。费伊阿本德已经敏感地意识到，科学及其所引领的技术已经和国家权力结构融合在一起，侵入社会各个领域，甚至成为一种类似宗教信仰的文化势力。他实际上已经在现实层面意识到了现代技术的通约化作用，因而借助科学的"达达主义"来反抗这种作用。遗憾的是，费伊阿本德对技术通约化的研究远未充分展开。接下来笔者将进一步分析这个问题，以阐明当代技术力量不断扩张的共时态特征。

（一）技术通约化的实质和表现

所谓技术的通约化，意指现代技术的规范和方法不仅控制了物质生产领域，而且在文化领域成为最高意识形态；自然和社会领域的所有异质事物按照现代技术制度的要求逐渐被重新塑造，从而成为同质的东西。借用

[①] Jacques Ellul, "The Autonomy of Technology", in Technology and Values: Essential Readings, pp. 68 – 69.

[②] "不可通约性"和"无公度性"只是中文的两种译法，实际上都是指同一个英文词"incommensurability"。

数学的和科学哲学的语言来说,现代技术已经成为一切事物的"最大公约数"或者"公度"。韦伯首先启示了技术通约化思想。工具理性被运用到社会各个领域之中:在经济领域,货币成为一把标尺;在政治领域确立了技术官僚的统治,在文化领域则是理性化资本主义的统治。技术通约化思想也已经暗含在美国技术哲学家安德鲁·芬伯格的思想中。他曾经提出现代技术的"收敛理论"(convergence):不管国家之间的政治、法律和文化的差异如何,所有这些国家必须适应完全相同的技术,应用相同技术的工业社会在越来越多地受到技术律令冲击的社会领域中将变得更加相似。①

第一,技术通约化发生在人与自然的关系之中,自然物被平均化为技术生产的物质单元。自有人类社会以来,人与自然之间包含审美(艺术)、宗教、纯粹科学②、技术等多方面的关系。但在当代,所有这些关系都被化约在技术关系之中。以宗教为例,自然在基督教观念中是上帝的造物,人被上帝赋予"看护"自然万物的"神圣使命",人并不享有无限度地处置自然物的权力,自然也自有其神秘的一面是人永远不能把握的。而在当代技术生产状态下,自然被去神秘化了,那个被抛入自然界的人类现在已经"熟知"自然,自由出入。自然也不再是人类生存的宏大背景,而是人们生存的现实条件或者说是可以无限取用的"资源"。现代科技的进步与创新,源源不断地提供人们改造自然的精神与智力支持,使其自身越来越成为人与自然打交道的主要方式,人对技术生产的"路径依赖"最终形成。在这种技术生产中,地球乃至不断探索到的外太空都被预订为"原料"。

第二,技术的通约化作用也进一步地发生在人自身上面,把人与人的关系塑造为技术关系。特殊的、多样化的个人都被技术同化为工业生产中

---

① 芬伯格指出,这种收敛理论延伸为技术决定论和历史终结论,即技术进步的模式已经固定,技术进步在所有的社会中都按照唯一和相同的道路发展。作为发达工业社会的西方模式是不发达社会的楷模,任何建立新社会的企图最终都将重新融入到这种模式中。芬伯格肯定了一种"缓和的收敛理论"已经成为"社会科学常识的一部分",但对收敛命题引申出来的技术决定论和历史终结论持批判态度。参见[美]安德鲁·芬伯格《技术批判理论》,韩连庆、曹观法译,北京大学出版社2005年版,第171页、第173页。

② 指科学家在"为科学而科学"的意义上研究自然。这种研究仅仅是"头脑风暴"而非"物化的知识力量"。

的"人力资源"。技术的这种通约化作用,首先在微观领域存在于现代机械工厂里。马克思对此已经有所觉察:

> 机器对以工场手工业中的分工为基础的生产方式,以及对建立在这种分工基础上的劳动力的各种专业化发生否定的作用。机器使这样专业化的劳动力贬值,这部分地是通过使劳动力变为简单的抽象的劳动力,部分地是通过在自身基础上建立劳动力的新的专业化,其特点是工人被动地从属于机械本身的运动,工人要完全顺从这种机械的需要和要求。①

马克思的这段话揭示了技术通约化作用的两个作用方式。其一,"是通过使劳动力变为简单的抽象的劳动力"。这个说法马克思在另一个地方做了进一步的揭示:"由于机器使用同一的、简单的、最多不过在年龄和性别上有区别的劳动,去代替有手艺的独立的手工业者和由于分工而发展起来的劳动专业化,它就把一切劳动力都变为简单的劳动力,把一切劳动都变为简单劳动,结果,劳动力总量就贬值了。"② 结合这段话不难理解,机器大工业消灭了工场手工业时期工匠们的各种"传统手艺"和分工,代之以纯粹操作机器的体力劳动。这就是劳动力的简单化。同时,技术生产的各个复杂环节,各个不同的技术工种,包括人的创造性活动在内都被简约为工人的机器操作,技术劳动只是人的体力和脑力的耗费。这是一般意义上的人类劳动,是马克思所说的抽象劳动,即劳动力的抽象化。这两种通约化劳动消灭了劳动者的个人手艺和创造性发挥,自然而然地,他们的劳动价值就贬值了。其二是基于机器大工业建立新的专业化标准。这种专业化消灭了一切不符合新技术要求的旧式分工和专业劳动,规划了新的技术标准。工人劳动必须符合这种技术标准。对此马克思在别处也分析过:在机械工厂里,专业化的是机器,分工的原则在这里来自于机器本身。③ 这与其说是专业化的劳动力之间的分工,倒不如说是把工人分配给

---

① 马克思:《机器——自然力和科学的应用》,前引书,第156页。
② 同上书,第197页。
③ 同上书,第159页、第161页。

专用机器。这种被动性的专业化，实际上等于消灭了人原来形成的基于自身智力和知识发展的专业化。

海德格尔则在技术有了更大扩张的 20 世纪看到，技术把人平均化为"技术员"和有意识、有生命的"技术附件"，跟随着技术生产的节奏一起运转。① 海德格尔说过："在以技术方式组织起来的人的全球性帝国主义中，人的主观主义达到了它的登峰造极的地步，人由此降落到被组织的千篇一律状态的层面上，并在那里设定自身。这种千篇一律状态成为对地球的完全的（亦即技术的）统治的最可靠的工具。"② 人借助着技术制度不断实现对自然的成功改造，在此过程中人的主体性意识不断膨胀。然而在海德格尔看来这不是提升了人的地位的过程，恰恰是人不断地沉陷在技术制度之中的过程。人千篇一律地被安排在技术制度中并且"人人平等"，以此技术制度实现了对地球的完全统治。海德格尔指出了技术通约化作用给人带来的影响："存在者的千篇一律状态成为世界秩序的可靠保障，由此人也必须以一种单调的状态适应这一要求。没有制服的人不合时宜。"③ 单调的人是对人的本真存在的遮蔽。世界的单调性以一种单一的模式维护着自身。海德格尔因此断言今天人类已经失去了自身的本质。伽德默尔也注意到了海德格尔的这个思想："在这些著作里，他激烈地抗议旧时代的世俗的文化世界，抗议工业社会对生活的一切独特形式的整平以及这种整平所使用的处理一切事情的均一化，包括交际和公共交际的技术。"④ 总的来看，海德格尔实际上说明了技术的通约化是技术制度统治地球的一个基本路径。

第三，技术的通约化作用，更深刻地发生在人的观念层面。我们在上文提到，技术文明已经成为全球意识形态。联想到技术通约化作用，当代技术作为意识形态力量，体现了技术通约化作用的某种思想实质。海德格

---

① 对此海德格尔曾经总结过："技术这个名称包括一切存在者领域，它们总是预备着存在者整体：被对象化的自然、被推行的文化、被制作的政治和被越界建造起来的观念。"参见[德]马丁·海德格尔《演讲与论文集》，孙周兴译，生活·读书·新知三联书店 2005 年版，第 80 页。

② 《海德格尔选集》下卷，前引书，第 921 页。

③ [德]马丁·海德格尔《演讲与论文集》，前引书，第 100 页。

④ 伽德默尔：《海德格尔后期哲学》，周伟驰译，载 http://www.cnphenomenology.com/modules/article/，2010 年 3 月 16 日。

尔发现：科学技术征服世界的过程伴随着真理实质的异化，即真理本来是真实的东西，正确的东西（价值）以此为基础建立起来。但是在现当代，这个逻辑颠倒为，"正确的东西支配了真实的东西"。技术文明在人的思想深处引发了一个严重的思想错位，即以真实性为前提的正确性反过来统治了真实性。① 这样，现代技术在人的思想内部用价值取代了事实的话语权，技术成果和产品是最有价值的，技术能否进步成为社会价值判断的标准。只有当事实被价值计算所左右，技术作为最高价值才成为通约化力量。因为事实本来是多元化、个性化的东西，是无法通约的。但是价值之间能进行比较和兑换，可以找到等价物，也因而才能通约。

（二）技术通约化的制度因素

技术的通约化并非单独发生作用。在社会实践层面，技术的实用性和资本的逐利性是相通的，资本的扩张性与技术的通约化作用是相辅相成的。一方面，资本为了追逐更高利润，需要借助新科技提高国内企业的劳动生产率和管理水平，或者凭借坚船利炮打开落后国家的大门，寻找廉价原料产地和高价销售市场。资本的扩张能力离不开技术和科学的力量，对此马克思曾经指出："化学的每一个进步不仅增加有用物质的数量和已知物质的用途，从而随着资本增长扩大投资领域……正像只要提高劳动力的紧张程度就能加强对自然财富的利用一样，科学和技术使执行职能的资本具有一种不以它的一定量为转移的扩张能力。"② 正是借助工业革命在资本主义世界的先发优势和现代技术的通约化作用，资本主义对整个世界实行经济扩张和文化殖民。资本主义借助技术创新，在生产领域不断制造新产品，在生活领域制造出新的消费品，把人们带入消费社会。技术创造的各种新奇玩意，受到大众的追逐与热捧，消费本身成为一种需要和享受。技术就这样不断创造出新的需要，改变并塑造着人们的生活方式。

另一方面，技术的通约化作用也需要借助资本的扩张能力，资本主义提供了技术扩张的必要的制度条件。对此，马克思也早有断定："以前的一切社会阶段都只表现为人类的地方性发展和对自然的崇拜。只有在资本

---

① 转引自［德］冈特·绍伊博尔德《海德格尔分析新时代的技术》，宋祖良译，中国社会科学出版社1993年版，第80页。

② 《马克思恩格斯全集》，第44卷，前引书，第698—699页。

主义制度下自然界才不过是人的对象，不过是有用物；它不再被认为是自为的力量；而对自然界的独立规律的理论认识本身不过表现为狡猾，其目的是使自然界服从于人的需要。"① 马克思在此刻画了资本主义制度条件下技术的通约化作用，即资本主义借助着对自然的认识，摧毁各个民族生活的历史空间，摧毁一切不符合技术生产要求的物质力量和精神力量。不仅如此，马克思还暗示了在这种条件下，技术生产只是为了满足人的消费和生产需要，包括审美的、宗教的需要被排除在外了。这构成了技术成为人与自然的唯一关系的深层原因。

在资本主义制度中，技术通约化对人的作用也鲜明地发挥出来了。工人成为机器的附件，在重复劳作中不断消磨掉自己的个性；其他行业的人也不能逃脱技术的通约化作用。马克思说："资产阶级抹去了一切向来受人尊崇和令人敬畏的职业的灵光。它把医生、律师、教士、诗人和学者变成了它出钱招雇的雇佣劳动者。"② 甚至，资产阶级本身也不能逃脱资本和技术的控制。当资本家沾沾自喜于他们所创造的"文明成果"时，殊不知，他们对自然和剩余价值的贪欲也在统治着他们自己，这种贪欲借助技术被不断放大和鼓励。③ 总之，人的存在的均一化状态成为资本主义技术文明导致的必然后果，并引发了人的片面发展。

最后，法兰克福学派循着马克思和海德格尔的思路，在技术通约化思想的相关领域也做出了重要的继承和发展。霍克海默早就指出了现代文化工业的"标准化特征"。阿多诺也认为，现代科学技术统治自然与人的基本方式是同一性逻辑。马尔库塞则指明了发达工业社会里单面思维的到处盛行，技术理性把人和自然均质化（homogenize）为中立的控制对象。技术合理性达到统治地位时，"在繁荣和自由伪装下的技术控制将扩展到一切私人和公共领域，把一切真实的对立一体化，并同化所有的替代性选择"④。霍克海默的"文化工业"和哈贝马斯的"技术与科学成为意识形

---

① 《马克思恩格斯全集》第46卷（上），人民出版社1979年版，第392—393页。
② 马克思、恩格斯：《共产党宣言》，人民出版社1967年版，第25页。
③ 技术和资本对资本家的控制，可参见拙文《马克思与海德格尔：科学技术思想的比较》，首都师范大学2007届硕士学位论文，第47页。
④ Herbert Marcuse, "The New Forms of Control", in *Technology and Values: Essential Readings*, pp. 160 – 167.

态"观点,与马克思的"技术转化为意识的力量"的思想,以及海德格尔关于现代技术的意识形态地位的分析,都是相呼应的。哈贝马斯曾经指出:"技术已经融合科学、资本主义和官僚主义,形成一种新的'技术专家统治的意识',它已经成为一种主导性的生产力渗透进生活之中。"①

三 思想根源:工具理性和"技术拜物教"

技术的自主发展和通约化作用是技术力量膨胀的时空条件,而其深层的思想根源则是工具理性的扩张和"技术拜物教"的盛行。

(一)从"工具经验"到"工具理性"

工具理性揭示了技术力量扩张的理性根源。技术就其外延来看,包括人类创造的一切工具和方法的总和。在此意义上,工具理性是技术理性。技术发展经历了"经验—技术"到"科学—技术"两个主要阶段,相应地,工具也经历了"工具经验"和"工具理性"的发展阶段。

我们可以从存在论的视角揭示工具的源起。比如原始人从野地里随手捡起一块石头,敲开一个坚硬的果壳,石头的使用自然指向敲开果壳这个目标,手段与目的是天然统一的。此时石头作为人的生存环境的一部分,是以因缘和合的方式存在于人的周围世界中。这样的石头即海德格尔所谓的"上手之物"②。这个意义上的石头是用具,此时用具作为手段从属于目的,目的与手段并未分开。海德格尔说:"上手事物之为用具,其存在结构是由指引来规定的。"③ 这里的指引结构乃是目的对手段的自然导引,用具的存在指向"为了……而作"。那么,什么时候石头变成了工具呢?比如突然石头不称手了,于是人开始专注于作为石头的手段本身,尝试找一块更大的、带有锋利边缘的石头,甚至想到打磨一下。石头变成海德格尔所谓的"现成在手"④ 之物。这时,从手段向目的的指引结构不得不发生中断,手段从目的中分离出来了,成为人们专门研究的对象。当人们打磨了石头,这种指引结构重新恢复,但是这时人们突出了石头的"效

---

① Jürgen Habermas,"Technical Progress and the Social Life – World", in *Technology and Values: Essential Readings*, p. 169.
② [德]马丁·海德格尔《存在与时间》(修订译本),前引书,第81页。
③ 同上书,第87—88页。
④ 同上书,第103—104页。

用"。指引结构也发生了变化,"作为显示的指引"被"作为效用的指引"取代,后者更加突出。① "显示的指引结构"是一个包含"人—石头—敲开果壳—森林"的因缘整体,而"作为效用的指引"只是包含了"石头—敲开果壳"的功用结构。当上手之物变成了现成在手之物,手段从目的中"解放",人的某种整体的生存结构被一种连接手段和目的的"效用"结构所主宰,工具就出现了。随着人对手段本身的不断完善,工具的效用和使用效率都不断提高,并从简单到复杂、从低级到高级不断发展。

特别需要提出,从上述指引结构的变化过程可以看出,工具的兴起伴随着"人"的隐退,或说带来了对人的存在的某种遮蔽。"效用指引结构"只是一个手段和目的不断加强的循环关系,在这种关系中,人的脑力和体力被单独抽出来,去思考不断完善工具的技术。这是人成为"人力资源"的开始。伴随工具技术的不断升级,人越是成为"人力资源","鲜活"的"人"越是逐渐成为工具的附庸。

技术发展史表明,至少近代以前的工具是靠经验积累制造和发展的。这时有"工具经验",而没有"工具理性"。原始时期人类使用石器,这时人们偶然发现一些自然物的"功用"。因此敖德嘉·加塞特把这一时期的技术叫"偶然的技术":"原始人觉得,器具的产生与手脚的产生差不多,反正都跟他没啥关系。他并不觉得自己是'homo faber'(动手制造的人)。"② 中世纪,技术仍然是靠经验的积累缓慢发展。敖德嘉把这一时期的技术叫"手艺人—工匠技术":"在手艺里面感受不到任何'发明创造'的味道。手艺人在漫长的学徒期——师傅带徒弟的阶段——必须充分学习那些传承已久的精细的'常法'。他受制于传统中的规范,要对其顶礼膜拜。他的心敞向过去,而对新的可能性关上了门。"③

工具理性的出现,始于近代以来资本主义的发展和技术的大规模应

---

① 参见[德]马丁·海德格尔《存在与时间》(修订译本),前引书,第92页。英文中工具"instrument"一词的词根是"instruct",其含义正是"指引"。
② [西]敖德嘉·加塞特:《关于技术的思考》,高源厚译,见吴国盛编《技术哲学经典读本》,上海交通大学出版社2008年版,第284页。
③ [西]敖德嘉·加塞特:《关于技术的思考》,高源厚译,见《技术哲学经典读本》,前引书,第285页。

用。马克斯·韦伯是提出"工具理性"的先驱。韦伯最早区分了"形式上合理"和"实质上合理",即形式合理性和实质合理性:形式合理性是"用技术上尽可能适当的手段,目的合乎理性地计算出来";实质合理性是提出伦理的、政治的等价值要求,并以此要求来衡量经济行为的结果,因此这种合理性也称为"价值合乎理性"。① 韦伯发现,资本主义并非西方首创,但是理性地追求利润的资本运营方式,却是在西方首先出现的。这是西方把希腊的理性主义应用到社会层面的结果。西方资本主义通过商业贸易等交换行为,理性地计算"成本—收益",获取最大利润。在这种资本主义发展过程中,对计算行为本身不断提出更高要求,形式合理性不断发展。理性地计算本身是手段,是达到目的(获得最大利润)的工具,形式合理性因此是工具理性。韦伯指出,以自由市场经济条件为基础,工具理性发展得最完善形式是货币:"货币计算在资本计算的形式中,达到作为经济行为在计算方面的取向手段最高的合理程度",而且这是在"最广泛的市场自由"的"实质性前提"之下达到的。② 这样,现代资本主义在其发展进程中逐渐确立了工具理性的统治地位,自由市场制度的至高无上。货币成为生活世界各种价值的衡量尺度。技术通约化在社会经济层面具体呈现为"货币的齐一化"。

马克斯·韦伯是基于现代资本主义提出工具理性的。笔者以为,从技术哲学的角度来看,工具以理性的形式出现,在于近代技术发展过程中出现了科学方法。通过科学方法,人们不再凭借经验制造工具,而是通过理性发明工具。这种新式工具是机器,这种新的方法以数学和逻辑为基本内容。当人们学会用数学的、逻辑的方法制造工具时,才有了工具理性。阿基米德试图找到一个支点撬动地球时,这种工具理性的萌芽已经出现,但那时数学方法不够完善,数学也还没有真正成为科学方法的基础。到了近代,这个基础终于全面确立。技术发展到近代,成了自然科学支持的技术,即科学—技术,"工具经验"相应地成长为"工具理性"。海德格尔发现,计算性思维的统治存在于当代技术的本质结构中。马尔库塞认识

---

① [德] 马克斯·韦伯:《经济与社会》上卷,林荣远译,商务印书馆1997年版,第107页。
② 同上书,第129页。

到，技术理性作为工具理性，其重要特征就是通过自然科学对对象进行量的控制。

工具理性是让生产和社会管理过程，从起点、中介再到目标建立起一条快速通道，实现社会的高效率运转。效率是对资源进行快速、有效的使用和分配。为达到这个目的，工具理性至少必须遵循三个步骤：一是分解，如同科学中的分析法，把整体先分成部分。笛卡儿在《谈方法》中提到的第二条方法就是这一步骤的体现："把我所考察的每一个难题，都尽可能地分成细小的部分，直到可以适于加以圆满解决的程度为止。"① 这一步的好处是把复杂的程序简化为点的操作，每一个点都由个人很容易地控制。在现代工厂管理中，泰勒制把一件工序分成几个部分操作；福特制②把现代车间里的复杂工作过程用生产装配线管理，生产线中的每一个环节由专人负责，这样生产过程做到了"化整为零"。在现代官僚体制中，一件复杂的行政事务往往被划分给几个不同的岗位，也是这一步骤的体现。

二是分工。简化之后，接下来就需要定位并安排每一个部分的权力和责任，这就是分工。马克思早就指出，现代工厂里的分工不是根据劳动者知识发展的需要和原来的技术经验，而是根据现代工厂的生产和管理要求。现代机械工厂的分工表面上是把机器交给工人，实际上是把工人交给机器。这种分工必须遵循技术生产的某种程序要求，服务于利润最大化的生产目标。现代官僚体制详细规定了岗位的权力和职责，旨在实现某种管理效益。

三是量化。简化和分工只是把劳动力安排到了具体的岗位中，接下来他们在每一个岗位中应该怎么干，特别是干多少，还需要进一步的规定。这就需要量化。量化不仅是"科学"安排工人工作时间的需要，也是机

---

① 参见笛卡儿《谈方法》，见《西方哲学原著选读》上卷，商务印书馆1987年版，第364页。

② 福特制在20世纪上半叶产生。福特把"流水线"引入生产过程并加以完善。具体做法是把劳动过程进行细致分解：复杂劳动分解为简单劳动；人和生产工序进行排列，按照次序操作；工人只需不断重复个别简单的技术动作。福特制的特点是时间精确化、空间（厂房）密集化、生产要素集中化。人和各种生产要素封闭在一起，高强度地运转。工具理性和技术通约化通过福特制得到了高度展现。福特制最后风靡整个资本主义体系，成为"福特主义"。它极大节约了生产成本，降低了产品价格，刺激了大众消费，西方世界进入所谓消费社会。

器本身的生产要求。钟表的组装有严格的数学和逻辑要求，如一个零件配几个零件，组件安装的先后次序等；生产线每一道工序需要几个工人，工种的先后等。这种"数学—逻辑"的方法特别体现了工具理性的现代性特征。量化方法最后要走"综合"一步，从部分再回到整体。毕竟这三个步骤的最终目标，还是完成那一件"完整"的产品或者"工作任务"。

工具理性究其实质，是一种计算性思维，即以数学和逻辑的方法实现对自然对象的改造，以及对生产过程和社会运转的量的控制。质转化为量，异质的东西被通约化为同质的东西。数学和逻辑方法的实质是"整体—部分—整体"的解析法，它融合了分析法和综合法，这与现代科学的还原论方法如出一辙。卢卡奇对工具理性的实质早有把握："在对所有应达到的结果做越来越精确的预先计算这种意义上，只有通过把任何一个整体最准确地分解成它的各个组成部分，通过研究它们生产的特殊局部规律，合理化才是可以达到的。"① 敖德嘉在描绘技术发展到现代阶段的特征时，也意识到了技术的工具理性特征："技师不再从'要达到的目标'走向'寻求能达到它的手段'。他对着目标干起来，分析它，也就是把一个整体的结果拆成各种构件——拆成各种'原因'。"②

所以说，工具理性的方法是数学和逻辑的，看上去这是价值无涉或者价值中立的，学界提出价值理性与工具理性的分离问题。笔者认为，一方面，这可能是个伪问题。工具理性并不是只关心"手段"，它也有自己的"目的"——效率。工具理性要达到从手段到目的的"有效"控制，这本身也是一种"价值追求"。工具理性没有摒弃价值，而是用价值标准的一元化取代了多样化的价值追求。通过工具理性，人与自然的关系转置到人与人的关系中，自然科学的方法转置到人文社会科学中，效率取代别的价值诉求，扩张至这些领域中。工具理性是现代技术的实质特征，为现代技术的自主发展和通约化作用提供了"科学方法"，使现代技术的发展非常"高效"。敖德嘉一语中的："倘若没有'技法—技术方法'所经历的深刻转变，那么在过去几个世纪里，技术不可能如此辉煌地扩张，机器也不可

---

① ［匈］卢卡奇：《历史与阶级意识》，杜章智等译，商务印书馆1992年版，第149页。
② ［西］敖德嘉·加塞特：《关于技术的思考》，高源厚译，见《技术哲学经典读本》，前引书，第289页。

能取代工具,手艺人也不会分裂为技师和工人。"①

当"工具经验"进展到"工具理性","手段—目的"的效用指引结构加强到了前所未有的程度。这个循环关系中突出了数学和逻辑的重要性,人被抽出的主要不再是体力,而是脑力。知识变得越来越重要,进入知识经济时代之后更是如此。

(二)技术拜物教:现代技术的神圣化

工具理性提供了现代技术力量不断膨胀的理性条件。工具理性的张扬也会"物极必反",其发展到一定程度也带来了非理性的后果。法兰克福学派认为,启蒙运动高扬理性的旗帜,结果走向了自身的反面,工具理性的统治带来非理性的奴役和压迫。曾几何时,现代技术的巨大成功和人类对它的无限期待使技术神圣化了,这带来一种"技术拜物教",它构成了当代技术力量迅速扩张的另外一个深层思想根源。

据考证:"拜物教"的英文单词是"fetishism",该词最早来源于拉丁语的"facticius",意为"人造物";后来这个词在葡萄牙文中成为"feitico",意为"有魔力的物品"。② 原始人对很多自然物或现象缺乏"科学认知"从而产生敬畏,认为一些物品(如某种石头或植物)或者现象(如火山喷发)是有魔力的,并对之加以礼拜和祭祀,以获得神灵的保佑。原始的图腾文化也是这种拜物教的体现。在后来的宗教文化中,这个词也指某种魔力附着在宗教始祖、先知的遗物(如佛骨舍利)或某种宗教物品上。显然,这些物品并没有人们所认为的那种魔力,但是人们却在事实上认为它们有这种魔力。给一件现实的物品赋予某种它本来所没有的"神力",并对之顶礼膜拜使之再现实化,把这种神力看成是物品本身所固有的,这就是"拜物教"。拜物教的实质是"造神",即膜拜物品中所没有的、虚幻的力量或属性。拜物教是"创造奇迹的力量"③。虽然拜物教源自某种宗教文化,但是当宗教发展到一定阶段,宗教界人士发现,神像往往掩盖了真神,偶像崇拜是拜物而非拜神,所以基督教也反对偶像崇拜。"拜物教"在高级的宗教发展阶段开始受到批判。马克思则把宗教领

---

① [西]敖德嘉·加塞特:《关于技术的思考》,高源厚译,见《技术哲学经典读本》,前引书,第287页。
② 仰海峰:《拜物教批判:马克思与鲍德里亚》,《学术研究》2003年第5期。
③ 《列宁选集》第1卷,人民出版社1995年版,第253页。

域的拜物教运用到资本主义社会,揭示了商品拜物教、货币拜物教和资本拜物教。①

拜物教的存在方式有两种。一是人对物本身没有的魔力产生下意识的着迷,或者被洗脑后沉迷于其中。二是人们对那种魔力不得不崇拜。当一种东西能带来各种优势,形成话语权,那些对此不感兴趣的人们也不得不高度重视它。比如处在技术竞争中的人们不得不崇拜技术。帕斯卡尔提到:如果你不相信,但仍然跪下,仿佛你相信,这时候信仰会自动产生。② 宗教是第一种拜物教,技术拜物教则兼有这两种特征。

技术时代的一个重要表征是技术拜物教。所谓技术拜物教,即是对技术的神圣化,把技术的作用和影响无限夸大,认为技术包打天下,这是把技术本身所没有的一种能力看成是技术本身所固有的。近代以来,上帝退场,科学化的技术一度被当成了人类新的"救世主",技术文明的基本价值观成为社会发展的最高向度,技术发展水平成为衡量不同文化之优劣的最高标准。西式技术文明的发展模式被赋予了一种过于夸张的魔力,即它能持续不断地给人类带来最高福祉,代表了人类文明的最高成就,是人类历史的归宿和终结。技术进步论演化为历史终结论。技术发展的巨大风险乃至灾难被"大事化小",说成是技术发展的必要成本。这就是内在于西方现代化进程中的技术拜物教,而且随着全球化进程不断扩散。只是到了20世纪下半叶以来,技术引发的全球性灾难越来越多,各种技术风险不断扩散,技术拜物教才有所收敛。技术拜物教的主导思想是把技术看成是万能的,神化技术,迷恋技术制造物,包括技术带来的所有问题,也可以通过技术来解决。

对于这种技术拜物教,有不少技术哲学家早有觉察。约纳斯曾经用"juggernaut"比喻现代技术。这是个印度教中的常用词,其意指让人顶礼膜拜的"神像"和某种"骇人力量"。约纳斯进而对现代技术总结说:"技术就是命运。"③ "juggernaut"和"feitico"一样都是被神化和附魔的

---

① 相关研究笔者将在第三章第三节详述。
② 转自[斯洛文尼亚]斯拉沃热·齐泽克《幻想的瘟疫》,胡雨潭、叶肖译,江苏人民出版社 2006 年版,第 5—6 页。
③ Hans Jonas, "Toward a Philosophy of Technology," in *Technology and Values: Essential Readings*, p. 14.

物品,约纳斯的这个比喻暗示了现代技术的拜物教特征。埃吕尔也认为,在我们的生活世界里,现代技术被不断神圣化了,技术已经变成首要的神秘事物,在生活中以多样的形式显示出来。他说:"技术力量尽管是科学的,但也是神秘的,用它的电磁网络、电线和纸覆盖了整个地球。对于不同形态的技术,都存在技术的宗教。"① 德林森曾经指出,20世纪技术发展阶段的特点是"技术崇拜"(technophilia):"技术产品不仅是生产性工具,而且也是我们的玩具。技术成为我们的生活游戏。这就像是青春期的恋爱,我们把它等同为我们爱的对象。结果对象开始控制我们,因为我们对它们无意识的认同使得这些对象笼罩在了我们个人身上。这种认同变成了一种对我们的有形控制,我们无法使自己摆脱技术。"② 这个阶段人们迷恋技术,"情人眼里出西施",只看其优点,忽略其缺点,或者认为缺点也可以通过自身来弥补。这种技术拜物教又进一步演变成"技术统治论"(technocracy)。

如果说工具理性提供了技术力量扩张的理性根源,那么技术拜物教则提供了技术扩张的非理性根源。技术拜物教为技术扩张注入了"情感、意志"的力量,其作用不亚于工具理性。

四 实践进程:当代技术竞赛

技术力量的不断扩张,使其渗透到社会的各个层面,以至于发展到当今时代,全世界围绕技术展开了激烈的竞赛。技术力量快速增长的实践进程正是体现在技术竞赛之中。

当前,全球各国围绕技术展开对自然和社会资源的争夺,通过密集和快速的科技创新,增加技术存量和提高技术研发水平,从而确保在某一领域获得比较优势或者领先权,这就是技术竞赛。技术竞赛的实质包含两个方面。其一,技术是当代所有资源中最重要的,技术竞赛首先表现为对各种技术资源的争夺。以前时代,国家以争夺自然资源为主,现在则以力争获得技术优势为主。技术领先的单位和个体能够处于垄断地位,能获得极

---

① Jacques Ellul, "The Autonomy of Technology", in *Technology and Values: Essential Readings*, p. 74.
② Alan R. Drenson, "Four Philosophies of Technology", in *Technology and Values: Essential Readings*, pp. 29 – 30.

高的垄断收益，甚至某种社会控制力。技术竞赛中领先的国家，能够开采别国无法开采的自然资源，制造出别国目前没有能力制造的产品，控制市场攫取巨大经济利益，靠先进的军事技术威慑那些落后于自己的国家。技术优势带来综合国力的全面提升。其二，要获得技术领先优势，科技创新必然成为各国的核心发展战略。在技术竞赛中要超越别人获得比较优势，首先要超越自己，通过不断超越自己而超越别人。这只有通过不断地创新才能实现。"竞赛"是一个专注于自身、力求在最短时间内最大限度地提升自身力量的状态。正如一个处在赛跑状态的运动员全神贯注，力争首先冲到终点。技术竞赛有如"更高、更快、更强"的奥林匹克竞技精神。

技术竞赛大体上始于19世纪。经过工业革命，技术在社会发展中的地位和影响越来越大，各主要工业国围绕技术创新展开了激烈竞赛，后来这种竞赛逐渐波及整个世界。19世纪以来，各国追求更高的发展速度，人们追求更舒适和便捷的生活方式与更丰富的生活内容，持续的技术进步成为迫切要求。技术竞赛是对这些发展要求的回应。技术竞赛确实在很大程度上给人类带来了很多福祉，同时也伴随着一些巨大风险。

当代技术竞赛愈演愈烈，至少有两个主要原因。

一者，当代技术竞赛有深层次的意识形态根源。近代以来，西方社会首先发生科技革命，带来技术发展水平和综合国力的巨大提高。西方凭借这种先发优势主导了全球发展的进程与格局，而且极大地"教育"了东方国家。不断追求技术进步首先成为全球社会的普遍文化心理。这种文化心理成为一种稳固的社会意识形态，它把科学知识融合在自身的发展进程中，为技术竞赛又提供了进一步的认识论前提。对于某些极端的技术乐观主义者来说，技术甚至有一种终极的人类意义，它超越了国家和个人利益。技术竞赛不是哪一国的权宜之计，而是全球各国长期的战略选择。

二者，当代技术竞赛的加剧有社会制度条件的支持。当前，技术竞赛的主要参与者是国家、跨国企业集团和国家内部的各个企业或政府组织。在技术竞赛的组织者背后，资本生产逻辑主宰着他们的发展命运。资本的生产目标是短时间内追求利润最大化，不断发展的高科技为其提供了最重要的条件。马克思指出，资本主义企业会拼命展开技术竞赛，提高本企业的劳动生产率。这对于资本家至少有两个好处。一是对于个别资本家来说，劳动生产率高的企业将获得超额利润，在与别的资本家的竞争中处于优势地位；二是对于整个资产阶级来说，各个企业提高劳动生产率的竞赛会提高全社会的劳动生产率，缩短生产工人基本生活资料所需的社会必要劳动时间，从而使工人剩余劳动时间相对增加，剩余价值相对提高。可以说，资本主义企业之间不断展开技术竞赛从而提高自身的劳动生产率，这是资本家获得更大剩余价值的基本方式。

最后需要指出，随着当代技术竞赛的不断加剧，技术竞赛有升级为"技术战争"的趋势。在当代的技术竞赛中，人陷入改造自然的疯狂状态，并无法从中抽身，这导致全球性的争取强力的斗争，而且这种斗争改变了战争的形式。过去那种挥舞着各种毁灭性武器、各个国家都参与其中的世界大战在当代爆发的概率明显降低了，取而代之的是隐性的世界战争。全世界都在尽可能秘密地从事技术创新，各国都在"暗暗较劲"。海德格尔说："战争已经变成了在和平时期持续下去的对存在者之耗费的一个变种。"① 战争与和平的区分被消除，甚至和平不再是终结战争的手段，恰恰成为战争的手段。因为正是这种和平的局面，为技术战争创造了必要的条件。

第三节 现代技术的"行星运动"与风险社会

综上所述，技术已经成为塑造整个地球的根本力量。正如海德格尔指出："在过去的 30 年间越来越清楚地表明，近代技术的行星运动是一种覆设力，它规定历史的巨大力量无法估量。"② 三次科技革命使现代技术的"行星运动"不断加速，内在于技术本身和技术扩散过程的各种风险不断涌现和扩散，并加剧了风险向危险的转化，塑造了当今风险社会。

一 现代技术本身的风险

技术风险包括两个方面。第一，技术发展本身携带着风险。技术设计

---

① ［德］马丁·海德格尔：《演讲与论文集》，前引书，第 93—96 页。
② 陈春文：《〈明镜〉访谈中的海德格尔》，《西北师范大学学报》（社会科学版）2003 年第 1 期。

并不关心世界的生态整体性关联,而是从其中抽取某个或几个特定功能。这样,当技术进入现实世界并与周围环境产生作用时,技术对环境是"剪裁式"的作用方式,与环境不一定适应。技术与环境之间关联的基础是人为的,非自然的,这种关联不一定符合自然法则。这一方面可能会引发某些环境破坏,同时,也可能会引发自然的强大反作用,这种反作用的方式可能不利于人的存在。正如芭芭拉·亚当等见识到的:"当技术产品进入生活世界并与周边环境开始发生作用时,科学家和工程师就注定会对其创造物所产生的后果失去控制。"① 人对现实世界的理性认知和技术改造,反映的是人对现实世界的"闯入"关系,在此人主动干预世界,于是带来各种风险,而且是人为风险。

现代技术与以往技术的一大区别是其包含的风险大小与影响范围之不同。前现代技术低度地改变自然,由此带来很小的、或者忽略不计的风险,现代技术则已经成为充满风险的事业。几乎每一个现代技术领域都伴随着一些较大风险。在农业技术领域,农药和添加剂的过量使用给食品安全带来很大威胁。很多畜禽养殖户在饲料中过量添加各种催肥的制剂和激素,导致食肉的人们也大量摄入这些东西。经济作物则大量植入催熟剂、催甜剂,使作物看上去卖相好,但是对人体的健康危害则未可知。在生物技术领域,虽然克隆人研究已被全球社会广泛禁止,但胚胎干细胞研究却在各国广泛开展。胚胎干细胞研究在器官移植和细胞治疗等领域有广泛的应用前景,但同时这项研究也会引发免疫排斥等风险,以及在伦理上"扼杀胚胎是否就是扼杀生命"的争议。在基因技术领域,转基因是风险很高的技术项目,它会破坏生物多样性;而且各种转基因食品已经遍及全球人们的饭桌上,它可能会对人们健康和周围环境带来未知的损害。在新材料技术领域,纳米技术得到广泛应用,但是其安全隐患也很大。纳米材料的制成品易燃易爆;纳米材料会吸附空气中存在的对人体有害的气体和粉尘,人们接触这些材料会对自身健康不利;而且长期接触纳米材料的研究人员和工人可能会吸入这种材料,从而损害身体健康;废弃的纳米材料进入生活环境也会产生短期内无法妥善处理的垃圾。在信息技术领域,人

---

① Barbara Adam, Ulrich Beck and Joost Van Loon. The Risk Society and Beyond: Critical Issues for Social Theory, eds. SAGE Publications of London, Thousand Oaks and New Delhi: 2000, p. 6.

类面临的各种看不见的风险日益加剧。网络病毒的泛滥,网络犯罪的增加和花样的不断翻新,"人肉搜索"对公民隐私的侵害,垃圾邮件的肆虐,这些都给已经离不开互联网的人类带来各种困扰。而且,网络成为恐怖活动的最便利的工具,比如 2009 年,境内外"疆独"分子通过互联网串联,在新疆发动了一系列动乱事件。

值得注意的是,美国现象学家和技术哲学家唐·伊德对技术风险的内生性做了很多揭示。伊德指出,存在四种人和技术关系的模式:

> 一是"化身(embodiment)关系",即技术是人的器官功能的延伸或模拟,如眼镜是眼睛的化身,此时人和技术的关系是透明的;人和技术作为一个整体指向外部对象,可以表示为"(人—技术)—世界"。二是"解释(hermeneutic)关系",即技术是对某种外部对象的再现或者说明,如温度计解释了外部世界的冷热;技术和外部对象是作为一个整体呈现人面前,此时人和技术的关系是非透明的,可以表示为"人—(技术—世界)"。三是"它异(alterity)关系",人和技术一起面对一个陌生的外部世界,外在的各种挑战和不确定性随时对人构成威胁。在化身关系中,人和世界是熟悉的;在它异关系中,人和世界是陌生的。比如骑马,人即使骑术高超,马和周围环境还是构成一个"他者",人随时可能会从马上摔下来。这种关系可以表示为"人—技术(—世界)"。四是"背景(background)关系",技术和外部世界一起构成某种背景,更为"远离"人的周围环境。这种距离不是空间上的,而是感觉或者心理上的,即人几乎不会注意到它,比如空调。①

在每一种人与技术的关系中都存在风险。化身关系(如望远镜和显微镜)或者解释关系(如仪表盘)中存在多方面的风险:人可能读错仪器,仪器可能发生故障从而不能正确指示对象。这要求仪器面板本身的设计必须是简单清楚的,然而现代机器的发展则是越来越复杂。1979 年在

---

① Don Ihde, "A Phenomenology of Technics", in *Technology and Values*: *Essential Readings*, p. 134.

美国宾夕法尼亚州三里岛发生了核泄漏事故。这次事故的一个原因是对仪器的误读（misreading），而导致仪器误读的原因是"仪器面板本身的设计是错误的，它没有以一种易读的方式联结刻度盘和测量仪"①。在技术的解释关系中存在的风险也很显著。解释关系中有两层"不可见"的关系：人和技术文本的关系是不透明的；技术文本与对象的关系既可能包含物质联系，又可能包含非物质联系（如摄影）。这两层不透明的关系使得技术成为一个"黑箱"，每一个环节的故障都会引发技术风险。

在它异关系中，技术既与人保持着密切关联，又与人存在着激烈对抗。以计算机为例：计算机有时会死机，正在完成的工作就丢失了。程序有自己的特性，允许或者不允许一定的操作由程序自己说了算，很大程度上不再取决于人。黑客会借助编程的超常能力侵入别人的电脑制造事端，而且他们这样做的时候，普通人难以及时发现。背景关系也存在很多风险。因为技术作为背景发挥作用，它在运行中的危险自然容易被忽略。伊德发现："背景的作用是一个场域，通常不会引起中心的注意，但是背景却调节着居民的生活环境。当代高技术社会涉及的内容很复杂，而且是连锁效应（interlocked），因此一旦背景技术失效将会引起巨大破坏。"② 伊德举了1985年的格洛丽亚飓风的例子，当时飓风引起电力系统（背景技术）的大破坏，对居民生活带来很多困难。最近几年关于世界末日的一些担忧中，有一种就是全球电力系统大瘫痪会引发生产和生活的一系列灾难。

技术本身带来的风险与技术发展的目标定位也有密切关联。丹尼尔·卡拉汉发现，当代技术旨在满足某些"非正常目标"：医疗卫生技术的目标本来是健康，但现在却受某种经济利益的驱动追逐一些具有巨大风险的保健项目，如美容、长寿等；汽车的目标本来应该是机动性和方便，现在则成了身份和地位的象征。"技术在它们自身之内建构了一种能力，永无止境地扩展人的需要并且越过可承受的底线。随着越来越多的汽车造成的交通问题越来越严重，人们会接受这种情况，把它当成一种恶劣的天气，

---

① Don Ihde, "A Phenomenology of Technics", in *Technology and Values: Essential Readings*, p. 144.

② Ibid, pp. 154 – 155.

人们抱怨它却无所作为。人们把这当成是享受技术发展的收益所必须付出的代价。"① 技术在运行过程中有时偏离最初设想，技术自身制造出一些"意外"的需要，引导人们去实现这些需要，由此产生一些技术风险。

二　现代技术的"行星运动"造成的风险

现代技术力量不断沁入社会、蔓延至全球，也带来各种风险，可以称之为"连带的技术风险"。现代技术裹挟着科学、政治、资本、传媒等力量，融入社会生产和生活，这样不仅它本身所携带的风险被带进日常生活，而且社会中的危险因素和技术风险汇合，形成更大的风险。科学研究中的风险、社会政治运作中的不稳定因素、社会生产中人的贪婪和短视，都是技术风险的社会"添加剂"。各种文化也受到技术的侵蚀和限定，整齐划一地服务于商业生产的目标。社会文化中的"技术统治论"（technocracy）和"唯科学主义"甚嚣尘上，技术风险被合法化为技术冒险的"必要成本"，在这个技术时代不断扩散。不仅现代技术本身蕴藏风险，技术力量的快速增长也引发各种风险。

第一，从技术扩展的时间向度来看，技术创新和技术的自主运行都会滋生和扩散风险。技术创新打破人和自然之间原有的平衡，把人带入陌生的领域，引致不确定的后果，从而带来风险。具体来说，技术创新的风险包括两个方面。一方面，创新可能是渐进的，风险的成长是缓慢的，其中很多风险是人可以发现并加以控制的。比如克隆人技术，世界各国都对这项技术的危险有充分认识并用法律手段加以控制。也有很多渐进技术的风险是未知的，受工具理性和技术拜物教的驱使，人们往往对这些技术采取"无罪推定"的假设加以使用。这样风险也在累积，一旦"条件成熟"，危险可能就会一触即发。比如核电技术在问世不久就投入建设和运营，尽管度过了一段"平安无事"的时期，但后来还是发生了苏联切尔诺贝利和日本福岛的核泄漏事故。另一方面，技术创新也可能是激变的，有些新技术产品是突然被发明的，比如第一种抗生素——青霉素。这使得技术发展往往呈现出人意料的特征，产生一些人们缺乏准备的和有效应对的后

---

① Don Ihde, "A Phenomenology of Technics", in *Technology and Values: Essential Readings*, p. 301.

果。抗生素在发展中国家有被滥用的趋势，结果导致超级耐药基因的出现，它反过来抵御已知的所有抗生素。此外，当代技术创新经常受官僚体制的影响，科研方向常常被行政部门左右，部门利益、地方利益、短期利益甚至官员的私人利益的泛滥使技术项目隐藏很多风险。

技术的自主运行也滋生很多风险。技术的自主性剥夺了人的自主性，人失去了有选择地使用技术的权力。技术发展从起点到最终后果，其中所包含的一些不可知的危险，人都必须承受。技术力量的迅速扩张，则使得人们对技术风险的承受有很大程度的被动性。埃吕尔比喻说："人无法拒绝公路的入口，一个高度紧张的路线。"① 技术就像一辆飞快行驶的车，它自己掌握方向盘，人是乘客却不是驾驶员，这对于人来说是险象环生的。技术的自主运行也是风险扩散的一个深层原因。自动化工厂里的废气不是一两天、一两次地排向天空，而是几乎每天都排向天空，由此导致污染乃至地球缓慢升温。技术的自主性就像一个"风险发动机"，把风险源源不断地制造出来又"排放"出去。

第二，从技术扩展的空间维度来看，技术的通约化也带来各种风险。技术通约化作用把技术本身的风险、技术创新中的风险带到整个社会。诚然，技术通约化也使技术发展的各种成果惠及民众；然而另一方面，技术通约化作用则剥夺了人的自由发展的条件，造成了人从身心到知识的片面发展。马克思这样刻画了机械工厂里的技术劳动："在这种永无止境的苦役中，反复不断地完成同一个机械过程；这种苦役单调得令人丧气，就像息息法斯的苦刑一样；劳动的重压，像巨石般一次又一次地落在疲惫不堪的工人身上。机器劳动极度地损害了神经系统，同时它又压抑肌肉的多方面运动，夺去身体上和精神上的一切自由活动。"② 马克思在另一处批判那些工厂制度的辩护士的时候也指出，他们维护的这种劳动的特点是："完全失去个性的劳动、兵营制度、军事纪律、机器对工人的奴役、人受钟声指挥、工人受工头监视、精神和体力活动的任何发展可能都完全被消灭。"③ 马克思用"同一个机械过程"、"单调的苦役"、"完全失去个性的

---

① Jacques Ellul, "The Autonomy of Technology", in *Technology and Values: Essential Readings*, p.71.
② 《马克思恩格斯全集》第44卷，前引书，第486—487页。
③ 马克思：《机器——自然力和科学的应用》，前引书，第162、165页。

劳动"描述了技术的通约化作用,其结果就是工人身心的自由发展被完全剥夺,工人的智力和知识得到片面的发展。人从身心到知识的"畸形发育",对于人的生存是很不利的。身心健康的缺乏会导致各种疾病,人产生抑郁心理,严重时引发轻生行为。2011年富士康集团发生员工连续跳楼自杀事件,是由于这些员工长期高负荷加班,身心俱疲。人的风险存在本来是面向未来实现自身的各种可能性,但是当人们走在技术的"单行道"上,这些可能性全都被置换为技术的可能性,服务于单一的生产目标,人被剥夺了存在的丰富性。

第三,作为技术扩张的某种思想动力,工具理性也包含风险。人和自然的本来关系是人被抛给自然,由此产生风险生存。工具理性要改变这种被抛关系,变成"人占有自然",自然被抛给了人。工具理性走向了另外一个极端。人对自然的过度作用,同样遭遇到自然过度的反作用,其中有些作用方式是人们承受不了的。哈贝马斯指出:"社会及其成员的工具化破坏了一些东西。"① 当代人对工具理性的一个极大误解是把它看成价值中立的,批判它"忽视价值"。实际上,工具理性是用"效率至上"这样一种价值追求"屏蔽"了其他一切价值追求,多样化的生活被单面的发展进度所左右。工具理性为人步入风险丛生的技术单行道准备了方法论基础。

第四,从技术扩张的深层思想根源来看,技术拜物教包含极大风险。技术拜物教不断神化技术,制造对技术本身的崇拜。人们过于拔高技术的价值,低估技术的负面后果,高估技术收益。人们急于将新技术产品投放市场,忽略其风险。全球社会最终奉行"氢弹之父"爱德华·特勒的"技术律令":凡是能制造的,都制造出来。苏联人继美国人拥有了原子弹之后,美国科学家特勒力主进行氢弹实验,以取得对苏联的比较优势。然而氢弹的放射性污染非常严重,对环境的破坏巨大,有"脏弹"之说。最终,美国总统还是接受了特勒的建议,氢弹研制成功。William. W. Cobern认为,"技术律令"是20世纪后期以来西方信奉的四大律令之

---

① 哈贝马斯:《工具理性批判》,曹卫东译,http://xschina.org/show.php? id = 10283,2011年3月8日。

一。① 按照技术律令，人们只顾进行技术生产获得收益，以及取得对于他人或他国的比较优势，而不顾其对环境和人造成的后果。

更重要的是，自然有其神秘的一面，这种神秘显示了人的智识的有限性，提醒人们不能对自然有过度干预。但是技术拜物教摧毁了对这种神秘性的信念，主张对自然进行无限度地开发和改造，这是危险的。不管科学知识多么发达，人对于自然总有不能认知的层面；无论人类的技术能力多么强大，人们也无法完全控制未来。基于世界的动态整体性，世界不可能完全透明化。然而，技术拜物教却试图最终揭开自然界的神秘面纱，这甚至已经成为技术时代的一种信仰。现代技术在不断"附魅"于自身的同时，也对外部世界不断"祛魅"（disenchantment）。自然的不断去神秘化，将深度改变自然的生态结构，打破自然的节奏，摧毁自然规律发生作用的深层基础，耗尽自然资源，最终，人和自然的生态平衡被不断破坏，各种技术风险不断涌现出来。埃吕尔也指出了技术拜物教的危险性："神秘性（不是在天主教的意义上）是人类生活的一个必须要素，神圣是人无意识地要尊重的东西。而据 Jung 的说法，把藏在人最深处的东西置于清楚的表层是个灾难。"② 现代技术对自然的深度祛魅，使人与自然的"适度距离"消失了，人由此失去应对风险的"缓冲带"。如果说人在自然中的生存是"与狼共舞"，这要求人必须与狼保持适当距离。要是人与狼抱在一起跳"贴面舞"，人就可能被狼吃掉了。

在较深层次改造自然取得的技术成果，人们对它们的使用更是缺少足够准备，甚至是非理性的，这也是危险的。当前人们在核能技术、基因技术等领域已经取得了很多重大突破。从物质结构层次来看，人改变事物的量级，至少已经到了"纳米"级。自然和人类的深层秘密，也许原本掌握在上帝那里；现在人自己也开始掌握这些秘密，并尝试运用这些能量。这对提升人类自身的发展能力，无疑具有重大意义。然而另一方面，人类能够恰当地运用像核力量这样的"神力"吗？或者，人能够运用它们而不留下隐患乃至有效控制后果吗？美国人在原子弹试爆成功之后不到一个

---

① 参见《过时的四大律令》，http://blog.sciencenet.cn/home.php? mod = space&uid = 1557&do = blog&id = 256321，2012 年 4 月 10 日。

② Jacques Ellul, "The Autonomy of Technology", in *Technology and Values: Essential Readings*, p. 72.

月的时间,就把剩余的两颗原子弹用在了战场上,而且引发了至今还是争论不休的伦理后果。现在,人类使用核力量,包括和平使用仍然是包含高风险的,各种核泄漏事故表明了这一点。人类对于使用核力量,还是缺乏经验和充分伦理准备的。马尔库塞曾经指出:发达工业社会"总体上是非理性的","我们不得不和平地生产毁灭的工具","发达工业社会在使这种危险永恒化的同时,变得更加富裕、更加强大、更加美好。"① 在技术拜物教的驱使下,人们在世界的更深层面迫不及待地改造事物,又不能及时和有效地控制后果,这带来了巨大风险。

第五,技术过快扩展带来的风险,融合到了技术竞赛的实践进程中,而且技术竞赛本身也催生更大风险。如果说技术的自主性使人走上了技术的快车道,技术的通约化则使人走上了技术的单行道。二者的合力使人类"一条道走到黑",而且越走越快,这无疑是危险的。正是人类走入了工业社会的单行道和快车道,全球才卷入高强度的技术竞赛,其中蕴含高阶的多种风险。现在对世界各国最紧迫的事情,就是在高新技术领域占据一个制高点。今天,没有哪个国家敢闭关自守,游离在全球技术竞赛的赛场之外。马克思早在第一次工业革命时期就已经对此有所预料了:"机器大工业使竞争普遍化了,而且大工业发达的国家也影响着或多或少非工业的国家,因为非工业国家由于世界交往而被卷入普遍竞争的斗争中。"②

当代技术竞赛引发了高风险的出现和不断发酵。其一,技术竞赛是引发当代各种资源危机的重要原因。当今技术竞赛带来耗尽资源的生产模式,既包括自然资源也包括人力资源。各国为获得技术领先权,必然要最大限度地调动人和物的生产潜力。人不仅要把自然物身上的东西全部榨干,而且也要把人自身的生产能量全部榨干。在技术竞赛中技术对物的使用是吸干式的,如海德格尔所言,"事物是为了耗尽而被生产出来的"③。

其二,技术竞赛扩大了风险的受众范围。技术竞赛的不断加剧,使技术影响的范围越来越大,技术风险也同时渗透到这些领域中。以地球暖化

---

① [美]马尔库塞:《单向度的人:发达工业社会意识形态研究》,刘继译,上海译文出版社 1989 年版,第 1 页。

② 《马克思恩格斯选集》第 1 卷,前引书,第 115 页。

③ 转引自[德]冈特·绍伊博尔德《海德格尔分析新时代的技术》,前引书,第 55 页。

为例，有资料表明：工业革命以来，地球年均温度一直在升高。① 地球暖化导致海平面不断上升，太平洋岛国图瓦卢的国土在不断被海水吞没，全球性的气候灾变也日益严重等。地球升温带来的风险将影响到全体人类。

其三，技术竞赛强化了技术后果的不可预料性。技术竞赛过多地关注"技术目标"，技术对人和社会的多方面影响往往被忽略。同时技术竞赛过分关注短期目标，技术的某种长期性影响也往往被忽略。

其四，技术竞赛极大增加了风险的强度。竞赛本身是一项非常冒险的事业，在竞赛中选手全力以赴拼速度、拼力量，全然不顾危险。在技术竞赛的过程中，人们对技术创新的追求达到近乎疯狂的程度，这极大地强化了风险。比如，当前各国在太空技术领域的竞赛，正在加剧"太空垃圾"或"太空污染"的出现。各国为了在外太空占据领地，加速研制和发射宇宙飞船或人造卫星，以至于太空现在"星满为患"。据统计，现如今人类发射的航天器已经超过6000个，其中有5000颗人造卫星游荡在地球上空。② 它会引发"太空事故"，如2009年2月11日，美国与俄罗斯卫星曾相撞。此外，这种态势如任其继续发展下去，对地球大气环境、全球通信系统等都构成了严重威胁。

其五，技术竞赛极大削弱了人们应对和治理风险的能力，从而助长风险的进一步扩散。从技术研发的竞赛来看，技术发展走的是"登山路"，技术不断地走入知识密集型的方向。高级研发人员掌握核心机密，低级技术员只掌握初级知识，普通人则对技术内幕鲜有了解。因此，技术竞赛扩大了工程师和普通人之间的认知差距和信息不对称，导致普通人对风险更加缺乏应对能力。比如，截至2011年，我国农业部已经相继批准了转基因棉花、番茄、甜椒、水稻和玉米的安全证书。在此过程中，安全证书的审批和发放过程是不公开的，负责从技术上把关的"国家农业转基因生

---

① 20世纪以来的一些科学观测表明，大气中的各种温室气体都在增加。1775年之前，大气中二氧化碳含量基本维持在280ppm。工业革命后，每年大约上升1.8ppm。到目前，大气中二氧化碳的浓度已接近360ppm。按一些专家的测算，地球表面温度已经上升了0.3℃—0.6℃，导致全球海平面上升10—25厘米。许多学者的预测表明，到下个世纪中叶前，世界能源格局如果不发生根本性的转变，大气中二氧化碳的浓度将达到560ppm，地球表面温度将进一步上升。参见 http：//book.ifeng.com/shuzhai/detail_ 2010_ 04/07/512789_ 0.shtml，2011年5月6日。

② 庞之浩：《探索卫星相撞有几多》，《科学世界》2009年4月号。

物安全委员会"的相关专家名单对外保密。① 普通人根本不知道转基因食品为何物,以及是否存在对健康的危害。我们在考虑从技术上保障未来"粮食安全"的同时,该如何同时保障"食品安全"?或者说如何保障吃得饱,同时又吃得健康?对此我们寻常百姓无所适从。从技术应用的角度来看,技术竞赛走的是"下坡路",就像按照惯性滑行在下坡路上的车辆,越往下走越快,越不易控制。技术竞赛缩短乃至消除了研发和应用、生产和营销之间的时间间距。能带来一定效益的那些技术项目,过了研发阶段会迅速进入生产和营销领域,而且是批量生产,大规模销售,其中所包含的一些技术风险,就批量地转移到了企业之外,由老百姓承担。现在,只有少数造成人体较大的损害和生态污染的项目,才会用法律和政策手段去监控和制裁。大多数项目,如果只是造成一些无形的、长线的损害,则受不到有力监控(如现在人们食品中的一些过量和有害的添加剂、农药残留等)。

需要指出的是,在当代科学技术一体化的背景下,技术竞赛也把科学卷入其中,带来更大风险。法国学者斯蒂格勒指出:"随着技术范围的扩展,科学本身受其调动,和器具领域的联系越来越紧密,它被迫服从于经济和战争冲突的需要,所以改变了它原有的知识范畴的意义,显得越来越依附于技术。这种新型关系产生的能量已在两次世界大战中爆发。"②

最后,我们从总体考虑技术能量的过快扩张,它带来巨大风险。技术与社会的发展,应该保持某种必要的平衡,当技术发展过快,这种平衡被打破,就会有风险。客观上,技术扩张过快,它的一些负面作用作为隐患,人们不能有效及时地处理,就不断积累和积聚,这是危险的;主观上,人对于技术扩张有一个适应过程。技术和社会如果能大体上保持平衡发展的话,人们也许可以调试出比较合适的使用技术的方式。而当技术扩张太快,人们便来不及调试,技术的某些作用和影响人们难以消化,这就

---

① 我国是世界上第一个批准主粮可进行转基因种植的国家。有人不无担忧地指出:"转基因食品才10多年历史,10年无害能否说明让人吃50年、100年也无害?某种程度上,作为民众的主粮之一,稻米就是生命,中国如果种植了存有未明风险的转基因水稻,就等于拿中国国民的生命做赌注。"参见王佳《我国成首个批准主粮转基因种植国家》,《中国经营报》,2010年1月16日第B01版。

② [法]贝尔纳·斯蒂格勒:《技术与时间》,裴程译,译林出版社2000年版,第2页。

产生风险。当技术又加速的时候,新的风险又不断产生。技术力量的过快增长,破坏了人与自然、人与社会的某种稳态结构,这是危险所在。

三 "最大的危险"

无疑,现代技术向全球的快速扩张,使得人们在短期内享受到了过去几千年都没有享受到的文明成果,然而这种扩张确实带来了很大风险。如果我们再问,技术风险到底有多大呢?答案可能是"最大"。海德格尔也曾经提到,现代技术的本质是座架,而"(存在的)天命以座架的方式运作,这是最大的危险"。[①] 所谓最大危险,意味着技术迅速扩展带来的风险,裹挟着社会领域的风险,并与一些自然风险结合在一起,成为当今风险社会的主要议题和核心内容。人们当前面临的最大威胁,是技术带来的。值得注意的是,最大的危险是与"最大的成功"同时并存的。今天,技术发展让人类进入前所未有的文明时代,人类的能力也是空前强大的;然而也是在这种时候,人类也面临着前所未有的最大挑战。危险恰在于成功。

首先,从哲学存在论的角度来看,技术已经成为人的存在结构中最为重要的部分,人全心全意依赖技术谋划自己的生存。换种说法,技术主导了社会发展进程,人以最近的距离和最快的速度使用技术,那么技术发展带来的巨大风险就必然伴随着人类文明。海德格尔在晚年接受《明镜》记者访谈时说过一段话,其大意是:我们现在只剩下了纯粹的技术关系,技术越来越把人从地球上脱离开来而且连根拔起,借用诗人雷内·夏尔的

---

① 参见 Martin Heidegger, "The Question Concerning Technology", in *The Question Concerning Technology and Other Essays*, p. 26. 座架的危险在于两方面:一方面,座架遮蔽了真实领域。现代技术作为促逼的解蔽,使对人和事物的展现成为一种定制(ordering),人和事物成为技术预定物(reserving),失去了自身的真实存在。海德格尔指出了人和自然在现代技术生产条件下的共同命运,即被物质化、能量化和齐一化。这带来世界性的"虚无主义"。这种虚无主义不是空无,而是虚假,真实性的东西被遮蔽。当代虚无主义实际上是"失真",以至于生活的意义变成了求真。另一方面,座架虽然遮蔽着存在之真理,但也接近存在之真理。通过对这种遮蔽的再解蔽,可以再现存在之真理。座架的风险正是在于包含着对存在之真理的遮盖和展现的两重可能。为此,海德格尔曾援引荷尔德林的话说,"但哪里有危险,哪里也有救"(《海德格尔选集》下卷,前引书,第 953 页)。

意见来说，这种人被连根拔起的情况简直就是末日了。① 在当今技术时代，人被连根拔起又重新"被抛入世"；然而这时的世界和人类文明童年时期的世界已经大为不同：人被抛入一个卫星环绕、气候异常、生存环境到处受到污染、核导弹在各个角落时刻窥伺的星球上。是福是祸，何去何从？面对各种技术扩张带来的现实危险，人类逐渐失去了技术时代初期的乐观与自信，在自己的脑海中涌起巨大的危机感和恐惧感也就不足为奇了。

另者，技术创新和技术进步已经成为社会进步的"发动机"，人类对技术发展形成了长期的"路径依赖"。这和技术的通约化作用形成时空合力，在技术竞赛的实践进程中塑造着人类的未来。技术风险对整个地球和人类社会的各种影响和作用是系统性的。② 技术风险不是影响一个地方和人群，而是包括全球社会在内；不仅影响现在，还有长远的未来；而且这种影响具有不可逆性，即已经导致的危害不可挽回，正如沙漠很难再变成绿洲。

总之，在当今技术时代，技术嵌入生活世界成为核心要素，它不断加速的"行星运动"带来各种风险，这些风险伴随技术控制社会的过程而不断升级，风险不断升格为"危险"乃至"凶险"。这个过程也是难以逆转的。我们不能控制技术发展进程，倒是技术进程及其危险不断胁迫着我们。威廉·弗洛伊登伯格曾经指明：在当今时代，"我们对技术的掌控不及对其的依赖"。③ 现代技术力量的快速增长构成了"风险异化为危险"的主要诱因，也成为塑造当今风险社会的主要根源。在全球社会，技术风险导致的发展难题成为各个国家政府面对的主要难题。一句话，技术现在不是我们"要不要"的问题，而是"如何要"的问题。

本章小结

技术在人类文明历史中逐渐走上前台，成为制约当今社会发展的主要

---

① 《海德格尔选集》下卷，前引书，第1305页。
② 对于这种风险影响的系统性，笔者将在本书第五章详细阐明。
③ [美] 威廉·弗洛伊登伯格：《体制失灵与风险的组织放大：进一步研究的必要性》，谭宏凯译。见 [英] 尼克·皮金等编著《风险的社会放大》，前引书，第91页。

力量。近代以来，技术的自主性发展，技术对整个社会的通约化，工具理性和"技术拜物教"的盛行，这些因素融入技术竞赛的实践进程，造成了技术力量的快速增长。人类对于技术力量的使用已经形成了难以回头的"路径依赖"，各种风险不断产生和迅速扩散，对社会发展产生难以挽回的长期影响。技术风险逐渐演变为对人们构成巨大挑战的技术危险，技术的过快扩张由此把人类推入高风险的社会，技术风险成为风险社会的核心内容和主要议题。人类进入技术时代的过程也是疾速步入风险社会的过程。

第三章 "铤而走险"的资本运行逻辑与风险社会

当技术和各种社会体制结合在一起,风险便不断孕育在工业现代化进程中,并随着全球化向外扩散。技术之外,现代资本成为风险社会的另一主要根源。詹斯·O. 金指出:"人们普遍认识到任何一个社会,只要依赖复杂企业,特别是从未经考验的新技术中获得前进动力的企业,都要面对风险问题。一旦认识到这一点,就不再可能返回到那个只把风险当技术问题,认为只要有适当的制度就能消除的时代。"①

第一节 利润最大化的生产目标及其风险

自有商品经济以来,社会生产在某种程度上都是在追求利润。资本主义发展了迄今为止最发达的商品经济,对利润的追求达到了极致。资本生产体系的目标和唯一动机,就是实现利润的最大化。这一点已经被英国古典政治经济学家斯密和萨伊早就揭示了。马克思批判继承了斯密和萨伊的观点,提出资本生产关心的问题是"交换价值,而不是产品本身或使用价值"②。资本不关心使用价值而是交换价值,是因为交换价值能实现价值的增殖。因此马克思说:"事实上,资本家自己把资本看作自动机,这种机器不是作为关系,而是在自己的物质存在上就拥有增殖自己并带来利润的性质。"③

当资本主义发展到垄断阶段和当今时代,对利润的追逐变本加厉。列

---

① [德] 詹斯·O. 金等:《新风险的挑战》,见彼得·泰勒-顾柏等编著《社会科学中的风险研究》,前引书,第 48—67 页。
② 《马克思恩格斯全集》第 32 卷,人民出版社 1998 年版,第 222 页。
③ 《马克思恩格斯全集》第 32 卷,前引书,第 411 页。

宁曾经指出:"现代资本主义,……它已经不是从前正常时代的资本主义,因为它现在靠垄断世界市场来攫取百分之几百的利润。"① 当今时代特征是资本主义的全球化,资本扩张为"现代世界体系"。威廉·I. 罗宾逊全面分析了当代资本主义的基本特征,认为:"资本主义在本质上是扩张的。为了生存,资本主义需要源源不断地获得新的廉价劳动、土地、原料等资源和市场。"②

不过,当代资本主义进入了信息时代,利润的追求方式发生了一些与过去不同的新变化。由于资本主义的利润触角可以伸向未知的领域和遥远的未来,因此它不仅追求可见的利润,而且还包括可预期(不可见)的利润。美国学者曼纽尔·卡斯特发现:过去的资本主义时代,金融市场会根据公司经营情况(主要是实际的获利能力)对公司的股票价值做出判断;2000年左右的资本主义则不是这样,比如一些与互联网相关的公司几乎无盈利,公司股价却异常增长。③ 这就是说,很多高新技术企业不一定有好的经营业绩,但却有极高的股票市值。这些企业都在更大程度上追求这种不可见的利润,当然他们相信有一天这些利润都最终是可实现的。可以说,这种变化是信息技术给了资本强有力的信心和现实支持,使它对企业未来的利润前景满怀期待。对此问题,笔者将在第四章做进一步分析。

在此需要指出,利润实现方式的改变并不意味着资本生产不以利润最大化为目标了,恰恰相反,对利润实现之可能性的追求,正是这一生产目标的极致体现。正如卡斯特所说:"利润的概念一直都是更深层、更基本的人类本能的高贵版本,这项本能即贪婪。现在看来,贪婪更直接地表现在通过对更高价值的期望而创造价值上——这改变了游戏的规则,却没有改变游戏的本质。"④

总的来看,资本主义从早期发展到当代,利润的最大化是其始终不渝的追求。马克思·韦伯也曾经这样描述现代社会:"利益的原动力驱动着

---

① 《列宁全集》第41卷,人民出版社1986年版,第17页。
② [美]威廉·I. 罗宾逊:《全球资本主义论——跨国世界中的生产、阶级与国家》,高明秀译,社会科学文献出版社2009年版,第4页。
③ [美]曼纽尔·卡斯特:《网络社会的崛起》,前引书,第180页。
④ 同上书,第184页。

人类的行为。"① 这种追求只考虑经济效益，忽略生态效益，必然带来各种风险。马克思早就对资本过分追求利润带来的后果有深刻觉知，他援引托·约·邓宁的话说：

> 资本害怕没有利润或利润太少，就像自然界害怕真空一样。一旦有适当的利润，资本就胆大起来。如果有10%的利润，它就保证到处被使用；有20%的利润，它就活跃起来；有50%的利润，它就铤而走险；为了100%的利润，它就敢践踏一切人间法律；有300%的利润，它就敢犯任何罪行，甚至冒绞首的危险。如果动乱和纷争能带来利润，它就会鼓励动乱和纷争。走私和贩卖奴隶就是证明。②

更具体地，资本运行导致的风险，可以从以下几个方面来看。其一，资本生产逻辑在经济领域导致了生产与消费的矛盾，从而引发周期性的经济危机乃至社会危机。资本主义生产为了追求越来越多的利润，资本家不会让自己的固定资本（机器、厂房等）闲置，而是会不断地扩大再生产，导致社会产品不断增加。这需要不断增长的消费能力来"消化"这些产品。生产扩大的速度超过了消费能力的增长速度，社会的"有效需求"往往严重不足。经过一段时间，产品的供给超过有效需求，大量产品挤压下来。于是工厂停产，人民失业并且更加贫穷，消费愈加萎缩，经济危机爆发。马克思曾经总结过经济危机的根源："因为资本的目的不是满足需要，而是生产利润，因为资本达到这个目的所用的方法，是按照生产的规模来决定生产量，而不是相反，所以，在立足于资本主义基础的有限的消费范围和不断地力图突破自己固有的这种限制的生产之间，必然会不断发生冲突。"③

其二，以利润最大化为目的，很多生产项目和产品包含着损害人的健康和生命安全的危险。马克思曾经指出，中小资本家为了各自的生存和大资本家展开激烈竞争，"在这种竞争中，商品质量普遍低劣，伪造、假

---

① ［德］马克斯·韦伯：《经济·社会·宗教》，郑乐平编译，上海社会科学院出版社1997年版，第77页。
② 马克思：《资本论》第1卷，人民出版社2004年（第2版），第871页。
③ 《马克思恩格斯选集》第2卷，人民出版社1995年版，第464页。

冒、无毒不有,正如在大城市中看到的,这是必然的结果。"① 资本家用尽各种手段以实现最大化的利润,不惜以次充好,贩卖假冒伪劣产品,生产包含有毒制剂的产品等,给人带来生命健康的损害。比如,早在20世纪30年代,已有证据表明多氯联苯类化合物会对人类造成毒害。但是,这种信息很大程度上被封锁在行业内,不为决策者和其他利益相关方所认识。② 后来随着危害的逐渐揭开和公众的质疑,企业不得不回应。于是20世纪60年代,孟山都公司对于其产品中所含多氯联苯的危害性,面向公众开展辩护,坚决否认其危害性;可是在其公司内部却承认其造成的污染;即使如此,公司当时仍然不愿停止多氯联苯的生产,因为这将导致"利润丧失和责任的升级,那样做相当于我们承认了自己的罪责"。③ 在当今社会,各种食品安全事故更是频发,瘦肉精、毒奶粉、过量添加农药的各种蔬菜等侵入人们的餐桌;房地产商为了牟取暴利,使用不达标的建材,建起的居民楼往往存在漏水、楼板承重力不达标等安全隐患。

其三,利润最大化的生产也会延伸到全球领域,给世界各国带来战争灾难和流血冲突。资本主义从产生伊始,就把扩张的视线瞄向了全球。资本主义国家积极开拓海外市场和殖民地,掠夺全球资源。资本拓殖的历史充满了血腥。在20世纪的两次世界大战中,这种血腥味最为浓烈。马克思说:"资本家的生存、呼吸和运动都是为了赢得利润,如果可以获得一块一百苏的钱币,哪怕让全人类的血都流干,他们也在所不惜。"④ 资本主义旨在实现利润最大化的生产体系在带来巨大风险的同时,资本主义国家也竭力转移和分散这些风险,尽量使其不降临在自己头上。资本家追逐利润的自私和它对风险责任的推卸形成了鲜明对比。贝克一针见血地指出当代资本生产的特点:"利润要私有化,风险要社会化。"⑤ 结果,资本生产体系不断酿成越来越多的风险,而且这些风险迅速扩散。

---

① 《马克思恩格斯文集》第1卷,前引书,第136页。
② [丹] 波尔·哈勒莫斯主编:《疏于防范的教训:百年环境问题警世通则》,北京师范大学环境史研究中心译,中国环境科学出版社2012年版,第138页。
③ 同上书,第125页。
④ 《马克思恩格斯全集》第25卷,人民出版社2001年版,第670页。
⑤ [德] 乌尔里希·贝克等:《关于风险社会的对话》,路国林编译。见《全球化与风险社会》,前引书,第26页。

最后，需要指出，我们要批判地不是对利润的追求，而是对利润的无止境的追求。在商品经济的社会里，追求利润是再自然不过的要求。只是这种追求必须是合理合法的，不能以牺牲他人的健康和生命安全为代价。

第二节 效率至上的竞争逻辑及其风险

利润最大化体现了资本扩张的空间特征，这种扩张的时间特征则表现在效率至上的竞争逻辑中。效率和利润就像一对孪生兄弟，内在于资本主义发展的进程中。资本不仅要最大限度地实现利润，而且要以尽可能快速的方式实现利润最大化，这样才能在竞争中抢占先机，立于不败之地。利润最大化和效率至上是资本企业生存的共同法则。

首先，不断提高生产效率能保障资本家不断得到利润。马克思的劳动价值论和现代经济学都证明，在资本生产体系中，个别企业提高劳动生产率将获得超额利润。企业之间围绕提高劳动生产率展开激烈竞争，竞争结果将带来部门和全社会劳动生产率的提高。当个别企业的劳动生产率平均化为部门乃至社会劳动生产率，超额利润消失，但是各个企业仍然得到平均利润。此时如果有企业通过技术和管理创新提高了劳动生产率，又会得到超额利润，新一轮竞争又开始。

因此可以说，资本同时追求利润和效率，二者之间关系密切。一方面，企业必须不断提高生产效率，这是实现它们利润最大化的时间条件。资本主义对工人乃至整个社会的生产效率提出了很高的要求，进行了全民动员。马克思说过："如果工人没有平均的工作效率，因而不能提供一定的最低限度的日劳动，他就会被解雇。"[1] 在全国范围内，资本"把能够提高人的劳动效率和国民生产力的一切因素推动起来"[2]。这种对效率的前所未有的社会动员成为资本主义社会的一个典型特征，从而区别于传统社会："作为他人辛勤劳动的制造者，作为剩余劳动的榨取者和劳动力的剥削者，资本在精力、贪婪和效率方面，远远超过了以往一切以直接强制

---

[1] 《马克思恩格斯文集》第5卷，人民出版社2009年版，第636页。
[2] 《马克思恩格斯全集》第26卷第3册，人民出版社1974年版，第470页。

劳动为基础的生产制度。"① 另一方面，资本企业追求效率，最终仍然是为了实现利润最大化。对利润的追求仍然是资本主义生产的最高目标。马克思说过："一种新的生产方式，不管它的生产效率有多高，或者它使剩余价值率提高多少，只要它会降低利润率，就没有一个资本家愿意采用。"②

这种对效率的过度追求孕育出各种危险。任何事物的过快运行本身都是危险的，正如车开快了容易引起车祸一样。其一，从系统论的角度来看，资本主义过分追求效率将违背和扭曲自然规律。自然系统有自己的时间节奏，欲速则不达。拔苗助长，反而会使禾苗枯死。彼得·圣吉发现："实际上所有自然形成的系统，从生态到人类组织，都有其成长的最适当速率；而此最适当速率远低于可能达到的最快成长率。当成长过速，系统自己会以减缓成长的速度来寻求调整；然而在组织中，这种调整常会使组织因而被震垮，极其危险。"③ 其二，社会运行的加速，使得人们来不及反思其负面后果，就匆匆踏上新的前进道路，导致社会发展是短视的和狭隘的。这种社会发展往往只考虑眼前利益，忽略发展的可持续性并缺乏长远眼光；这种社会发展往往只考虑经济利益，忽略社会综合效益和生态效益；这种发展往往只顾及发达资本主义国家的发展愿望和要求，忽略发展中国家的现实国情。在资本逻辑的主导下，当今世界发展忽略全球社会的公平性和地方实际，催生了各种风险，也使风险收益的公平分配和风险后果的合理分担都成了新问题，对此我们在第六章详细分析。

第三节 资本拜物教、商品拜物教和货币拜物教及其风险

利润最大化和效率至上构成了资本主义的生产逻辑，这引发了对物质利益的极端崇拜和追求，各种拜物教在资本生产体系中也最为盛行。

资本看上去好像能"产生"剩余价值，实际上剩余价值来自工人的劳动创造。人们赋予资本本身所没有的魔力，即价值增殖——"不断滚

---

① 《马克思恩格斯文集》第5卷，前引书，第359页。
② 《马克思恩格斯文集》第7卷，人民出版社2009年版，第294页。
③ [美] 彼得·圣吉：《第五项修炼》，前引书，第68—69页。

大的利润雪球",这就是资本拜物教。资本拜物教通过马克思的"资本总公式"鲜明地体现出来了("G"代表"货币","W"代表"商品","G'"代表更多的货币量):

$$G\text{——}W\text{——}G'$$

在这个公式中,更多的货币量好像是由预付的货币量(G)自身全部带来的,实际上这种形式上的价值增殖不是由资本生产的,而是由工人的剩余劳动创造的。资本总公式显示的是资本的流通,在此过程产生资本拜物教。资本流通与商品流通交错出现,在商品流通中货币成为一般等价形式。这样,商品拜物教和货币拜物教也伴随着资本拜物教流行起来。

资本主义社会是市场社会,劳动产品成为用来交换的商品。商品的交换价值源于价值,即无差别的人类劳动。交换价值只是一种虚拟的价格符号,作为交换的一般等价物的货币也是符号,这些符号只是体现了商品的"形式"。但是人们迷恋这些符号,而忽略了符号背后的实质内容。人们赋予了劳动产品以一种它本来没有的现实属性——交换价值和财富象征,并迷恋这些属性,这就是商品拜物教。比如桌子一旦作为商品出现,就不再仅仅是普通的可感觉的物,而是"超感觉的物"。马克思生动地说:"它不仅用它的脚站在地上,而且在对其它一切商品的关系上用头倒立着,从它的脑袋里生出比它的自动跳舞还奇怪得多的狂想。"[①]

货币拜物教可以说是商品拜物教的高级形式,因为货币也是一种特殊的商品。作为一种高级形式,货币拜物教更加展现了商品的拜物教特征。马克思说过:"商品形式的拜物教在等价形式中比在相对价值形式中更为明显。"[②] 所谓"相对价值形式"是指如"50斤大米:1把斧子"的交换形式。这是商品流通早期的一种偶然的物物交换形式。"等价形式"是货币,如金银,交换过程变成"50斤大米=1克黄金=1把斧子"。在相对价值形式中,商品的魔力仅限于交换与之相对的另一方,大米或者斧子;而在等价形式中,商品的魔力表现为交换大米和斧子两者。因此,货币这种特殊商品的魔力就比一般商品大得多。

随着等价形式的发展和货币职能的扩大,纸币和信用货币出现。货币

---

① 《马克思恩格斯文集》第5卷,前引书,第88页。
② 《马克思恩格斯全集》第49卷,人民出版社1982年版,第161页。

不仅承担流通职能,还有借贷功能。借贷资本或生息资本的出现带来了完备的货币拜物教。生息资本的公式变成了:

$$G—G'$$

在这个公式中,好像货币带来了更多的货币,钱自己会生出更多的钱。货币拜物教以一种极端的方式展现了资本拜物教。马克思说过:"资本作为生息资本,……取得了它的纯粹的拜物教形式。"[①] 货币拜物教不露声色地彻底掩盖了价值增殖的过程和秘密,把资本拜物教完美地"包装"起来。

资本主义社会广泛存在的这些拜物教,使极端的功利主义和个人主义在资本社会中泛滥,引发各种巨大的经济和社会风险。马克思早就分析过商品经济的各种矛盾和危机,资本主义作为发达商品经济,这些矛盾和危机更是深重。

其一,买、卖的分离与迟滞引发的危机。资本社会的商品流通模式是:

$$W—G—W'$$

这个公式表明,商品流通被货币中介分成了买和卖两个环节,买和卖是分离的。这种分离要求资本家要在商品流通中重新统一起来,否则资本难以生存。从生产到顺利销售是性命攸关的"惊险一跳"。受利润最大化的生产目标和效率至上的竞争逻辑的制约,这一跳不仅必须要跳出去,而且必须要跳地又快又好。马克思说:"资本家出卖时的直接目的,是把他的商品,确切地说是把他的商品资本,再转化成货币资本,从而实现他的利润。"[②] 然而问题在于,这种强制出卖有时并不被社会"接受",因为有效需求的不足,大量产品的强制出卖和日渐萎缩的消费需求产生深刻矛盾,经常引发经济危机。

其二,由于货币拜物教的极端发展,金融投机普遍存在于资本社会,在当今信息时代更是愈演愈烈。金融投机对整个社会发展和个人生存带来极大的不确定性,成为当今风险社会的重要内因。货币从初期的"真金实银"发展到今天的纸币、有价证券等虚拟形式,表明货币作为支付手

---

① 《马克思恩格斯全集》第26卷(3),人民出版社1974年版,第516页。
② 《马克思恩格斯全集》第26卷第2册,前引书,第574页。

段获得了极大改进，为商品流通提供了更好的"技术手段"。资本主义由此发展到金融资本获得了极大控制权的阶段，资本也化身为某种高级的、抽象的形式，"钱生钱"的观念得到前所未有的增强，整个社会陷入极端的货币拜物教。马克思说过："作为生息资本，资本取得了它纯粹的物神形式，即'G—G'',一个主体，一个可出售的物。"[①] 这种极端拜金主义的发展，必然会引发各种狂热的金融投机，并催生了一个动荡的货币市场。这个市场不仅在国内，更重要的是延伸到了全球范围内，引发全球性金融危机。1998 年，"金融大鳄"索罗斯瞅准泰国的经济泡沫和金融市场的缺陷，在国际金融市场上炒作泰国货币——泰铢。炒作的成功给索罗斯自己带来巨额财富，却引发东南亚并蔓延到整个亚洲的金融危机。索罗斯的炒作原理是：

第一步：索罗斯借入泰铢。假定此时泰铢的比价是"1 美元 = 10 泰铢"，为了便于说明，假定索罗斯借了 1000 泰铢（实际数量当然远大于此）。第二步：索罗斯兑换美元和炒作泰铢。以"1 美元 = 10 泰铢"的比价，把借入泰铢的一部分换成美元，假定以 500 泰铢换回 50 美元；借入泰铢的另一部分，即 500 泰铢用来炒作。炒作的具体方法，首先是在各种媒体和渠道宣传蛊惑，说泰国的经济泡沫快破裂了，泰铢要贬值了。然后，更重要的是"现身说法"，索罗斯把手中的另一部分泰铢（500 泰铢）以假定"1 美元 = 20 泰铢"的低价抛售到市场上，这一笔买卖索罗斯手中换回 25 美元，现在索罗斯手中原来的 1000 泰铢总共换回了 75 美元（50 美元 + 25 美元）。第三步：人们在外汇市场上大量抛售泰铢和泰国政府"阻击"。现在由于索罗斯的宣传和"现身说法"，人们在外汇市场上大量抛售泰铢，导致泰铢供过于求，泰铢面临贬值压力。泰国政府为了防止泰铢贬值，动用自己的外汇储备收购泰铢，无奈因为泰国政府的外汇储备过少，不能吸纳过多泰铢。而且人们对泰国经济缺少信心，对泰铢的抛售不会停止。第四步：泰铢贬值，索罗斯兑换泰铢还债，赚取差价。由于泰国政府的阻击没有阻止人们的抛售，泰铢最终贬值。现在假定贬值

[①]《马克思恩格斯文集》第 7 卷，前引书，第 442 页。

到"1 美元 = 20 泰铢"。索罗斯用手中的 75 美元兑换到 1500 泰铢，用其中的 1000 泰铢还最初借入的泰铢，自己盈余 500 泰铢，把它兑换成美元，可以净赚 25 美元。这样，索罗斯炒作了 1000 泰铢就赚了 25 美元。①

由此可见，尽管当代资本主义是以所谓"信用"为基础的，然而这种信用却是十分脆弱的，以一国的经济力量抵挡不住一个投机者的一次投机活动。索罗斯炒作成功的关键是人们对泰铢失去了信心。讽刺的是，信用体系中某一个环节的信心匮乏，会引发整个信用体系的崩溃。马克思早就说过："在再生产过程的全部联系都是以信用为基础的生产制度中，只要信用突然停止，只有现金支付才有效，危机显然就会发生，对支付手段的激烈追求必然会出现。"②澳大利亚学者卢卡雷利也发现，马克思的时代，信用的发展及其影响其实还是十分初级和有限的，而当代资本主义的信用扩张则是剧烈的和惊人的，"信用的演进展示了资本主义体制下最高级和最抽象的货币形式。……在这个矛盾和辩证的过程中，生息资本作为强有力的手段扩张起来，通过它资本可以克服由储蓄（贮藏）所带来的限制。而正是这一过程预示着潜在的过度积累的危机"。③ 在当代互联网十分发达的条件下，过热的货币资本投机引发包括期货交易、股市等市场在内的更大的风险。经济风险还蔓延到社会领域。曾几何时，国内掀起全民炒股风，很多人一边拿着手机，一边从事股票交易。有炒股者一夜之间一无所有，乃至走上轻生道路。

其三，货币拜物教的发展，也加深了马克思提出的"交往异化"④：

---

① 参见《索罗斯如何炒作泰铢》，http://zhidao.baidu.com/question/117631637.html, http://wenda.tianya.cn/wenda/thread?sort=wsmopts&tid=06ff3a778c4e1737，2012 年 2 月 26 日；以及《索罗斯是如何做空泰铢的》，http://www.soho160..cn/web/ListView.aspx?cid=528，2012 年 3 月 28 日。

② 《马克思恩格斯文集》第 7 卷，前引书，第 555 页。

③ ［澳］比尔·卢卡雷利：《马克思关于货币、信用和危机的理论》，周亚霆译，《国外理论动态》2011 年第 2 期。

④ 张盾和韩立新介绍了马克思"交往异化"的思想，参见张盾：《交往的异化：马克思〈穆勒评注〉的"承认"问题》，《现代哲学》2007 年第 5 期；韩立新：《〈穆勒评注〉中的交往异化：马克思的转折点》，《现代哲学》2007 年第 5 期。

主体间自由丰富的交往和思想交流在商品社会中异化为以金钱为纽带的交换关系，这反过来扭曲了人的自由交往的实质。交往异化意味人与人之间的交往关系异化为交换关系。交往关系产生信任，交换关系产生信用。本来信用也是源自信任，正如交换源自交往。信任揭示了人与人之间的情感关系，信用本来也是基于人和人的情感交往而产生和维系的。比如朋友之间基于信任交往，一个人向另一个人借了一笔钱，不需要写借据，这笔钱包含在人的感情交往中，且不是主导性的。但是到了如今这个货币统治的时代，亲兄弟也要明算账，借钱必须打借条。在信用关系中，相信一个人实际上是相信他是一个"有支付能力的人"，情感关系开始被金钱关系所取代。信用关系还会进一步扭曲为信贷关系。正如马克思指出的，信贷是"用货币来估价一个人"①。这时，人们之间的情感交往就完全异化为彻底的金钱交换关系。

由此，资本主义的生产逻辑极端化为货币的齐一化，即金钱关系成为人际关系的尺度。这将引发社会关系的危机。人和人之间的情感交往，在一定程度上能够化解陌生的他者给自己带来的可能威胁，因为这种情感交往使人能够感受他人善意，并且在没有利害冲突的情况下回报他人同样的善意。然而，当金钱关系取代了这种情感交往时，人和人之间围绕利益展开激烈争夺，尔虞我诈，斤斤计较，人际关系变得紧张，他人对自己存在的潜在威胁加大了。

第四节 资本主义的"时空技术"与风险社会

利润最大化的生产目标与效率至上的竞争逻辑延伸至资本社会的各个方面，其中在最深层次展现为某种时空谋划机制，它将全球时空转化为利润实现的条件。变化中的世界现在"浓缩"为一张静止的"世界地图"，等待着资本主义的"掘金者"。这样，资本主义现代化进程不断打破自然的时空格局并按照资本运行逻辑加以重构，把每个人和每个国家带入陌生的时空领域，其中有种种未知的风险等待着人们；而且，这些风险的扩散

---

① 马克思说："在信贷关系中用货币来估价一个人是何等的卑鄙！"参见《马克思恩格斯全集》第42卷，前引书，第22页。

及其长期的影响逐渐超越人们的应对能力,无法用已有的保险制度来化解。基于哲学存在论的视角可以说,现代资本主义按照自身的生产逻辑,重构了与人的存在相关联的时空关系,并将其发展过程中携带的各种风险置入人们的生活世界。资本主义的时空谋划,为现代风险社会提供了某种"本体论"的解释。

时空谋划实际上正是高效率地管理时空的技术。现代资本主义的时空技术,即用资本主义的生产逻辑重新安排人与时空的关系,或说人存在的时空条件围绕利润最大化的生产要求被重新安置。人"自己"的生活时空被不断挤压,变成生产时空。笔者将资本主义的时空技术演变分成两个阶段来分析。第一个阶段是自由竞争资本主义到20世纪中叶。第二个阶段是20世纪中叶以后。之所以这样划分,是因为20世纪中叶以后的资本主义发展到了信息技术阶段,其时空技术与此前有很大不同。本章先分析第一个阶段与风险社会的关系,第四章再分析第二个阶段与风险社会的关系。

吉登斯的"脱域(disembedding)"理论已经提出,现代资本主义调动各种技术和社会力量,改变了旧的历史和文化传统中的社会关系,对之进行了重新排序。所谓脱域,是指"社会关系从互动的局域情境(local contexts)中脱离出来(lifting out),并穿越不确定的时空跨度(span)而重组"[1]。现代性对时空的重组首先是把时间从空间(地点)中分离出来以控制时间。吉登斯发现:

> 前现代时期,时间与地点没有分开,不参照某个空间标记的话,每天的某个时间都无法分清。时间的安排是不精确和变化不定的;18世纪下半叶机械钟的发明,时间从空间中分离出来了,每日的时间可以精确"分区",工作时间也可以精确安排了;逐渐地,全球遵循着同样的计时体系。时间脱离空间在全球范围内精确化了。此时,时间彻底脱离空间"虚化"了。[2]

---

[1] Anthony Giddens. *The Consequences of Modernity*, Stanford. Stanford University Press; 1991, p. 21.

[2] [英]安东尼·吉登斯:《现代性的后果》,田禾译,译林出版社2000年版,第15页。

时间的虚化是时间脱离地点的约束被单独谋划，同理，对空间的谋划就是把空间从真实的地点中分离出来以控制空间，亦即把真实空间转化为地理空间。比如地图技术的出现，把生活空间按比例简化为地图上的"位置"。这样即使人不在某个现场，也可以预先掌握它的"地形"，并实施规划。正如吉登斯所言："现代性通过对不在场（absence）的预先谋划，把空间从地点中分离出来，实现对空间的控制。"①

因此可以说，时空技术的要诀是"虚化"，即把真实的原生情境变成图像、声音等资本主义生产系统可以量化的东西。圈地运动成为资本积累的起点不是偶然的。通过剥夺农人世代居住的土地，把这种"生活空间"转化为"羊毛生产地"，就为资本生产创造了空间条件。

接下来，对于时间和空间的控制可以进一步整合为对时空一体化的重构。现代性不会止步于对于时间和空间进行"分别"控制，资本生产体系要求把人的时间和空间捆绑在一起，转化为密集的劳动条件。现代资本生产体系从生产到运输再到产品营销，都建立了完善的时空重构机制。一是工厂。它把大量的劳动力"招收"进来，安排详细的工作时间表，成为一个对人的时空存在进行高度整体性重构的场域。二是现代化的交通运输系统，它要确保资本要素的流通是高效的。比如列车时刻表也是时空重构的典型，列车在什么时间到达什么地点有详细的技术安排。这种安排，为不断加快人们的生活和工作节奏提供了便利。三是市场。市场就是安排一个相对"固定"的时间和相对"集中"的地点，为商品交易提供方便。而且现代市场在提高交易效率和降低交易成本上不断创新。这样，从生产资本品，到把这些产品运到市场实现利润，一个完善的交换体系就建立起来了。在更大范围内，民族国家的地域性和历史传统被资本全球化的发展目标重新组织和谋划，世界历史的整体图式由此产生。

对自然时空的控制和重构本来就具有风险性，在资本现代化进程中这种风险更是被不断放大。我们需要从时空技术的两面性来分析其危险。一方面，人们初涉自然，面对陌生的时空环境，其中有各种风险。通过长时间的经验积累，时空控制把陌生的环境变成人们所熟悉的，这其实有利于人们化解这种风险。但是另一方面，资本主义的时空技术则走向了另一个

---

① ［英］安东尼·吉登斯：《现代性的后果》，前引书，第16页。

极端,即它又把人们已经熟悉的环境,变成资本"熟悉"的环境,以符合资本主义的生产要求。换句话说,资本的时空技术使人们离开了原本熟悉的历史和生活情境,进入资本主宰的时空区域。资本主义生产过程中的各种风险,在这种时空技术中不断放大。比如在信息时代,诸如货币这样的象征符号[1]和各种高效率的技术系统结合在一起,以迅疾的速度重构着世界的时空结构,这加剧了全球性的金融投机,使世界经济充满不确定性。而且,随着时空重构,还有新的未知风险也伴随人们,比如市场给人带来的种种经营风险,超越人的身体承受限度的工作时间给人造成的健康损害等。人们完全被动地进入自然时空是危险的,但是如果试图控制时空节奏,使之完全适应人的逐利目的,这也是危险的。

脱域也是制造风险的机制。现代社会的专家系统正在成为制造风险的脱域机制,而且是以被信任的方式制造风险的。吉登斯援引齐美尔的观点指出,专家系统的知识是"不充分的归纳性知识"[2]。专家系统以归纳知识建立现在和未来的联系,只是基于已有的有限经验。凭借这种不充分知识,人们仍然无法准确预知和应对未来的不确定性。但是专家系统的这种知识却是人们最可依靠的知识,除此之外人们想不到别的途径去预测风险。现代社会的风险,就这样以一种被信任的方式孕育出来了。保险制度和专家系统都是这样制造风险的。卢曼认为:"信任是基于风险产生的现代概念。"[3] 此外,风险既然内在于人的存在之中,那么当人们意识到自己的行为会有某种风险而又不得不采取这种行为时,人们就必须"信任"自己的行为,这时人们需要怀有"幸运"的想法。航海的水手为了生存不得不踏上颠沛流离的远航,水手相信自己是幸运的,同时怀有深深的风险意识。当风险伴随着幸运,风险就具有更大程度的可接受性。[4]

脱域理论启示我们,资本主义现代化解构了原有的时空结构,拓展了

---

[1] 吉登斯认为,现代社会有两种主要的脱域机制在重构着时空。一是如货币这样的"象征标志";二是专家系统。参见[英]安东尼·吉登斯:《现代性的后果》,前引书,第19—22页。
[2] Anthony Giddens. *The Consequences of Modernity*. p. 28.
[3] 转自[英]安东尼·吉登斯:《现代性的后果》,前引书,第27页。
[4] 吉登斯对此曾说过:"风险和信任交织在一起。"信任避免行动带来的危险,或者将其降低到最小限度——可接受的程度。比如,航空公司经营者通过计算每英里死亡的乘客人数,从统计学上证明坐飞机远行是安全的,"安全经验建立在信任与可接受的风险之间的平衡上"。参见[英]安东尼·吉登斯:《现代性的后果》,前引书,第31页。

资本的生存空间，确保了资本对遥远未来的不断"殖民"。现代化是资本势力的"时空延伸"（吉登斯语）过程。在有限的地球生存空间里，在人之有限的生命时间里，与资本的时空延伸相伴随的，是"地球人"的自由时间和生存空间不断被挤占，"时空延伸"的另一面就是哈维所谓的"时空压缩"。脱域是把时空延伸至未来和未知领域的技术；时空压缩则是压榨时空资源的技术。

哈维这样定义时空压缩："资本主义的历史具有在生活步伐方面加速的特征，而同时又克服了空间上的各种障碍，以至世界有时是显得内在地朝我们崩溃了。"① 在资本生产体系中，空间收缩为远程通讯的"地球村"，比如随着交通速度的提高，从巴黎到纽约的自然距离也缩短到了极致（参见图3—1②）；资本主义追求效率，要求人们"只争朝夕"，实际上这是要求人们"预支未来"，"趁年轻大干一场"。从早期的马车到现在的飞机，人们的工作节奏不断加快，个人的自由时间被挤占的越来越多。商品交换是时空压缩的典型例子。早期的物物交换是瞬时的和随机的，这种时空关系和人们的生活实践原始地融为一体。从事商品交易是日常生活的偶然事件，也是率性而为的。劳动时间和生活空间并没有因为这种交换关系的存在而受到过大影响。交换也是局域社会人际交往的组成部分，因为人和人要面对面地打交道，甚至人们在交换的时候还可以寒暄一阵。资本主义作为发达的商品经济，克服了这种物物交换的偶然性。发达的货币形式和现代市场的建立，使得交换效率大大提高，交易成本下降。但是，这降低的是直接交易过程本身的成本，却使得交易的社会管理成本提高了，个人必须花费更多的时间和精力从事交换，资本主义的商品交换挤占了个人的生活空间和自由时间。

时空压缩有两个基本路径。一是时间空间化，以空间消灭时间。比如各种文字和声像表达系统，它们把运动的空间截取下来，使之成为静止的、可操作的。二是空间时间化，以时间消灭空间。比如上文提到的"地球村"的例子。时间空间化和空间时间化的基本前提，是把时间看成

---

① ［美］大卫·哈维：《后现代状况——对文化变迁之缘起的探究》，阎嘉译，商务印书馆2003年版，第300页。

② 同上书，第301页。

是间断性和连续性的统一，即时间是一个个间断点的线性的连续过程。也就是说，时间的每一个节点是静止的，是凝固的空间。这样的时间才是可以计算、可以量化的，关键是可以服从于资本生产的目标。按照哈维的观点，整个资本现代化也是一个空间时间化的历史进程，这个过程中确立了时间的一维性——"时间的专制"。

　　时空压缩是对资本主义生产逻辑的有力贯彻。比如地图是空间的理性化，空间按照严格比例和坐标计算出来。它把本来丰富生动的情境抽象为静止的"地点"或者"位置"，便于数学的计量和精确地使用那些"地理资源"。因此一张绘制精确的地图是值钱的。资本主义把各种空间结构转化为有效率的生产结构，通过现代科技创新排除各种空间障碍（如通过空间技术系统的革新侵入未知空间，甚至外太空），最终把空间变成利润的源泉。资本主义通过控制空间达到控制社会的目的，使社会为实现资本的高效率生产贡献各种资源。资本家使工人相信，工厂是流动的，可以从一个地方迁到另一个地方，因为市场是流动的；而工人却是不动的，在当地有家有业，不能随便迁移。为了谋生，工人不得不适应流动的生产空间。资本家就这样建构了对于工人的空间优势，工人罢工在这种空间优势非常明显的时刻和地方便往往被很快瓦解。

　　与脱域一样，时空压缩也催生了更多风险。通过时空压缩，资本主义效率至上的生产逻辑全面展露。马克思早就发现，资本周转时间越快，利润率就越高，利润的最大化表现为最大限度地榨取劳动者的剩余劳动时间。工人也需要服从资本的时间计算，否则就会被抛入失业大军。时间从生活的背景走上前台，成为宝贵的社会资源。如何在有限的生命里高效率地利用时间，成为决定人生成败的关键。"一寸光阴一寸金"，时间就是生命。资本主义将整个社会置于高效率的运作中，社会生活的节奏由此不断加速。这种过于紧张的社会运行方式，必然充满风险。工人们在生产中可能因此造成各种人身事故，精神的高度紧张也使工人长期陷入烦躁不安，甚至滋生各种心理疾病。这种过快的竞争发生在资本家中间，他们会不择手段地排挤对手，在市场上以非法手段倾销商品等。在过快节奏下生产出来的产品，或者是半成品，或者在质量上不合格，威胁人们的健康和生命安全。不仅如此，时空压缩也极大扭曲了自然事物生长和发育的节奏，引发自然的报复性反作用。

1500—1840年

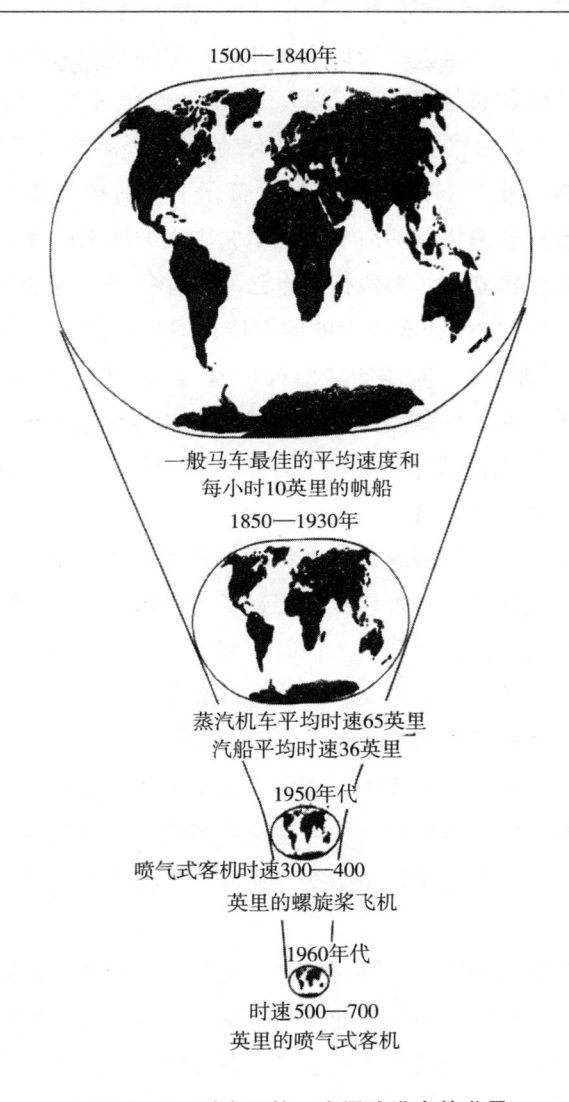

一般马车最佳的平均速度和
每小时10英里的帆船

1850—1930年

蒸汽机车平均时速65英里
汽船平均时速36英里

1950年代

喷气式客机时速300—400
英里的螺旋桨飞机

1960年代

时速500—700
英里的喷气式客机

图 3—1　时空压缩：交通改进中的世界

因此，哈维意味深长地指出："时空压缩是可能造成资本主义社会危机的强有力的因素。"① 19 世纪中期，资本主义世界爆发了经济危机和一系列社会危机，"进步的时间意义"（哈维语）和空间的物质价值都受到了质疑。化解这种危机，应该超越资本主义的生产逻辑和时空压缩的思维

---

① ［美］大卫·哈维：《后现代状况——对文化变迁之缘起的探究》，前引书，第 322 页。

定式。然而，资本主义解决这场危机的办法，却仍然极大地依赖于时空技术。资本主义借助着科技创新的力量，继续进行针对时间和空间的"创造性破坏"。后来的两次世界大战，全球空间被资本主义塑造成一个整体，并被"非领土化"（哈维语），按照帝国主义的扩张意志和生产需要重新划分。全球竞争的格局随后成为达尔文主义的弱肉强食。每个民族国家都谋求自己的国家利益，力争控制自己的时空领地。这种竞争的结果必然会涌现"强者"，它们拥有强大的国家能量对外扩张，左右全球的时空资源。20世纪中期以来，资本周转时间的普遍加速同时带来了交换和消费的加速。哈维认为：在商品生产的领域里主要是突出了即刻性（快餐）与一次性物品（一次性纸杯、餐巾纸）的价值和优点。[①] 社会运行的瞬时性成为当今商业社会的显著特点。

总之，不论是时空延伸还是时空压缩，资本主义的时空技术都在很大程度上加剧了现代社会的各种风险，塑造了当今风险社会。第一，时空技术打碎了人们原有的生活空间，人们时刻面临新事物的挑战，因此暴露在各种社会风险中。现代资本主义精神把工作作为"天职"，生存挤压着生活，各种生活空间被圈占为工作条件，劳动时间侵蚀着自由时间。人们经常性地陷入忙乱、紧张和焦虑中。在资本主义创造的各种时空情境中，人们要时时面对新事物，即使终身学习也应接不暇。在这些新事物中，人们不知道它能给人们带来灾难还是幸福，但同时人们又被要求相信它们的永恒价值。

第二，时空技术加剧了社会在精神文化领域的迷失，人们缺少面向未来的价值立足点，缺乏应对风险的精神准备。资本主义注重现在，预支未来，各民族的历史和传统被远远甩在了工业文明的背影中；各种习俗、乡规民约和伦理道德观念如不能按照资本主义的生产逻辑获得再造，[②] 就逐渐被抛弃了。当今世界各国面临价值迷失和信仰失落，这是一种深刻的精神文化危机。人们失去了精神家园，流浪在工业文明的大街小巷，面对各种纷至沓来的社会风险，经常感到无所适从。

第三，时空技术破坏了各个民族国家原本相对稳定的地理边界，把整

---

① ［美］大卫·哈维：《后现代状况——对文化变迁之缘起的探究》，前引书，第358页。
② 新加坡把儒家观念改造为有利于发展资本主义的价值体系，学界称为"儒家资本主义"。

个地球重塑为弱肉强食的"原始丛林",国家间关系危险重重。现代资本主义在时空延伸的过程中摧毁了各种地方性的权威和知识,小到一个宗族,大到一个国家。全球社会按照丛林法则,围绕经济和科技强力而重组,其中的暴发户成为霸权国家,它们推翻原有的政治体系,向世界强行输出文化价值观,攫取更大的经济和政治利益。非洲的一些国家由此陷入长期战乱,全球性的恐怖主义蔓延,很多国家之间围绕边界划界、海洋权益等问题展开激烈争夺,战争危险经常存在。

第五节 资本主义与风险社会

总结上文可以看出,资本主义的生产逻辑是塑造当代风险社会的主要根源。它从两个方面不断制造各种社会风险。一是对风险的偏好,冒险是资本主义的文化精神。对此,吉登斯曾指出:

> 现代资本主义之所以与以前的经济体制不同,就在于它对将来的态度。通过计算将来的利润与成本也就是计算风险,现代资本主义将自己融入到作为连续过程的将来之中。15世纪欧洲复式簿记的发明为此提供了技术条件。风险成为一个致力于变化的社会的推动力,这样一个社会要决定自己的未来,而不是任它走向宗教、传统和自然界的反复无常。积极地接受风险也是创造财富的精神源泉。[1]

在本书第一章笔者曾经提到来自斯宾格勒的一种观点:西方文明的文化特质是浮士德精神,即尽管与恶魔签订了吉凶未卜的契约,但仍然对未来有永不满足的追求。浮士德精神推动着西方文明无限地追逐着新事物和深不可测的可能性。植根于西方文明深处的命运般的、形而上学意义上的决断意志追求统治世界的无限权力,这个意志也是西方文明特有的。[2] 西方文明孤注一掷地追求对未来和世界的控制,不管这种控制带来什么样的

---

[1] [英]安东尼·吉登斯:《失控的世界》,前引书,第20页。
[2] Hans. Jonas, "Toward a Philosophy of Technology", in *Technology and Values*: *Essential Readings*, pp. 14 – 15.

后果。这种精神主导的文明进程必然是风险重重的。这种精神特质及其孕育的风险，非常明显地体现在近代以来的资本主义现代化过程中。正如威廉·I. 罗宾逊所概括的："资本主义的历史就是某种总是具有革命性的力量不断地将这个世界重塑成新的甚至我们所始料不及的格局。"① 这种文化精神具有两面性，一方面，它追求创新，给人们不断带来新奇的生活享受和巨大的物质财富；另一方面，它也把来自未来的种种不确定性置于人们的生活之中，其中包含对人的生存和发展的巨大挑战。

二是冒险是理性的，资本主义以理性冒险的方式，使风险成为普遍可接受的观念。韦伯曾经指出，理性化资本主义是欧洲资本主义区别于别处资本主义的特质。经济数学是这种理性化资本主义的重要体现，它面对未来只进行成本和收益的计算，力求最大效率地实现利润最大化。在利润计算中使用理性，在对效率的追求中使用理性，在企业管理中引入生产流水线制度，这也是理性化的管理方式。现代资本主义努力把未来的风险纳入管理和控制的范围，建立并试图健全各种保险制度，以使整个社会相信，冒险是值得的，风险是可控的，因为只有可控的风险才是可以被普遍接受的。现代资本主义就这样以"理性地冒险的方式"（吉登斯语），让风险为整个社会所接受。不过，资本主义的风险管理制度并没有真正化解风险，而是建立了风险的重新分配和转移的机制，并导致风险的进一步扩散。吉登斯发现："通过保险制度，风险从承受能力较差的个人转移到了承受能力较强的公司和国家那里。它是资本主义运转的必然条件，而非偶然出现的东西。"② 可以说，风险在资本主义发展过程中被合理化和扩大化，资本主义逐渐迈入了风险社会时代。

资本主义作为理性冒险的制度，这个特征在资本主义发展到当代时更加暴露，当代资本主义更深刻地塑造了风险社会。

首先，知识经济的革命带来更大风险。20世纪下半叶以来，资本主义世界发生信息技术革命，知识成为资本，技术成为最重要的财富源泉。技术成果和科学理论到应用环节的距离，被尽可能地缩短，知识成果的商

---

① ［美］威廉·I. 罗宾逊：《全球资本主义论——跨国世界中的生产、阶级与国家》，前引书，第118—119页。

② ［英］安东尼·吉登斯：《失控的世界》，前引书，第22页。

品化成为普遍趋势。技术和科学中的各种风险，伴随着资本主义生产过程迅速蔓延至整个社会。① 当前的技术竞赛围绕各种高新技术展开，高新技术携带着大量风险②，它们匆忙进入社会实践领域，也是非常危险的。

尤为突出的是，当代资本主义进入虚拟经济时代，更加剧了自身发展的各种危机。资本的利润触角，努力在最短的时间伸向最远的空间，全球经济的网络化和快捷运作成为当今资本主义贯彻其生产逻辑的重要手段。信息技术本身，也创造出大规模金融投机的条件，并使其愈演愈烈。有些金融投机者，可以在较短时间内，通过网络完成巨额资金的交易。虚拟化成为当今资本主义经济的显著特征。吴富林援引管理学家德鲁克在《变化中的世界经济》的观点提出：大量数据和事实证明，货币已经脱离实体经济，全球金融交易已经数倍于国际贸易，这宣告了金融与经济"两张皮"的时代来临。此后，资本项目时代来临，投资家、投机家成为明星。③ 虚拟经济的危险，学界已经有充分认识。美国学者迈克尔·赫德森认为：马克思已经对虚拟资本膨胀的危害有了深刻认识，虚拟资本强加于债务人（产业和个人）身上的金融收费日益加大，最终会压垮社会经济。④ 英国学者希勒尔·蒂克廷的研究也表明：当今资本主义存在大量的过剩资本，这些过剩资本在生产领域找不到更多的利润空间了，于是不断投入金融领域，金融资本不断上升和各种金融衍生品泛滥，金融泡沫越来越大；与此同时，由于金融资本之外的经济再投资非常有限，失业率上升和工资水平保持相对稳定，这导致内需减少。⑤ 不断放大的金融泡沫最终崩破，引发了2008年的金融危机，并蔓延至整个发达资本主义世界。不断减少的内需，也导致贫富分化，社会的消费能力严重不足。这场危机于是不仅仅限于金融领域，还会延伸到整个社会领域，爆发诸如华尔街失业

---

① 出于文章结构安排的需要，对于科学风险笔者将在第四章第五节详细阐明。
② 参见第二章第三节的相关阐述。
③ 吴富林：《金融家与时代》，《读书》2012年第3期。
④ ［美］迈克尔·赫德森：《从马克思到高盛：虚拟资本的幻想和产业的金融化》（上），《国外理论动态》2010年第9期。
⑤ 参见［英］希勒尔·蒂克廷：《今日的危机与资本主义制度》，裘白莲、刘仁营译，《国外理论动态》2010年第11期。关于过剩资本，作者作出了详细数字说明：2007年，从银行储蓄来看，比如瑞士联合银行、巴克莱银行，过剩资本达到约18万亿美元，其中瑞士联合银行当年存储货币最多。养老金、对冲基金、保险公司等此类机构持有货币约110万亿美元。

者的游行示威这样的事件。2008年以来的经济危机，再一次暴露了资本主义与当代风险社会的深刻关联。

本章小结

利润最大化和效率至上是资本主义的生产逻辑，资本是逐利和短视的，它使资本主义发展过程孕育了各种风险。资本的这种特性在资本拜物教、商品拜物教和货币拜物教中更是发展到极致，并加剧了人的风险生存。资本主义把这种生产逻辑推进到自然和人类历史的更深层面，对自然的时空结构进行了重构，建构了有利于全面持久地实现其发展目标的时空技术。资本主义的世界历史运动解构了历史与传统，打碎了原有的生活空间，重构了全球社会的生存格局。陌生的生存空间逐渐代替了熟悉的生活环境；当信息时代到来，社会时空的虚拟性和投机性更加剧了社会发展的各种危险，风险生存的意识伴随着现实处境的挑战不断高涨起来。现代资本由此成为塑造当今风险社会的一大主要根源。资本主义为能最快地实现利润增殖，需要利用技术力量。资本和技术结合起来，共同把人类推入风险社会。

第四章 技术资本主义与风险社会的发展

影响现代世界的主要力量,马克思归于资本主义,圣西门、涂尔干归于工业主义(industrialism),① 海德格尔归于现代技术。今天看来,影响现代世界整体面貌的是这三种力量的"交集"。工业主义是推动现代世界发展的产业力量,而推动工业化进程的力量则主要是现代资本和科学化的技术。现代技术力量的不断膨胀使得技术风险不断产生和扩散,同时由于现代资本的逐利和短视,理性资本主义实际上也是充满风险的发展进程。这两种风险在工业时代逐渐汇合,伴随着工业文明的全球化进程不断扩散。风险社会的两个主要根源交织在一起,把人类推入高风险的社会。

第一节 技术和资本的结合与技术资本主义

18世纪中期的工业革命揭开了机器大工业的序幕,现代资本主义也在此时方兴未艾,科学化的技术和踌躇满志的资本迅速联合在一起。工业革命的中心事件是瓦特改良了蒸汽机,使人类进入蒸汽时代,而这个事件的成功正是技术与资本合作的结果。据查尔斯·辛格的《技术史》披露:

> 瓦特先跟工厂主约翰·罗巴克合作,于1769年成功申请到一项专利——在火力发动机中减少蒸汽和燃料消耗的新方法。然而由于罗巴克陷入财政危机,瓦特改良蒸汽机的进展缓慢。后来瓦特到伦敦公干,通过罗巴克认识了伦敦城首屈一指的大制造商马修·博尔顿。1773年,罗巴克破产,瓦特也处于穷困潦倒的时候,蒸汽机的改进

---

① [英]安东尼·吉登斯:《现代性的后果》,前引书,第9—10页。

面临巨大困境。瓦特想到求助博尔顿。瓦特想使博尔顿相信，他的改进将带来成功。但是，瓦特的专利期在1774年只剩下8年，博尔顿发现"能够获取利润之前可能专利已经到期"。在这种情况下，瓦特向议会申请延长专利期并于1775年获得批准，其专利延长至1800年。瓦特和博尔顿的合伙人关系自此进入一个全盛时期。[1]

技术和资本的这次合作最终产生了全面改进的蒸汽机，机器推动机器的时代开始了，动力机器成为社会发展的新动力，成为经济和政治霸权的技术基础。谁掌握了它们，谁就是新社会的主导者。显然，类似蒸汽机这样的庞大机器不是普通人可以随便使用的，据说"安装一台钮可门蒸汽机需要花费1500英镑"[2]。可以说，只有资本家才拥有这样的经济实力。工业革命之所以首先发端于英国，与当时英国资本主义的发展密切相关。此时英国拥有最大的海外市场、工业实验所必须的资本、坚挺的金本位货币、有效的银行系统、稳定的政治和社会环境、丰富的铁矿和煤矿、适合纺织制造的潮湿气候、全社会对科学知识的兴趣。在这些因素中，资本是主因。这个时期不仅技术需要资本，资本也需要技术，"经济上的需求由水平日益提高的科学和技术进步来满足"[3]。

具体来说，技术和资本的结合有两个主要模式。一是资本密集型的模式。这种模式的背景是工业革命的发生迎来了机器大工业时代，而且此时科学和技术发明都职业化了。科学和技术已经开始融合并逐渐独立于直接的具体劳动过程。这种"游离"的知识和技术成果被资本牢牢抓住了，成为实现利润最大化的主要手段。马克思把这时的资本和技术称之为它们的"初恋时期"[4]。机器大工业本来极大提高了劳动生产率，人们也本来应该有更多的"业余时间"享受劳动以外的生活。但是在资本主义生产体系中，情况恰恰相反。机器生产会带来超额利润，这刺激了围绕超额利润的激烈竞争，投资不断增加；同时机器作为庞大的固定资本，增加了资

---

[1] ［英］查尔斯·辛格等主编：《技术史》第4卷：工业革命，辛元欧主译，上海科技教育出版社2004年版，第125页。
[2] 同上书，第110页。
[3] 同上书，第101页。
[4] 《马克思恩格斯文集》第5卷，前引书，第467页。

本的周转时间，资本家绝不会让其长期闲置，他们急于收回成本。这都导致资本家在这一时期不断地扩大再生产，投资巨额增加，出现了马克思所说的"生产无限扩大的趋势"。资本支持着庞大的机械工厂高速运转，资本家和工人忙碌其中，难得清闲。

技术和资本的结合，在技术密集型模式中达到前所未有的深度。这个发展阶段的背景是科学技术实现了一体化，高新技术的研发过程和所取得的成果迫切需要足额资本的支持，技术专家往往自己筹措资金注册企业或者向相关企业入股，成为资本家；同时，知识和技术创新成为企业发展的新引擎。整个社会的经济增长模式也发生了深刻变化。传统经济发展模式是高能耗的粗放型增长，当代经济发展的主导模式是低能耗的高新技术创新。信息时代的到来和知识经济的发展，更加深化了技术和资本的关系，技术资本主义进一步发展到了卡斯特所说的"信息资本主义"阶段。杰伊·奥格威概括这个阶段的基本特点，即信息时代"意味着政治时代的结束，经济时代的开始——权力正在从总统和总理们的手中转移到大公司的董事长和CEO手中"[1]。这个时代涌现了一批新的跨国企业，它们融合了雄厚资本和高新技术。这些企业不仅在经济领域，也在政治和文化等社会领域拥有极大权力，甚至这些权力不断企图跨越国家界限，在全球范围内施加影响。[2]

针对技术和资本的现代结合，道格拉斯·凯尔纳和路易斯·S. 维拉

---

[1] 转引自胡泳《信息、主权与世界的新主人》，《读书》2011年第5期。

[2] 威廉·I. 罗宾逊据此认为将出现强势的"跨国国家"。罗宾逊区别了"国际化"和"跨国化"。国际化是指"协调阶级和集团关系的民族国家体系，包括民族资本和民族资产阶级概念"。跨国化则表示了"超越民族国家的经济和相关的社会、政治和文化进程——其中包括阶级形成。"（[美]威廉·I. 罗宾逊：《全球资本主义论：跨国世界中的生产、阶级与国家》，前引书，第59页）跨国化包含跨国资本家阶级的崛起，尽管他们内部也有各种矛盾，但是他们已经共同占领了全球经济的"制高点"，并且逐步形成超越民族国家的政治和文化霸权。民族国家不会消失，但是也无法再保持主导权，而是被纳入更大的权力结构——跨国国家中。国家概念并不与民族概念必然联系在一起，国家原本"被用来指臣属于特定统治或控制的全部领土和社会体系"，（[美]威廉·I. 罗宾逊：《全球资本主义论：跨国世界中的生产、阶级与国家》，前引书，第123页）跨国国家正是这样的一个全球控制体系。卡斯特则提出相反的观点，他认为国家以及民族—集体文化认同的确认，在全球竞争中仍发挥了决定性作用。他使用"多国企业"概念和"跨国企业"相区分，认为在多国企业网络中，很难有强制性的霸权存在。（参见[美]曼纽尔·卡斯特：《网络社会的崛起》，前引书，第244页、第238页）笔者以为，从本书第三章所说的"时空技术"来看，国际化和跨国化的本质是相通的，二者都是资本时空扩张的过程，只不过国际化意味着资本以民族资本的形式出现，跨国化意味着资本开始自己走上前台，以跨国资本的形式出现。

(Luis Suarez – Villa)提出过"技术资本主义"的概念。所谓技术资本主义,是技术和资本尽可能高效率地结合,以创造最大化的利润。技术资本主义是以技术手段贯彻资本的生产逻辑。资本密集型模式是技术资本主义正式开始的阶段,此时资本开始整合科学技术成果,实现利润最大化。技术密集型模式是技术资本主义在当代的重要发展阶段,科学化的技术反过来力求融合资本,向现实生产力转化;资本也找到了新的利润增长点。在资本密集型阶段,技术和资本结合的方式主要是资本推动技术。在技术密集型阶段,结合方式变成了技术推动资本。

技术资本主义发展到信息化时代,又呈现出一些新特点。一方面,此时的技术创新呈现"群集效应",技术发展的动因更多来自技术本身。[①]这显示出技术的自主性力量愈加强大。正如卡斯特指出的:"1999年无论在美国还是在全世界,都没有清楚的和毫无争议的规范机构可以管辖互联网,这个新媒体在技术和文化方面都具有自由运转的特性。"[②]另外,分散的技术元素一旦组成了一个成熟的技术体系,它和资本也必然发生相互作用。卡斯特发现:"1980年代,资本主义开始经济和组织的重构,新的信息技术在其中发挥基础作用。"[③]当前,尽管广大发展中国家尚未全面进入技术资本主义社会,但是技术结合资本的发展模式已经成为当今世界社会发展的引擎。风险社会的未来格局正在由这一模式塑造。

第二节 技术和资本的合作与风险社会两大根源的合流

技术与资本的结合,既包含着二者合作双赢的关系,也包含着二者矛盾冲突的关系。本节首先分析前者,下节分析后者。在第一层关系中,技术和资本紧密合作,共同对自然和人展开谋划。技术资本主义最大限度地开发自然资源,最大程度地调动人力资源的生产能量,把本来是人适应自然的生活处境改变为自然适应人的生产处境,人对自然的认知和改造成为人和自然的主要关系。特朗斯特罗默诗曰:"我们偷偷地从宇宙挤出牛

---

① 这个观点已经在第二章第二节阐明。
② [美]曼纽尔·卡斯特:《网络社会的崛起》,前引书,第38页。
③ 同上书,第72页。

奶，幸存下去。"①

一 技术和资本合作的历史条件与必要前提

首先，技术与资本合作的历史条件是由机器大工业奠定的。具体来说，在从传统手工业向机器大工业发展的过程中，知识和技术脱离手工作坊中的直接劳动过程，成为一种相对独立的力量，从而可以自由地为资本所用。通过机器大工业产生前后的相关变革可以说明这一点。

在机器大工业出现之前，劳动者在自己的手工作坊里生产，这一时期存在"两种融合"。一是直接劳动过程与劳动者的技能的直接融合。劳动者在劳动实践中发展知识水平和技能，通过长时间直接经验的积累，他们的技能能够缓慢提高。直接经验经过长久的"沉积"，那些经得住时间和实践考验的技术知识被以各种形式"记录"下来，转化为间接经验，通过"学徒制"传承。学徒为了学到师傅的"手艺"，可以忍受极低的报酬甚至师傅的虐待。个中奥秘在于，师傅掌握着直接经验和祖师的间接经验，是"经验—技术"的化身，只有从师傅这里才能学到这种技术。二是劳动者的生产和生活在很大程度上融合在一起。劳动者什么时候劳作，怎样劳作，产品如何处理和消费，都和劳动者的生活节奏紧密相关。劳动者的生产活动往往适应他的生活节奏和现实需要，而不是相反。因此，这个时期劳动时间和自由时间的冲突，要比后来的机器大工业时期小得多。

到了机器大工业时代，师徒传承的手工作坊被科学管理的机械工厂所取代，传统手艺逐渐被淘汰，方式主要有两种，即传统"手艺"或者经过资本的改造融入现代工厂的生产体系中，或者被某种先进科技所淘汰。后者表现为现代"科学—技术"对"工匠技术"的替代性革新。相应的，知识、技术与劳动者的分离也走了两个基本路径，一是知识和技术被资本从劳动者身上剥离出来；二是在直接劳动过程之外"发明"了一种新技术。知识和技术成为不再依附于劳动者的力量，从而"自由"地为资本所用，这是技术资本主义产生的一个必要前提。因为资本如果不剥夺知识和技术对手工业者和直接劳动过程的依赖，劳动者还可以依靠自己的知识

---

① ［瑞典］托马斯·特朗斯特罗默：《黑色明信片》。见哈里·马丁松等著：《北欧现代诗选》，北岛译，重庆大学出版社 2013 年版。

和技术生存，他们就不会成为"一无所有的自由劳动力"，现代资本主义的雇佣劳动制度就不会建立；而且，知识和技术如果总是掌握在劳动者手中，资本家就无从获得这些技术的占有权、长期使用权和收益权。总的来说，资本必须对劳动者及其技术进行"分而治之"，然后才能"分而用之"。因此，现代资本主义作为一种技术资本主义体制，不仅需要劳动者有人身自由，从而可以自由地出卖劳动力，也需要科学技术成为自由的力量，从而也可以自由地买卖。

技术和资本合作的这种历史条件和必要前提，马克思早已揭示。马克思指出，资本割断了科学技术与直接劳动过程的关系，这对科学技术本身的发展和资本主义的发展都具有重大意义。首先，机器工业时代，资本使科学从直接劳动过程中独立出来了；而在机器工业出现以前，知识和直接劳动过程是统一的。马克思说："资本不创造科学，但是它为了生产过程的需要，利用科学，占有科学。这样一来，科学作为应用于生产的科学，同时就和直接劳动相分离，而在以前的生产阶段上，范围有限的知识和经验是同劳动本身直接联系在一起的，并没有发展成为同劳动相分离的独立的力量。"[1] 另外，马克思也看到了机器技术的自动化特点，它作为异己的力量为工人所用，作为资本生产的要素为资本家所用。马克思说："当工作机不需要人的帮助就能完成加工原料所必需的一切运动，而只需要人从旁照料时，我们就有了自动的机器体系……"[2] 也就是说，机器不再需要"人动"，而是"自动"。这就意味着它是独立于生产者的，人只需要按动开关和"从旁照料"。这种独立的技术体系不仅脱离了生产者的掌控，而且反过来掌控了生产者。因此马克思说："在机器体系中，大工业具有完全客观的生产有机体，这个有机体作为现成的物质生产条件出现在工人面前。"[3]

其次，科学技术的职业化为技术与资本的合作创造了重要的组织条件。近代以前，科学基本上是"望天者"的业余爱好。中世纪晚期，教会大学里已经出现了一批长期从事科学研究的学者，如伽利略。近代以

---

[1] 马克思：《机器—自然力和科学的应用》，前引书，第206—207页。
[2] 《马克思恩格斯全集》第44卷，前引书，第438页。
[3] 同上书，第447页。

来，科学逐渐职业化，成为一种社会建制。从1660年英国皇家学会的成立开始，各国纷纷建立国家资助的科学社团，科学家首次"找到了组织"。科学技术史的研究表明：19世纪是科学职业化的黄金时期，大学机构进行了革新，一些适应新时代需要的大学组建起来；研究院和一些专业化的研究机构开始出现；代表科学家利益的职业性团体，如德国自然科学家协会、英国科学促进会也首次出现；"scientist"这一词在1840年首次出现了，科学家作为一个独立的职业群体被社会所承认。特别引人注目的是，大学和一些研究机构里还出现了科学教授的专门职位，他们研究的很多具体领域也与技术和工业相关。[①] 这不仅表明了当时科学技术的一体化过程，还说明科学家开始有了自身的利益诉求，关注知识成果的现实转化问题。

在科学职业化的过程中，发明也逐渐成为一种职业。资本主义国家为了鼓励技术创新，推出了一系列制度安排。在经济层面为了保护知识产权，推出专利制度。发明家以"知识"为担保，筹措一定的资金进行研发；研发成果申请专利，专利技术投入生产则使发明者和专利使用者同时获利。资本主义国家确立自由放任的市场制度，宣扬"最小政府"，为技术与资本的合作创造了必要的制度基础。这些措施使得一批发明人才脱离"学徒"和"工人"的身份，从直接劳动中解脱，转身专事技术研发。由于成果可以直接获利，这些人摇身一变成为资本家。瓦特和爱迪生后半生变成十足的技术资本家，甚至为了维护专利收益不惜利用自己的声望打压新的技术发明，阻碍自己的专利技术被取代的命运。这里颇具讽刺意味的是，发明家本来最崇尚技术创新，在其职业化和资本化的过程中却转而成为创新的绊脚石。

科学技术的职业化进一步推动着知识和技术在直接劳动过程之外产生和发展，这为技术资本主义的发展做出了重要贡献。知识和技术成果不再是纯粹的个人爱好和私人秘密，而是可以共享的社会财富。科学技术的职业化在当代发展到了极致，科学家和技术人员更深入、全面地介入政府和企业，技术资本以更深刻的方式发展："目前国际上有一种重新组织研究

---

① [美]詹姆斯·E.麦克莱伦：《世界科学技术通史》，王鸣阳译，上海科技教育出版社2007年版，第420—423页。

体系的趋势，从过去主要由国家投资的模式转向由企业充当主要投资人。"① 技术资本主义发展迎来了高峰期。

二　技术和资本的合作

技术资本主义发展进程的突出特点，表现为技术和资本的密切合作，二者相互需要，相互利用。而技术和科学的融合，则为技术和资本的合作提供了更深入的知识条件。

第一，科学化的技术对资本主义的建立和发展具有重大作用。近代以来，科学技术成为推动社会生产力发展的最重要力量，是创造财富的重要手段。马克思曾经指出："随着大工业的发展，现实财富的创造较少地取决于劳动时间和已耗费的劳动量，较多地取决于在劳动时间内所运用的动因的力量，而这种动因自身——它们的巨大效率——又和生产它们所花费的直接劳动时间不成比例，相反地却取决于一般的科学水平和技术进步，或者说取决于科学在生产上的应用。"②

一方面，科学技术对于资本主义制度的建立具有关键作用。机器大工业的建立，摧毁了手工作坊和小业主的生产条件，即剥夺了他们的自主性生产，代之以资本的"操作自主性"（安德鲁·芬伯格语）。技术史的研究表明：工业革命的技术成就集中表现在原动力的革命，蒸汽取代了过去的人力和风、水等自然力，成为崭新的原动力。③ 过去，手工工具离不开它的旧主人；现在，蒸汽动力不再是"手工的"，淘汰了手工工具和它的主人，连同它的时代。马克思的话"手工磨产生的是以封建主为首的社会，蒸汽磨产生的是以工业资本家为首的社会"，总结了这个过程。日本学者河上肇在研究《资本论》的过程中也得出了这样的结论："工场手工业不能把劳动者完全隶属于资本之下，同时，它既不能掌握社会生产的全范围，也不能使社会的生产，从根本上发生革命。资本要统治世界，就必

---

① ［英］芭芭拉·亚当等编著：《风险社会及其超越：社会理论的关键议题》，前引书，第108页。
② 《马克思恩格斯全集》第46卷（下），人民出版社1980年版，第217-218页。
③ ［英］查尔斯·辛格等主编：《技术史》第4卷：工业革命，前引书，第102页。

须有机器的发明。"① 因此，正是在大机器工业条件下，资本主义制度才得以正式建立。此时，手工劳动才被迫退出了历史舞台，而工人被捆绑在了生产流水线上，离开了机器就无法劳动，于是不得不到资本家的工厂里出卖劳动力。资本的雇佣劳动关系得以完全建立。机器大工业使工人不得不听命于资本强加给他们的生产制度。工人最后毫无办法，只有依赖机械工厂，依赖资本家。

另一方面，技术是巩固资本的雇佣劳动关系和资本主义制度的有力手段，是资本家实现社会控制的有力武器。在资本主义发展的早期阶段，资本家凭借掌握新兴科技的优势，把人和社会纳入资本主义的发展轨道，工人成为资本势力的附庸。机器技术的不断发展，带来劳动生产率的迅速提高，这造成更多的失业人口和更多的小企业主破产，他们不得不加入后备的劳动大军。这引发工人之间的激烈竞争，使资本家处于更加有利的位置。新的技术发明还增加了工人适应工作的难度，增强了工人对资本家的技术培训的依赖性。资本家还借助机器镇压工人的反抗，因为资本家掌握着机器，它摧毁了手工劳动的条件。马克思对此分析过："从资本家那里曾经不断发出呼声，希望能有一种什么发明，使他们能够不依赖工人而独立。纺纱机和动力织机给了资本家这种独立，因为生产中的动力握在他们手中了。因此，资本家的权力大大加强了。"② 这样，科学技术"成为对于工人来说异己的、属于资本的力量"，"机器成了资本的形式，成了资本驾驭劳动的权力，成了资本镇压劳动追求独立的一切要求的手段"③。于是，"自然力和科学，直接变成了一种武器，用来把工人抛向街头，剥夺工人的专业，使工人服从资本的君主专制"④。

随着资本主义的继续发展，技术创新逐渐成为企业和资本主义发展的重要引擎。对于企业而言，技术创新是企业发展的根本大计。熊彼特提出创新理论，并且把能否实现创新作为企业和资本主义发展的关键。他认为：所谓创新就是"生产手段的重新组合"，即把一种从来没有的关于生

---

① ［日］河上肇：《"资本论"入门》（下），仲民译，生活·读书·新知三联书店1961年版，第57页。
② 《马克思恩格斯全集》第16卷，人民出版社1964年版，第641页。
③ 马克思：《机器——自然力和科学的应用》，前引书，第26页。
④ 同上书，第202－203页。

产要素和生产条件的"新组合"引入生产体系中，以实现企业发展，作为资本主义"灵魂"的企业家，其职能就是引进"新组合"以实现"创新"。① 所谓"经济发展"，也就是指整个资本主义社会不断地实现这种"新组合"的过程。熊彼特提出五个方面的创新，其中产品和技术方法的创新列在前两位，② 创新内在于经济发展过程，起着关键作用："我们所指的'发展'只是经济生活中并非从外部强加于它的，而是从内部自行发生的变化。"③ 熊彼特在此已经提示，技术进步是资本主义经济发展的内生变量。④

第二，技术也需要资本，资本主义为技术发展创造了重要条件。一者，技术创新需要资本的大量投入。瓦特能够成功改良蒸汽机，离不开资本家的有力支持。当代信息技术跨越学科的边界，跨越科学和技术的边界，跨越基础理论和应用的边界，是"大科学工程"。这样的工程需要不断的投资跟进。二者，资本主义通过很多制度安排，比如专利保护制度，促进技术革新。在本章第一节提到，瓦特向议会申请专利延期获得成功，由此促成自己的技术革新继续获得资本家的支持。三者，资本家在观念中重视技术，并使之成为全社会的某种意识形态。资本家对于新技术极度渴望，而每一项新技术的发明，也能引起资本家的高度重视。技术自近代以来逐渐成为全球意识形态。实际上，马克思很早就已经对此做了提示：

> 私有财产的主体的本质，作为独自存在的活动、作为主体、作为人格的私有财产，就是劳动。因而，十分明显，只有那种把劳动视为自己的原理的国民经济学（亚当·斯密），也就是说，只有那种不再把私有财产仅仅看作在人之外的一种产业的国民经济学，才应该算作私有财产的现实机能和现实运动的产物（这种国民经济学是在意

---

① ［美］约瑟夫·熊彼特：《经济发展理论》，何畏、易家详等译，商务印书馆1990年版，第82—83页。
② 同上书，第73页。
③ 同上书，第70页。
④ 在一个函数关系中，那些引起因变量变化的自变量，和因变量一起统称内生变量（endogenous variables）；这个函数关系本身不能决定的常量或者参数，是外生变量（exogenous variables）。比如 $y = kx$，x、y 都是内生变量，常数 k 是外生变量。更详细的分析也请参见本书第五章第三节内容。

中形成的、私有财产的独立的运动,是现代工业本身),现代工业的产物;而另一方面正是这种国民经济学促进并赞美了这种工业的机能和发展,使之变成了意识的力量。①

马克思在这里宣布,现代工业技术已经转化为意识的力量;不过,这种转化是在私有财产制度的推动下完成的。现代技术是资产阶级的意识形态的组成部分。

第三,融合了科学的技术,对于资本主义实现其利润不断增殖的最终目标,具有不可取代的关键作用。其一,科学技术是认识和改造自然的成果,本身是有巨大价值的,资本主义积极地将科学技术应用在生产中,创造出了"比过去一切时代的生产力的总和"还要大的物质财富。在机器大工业的技术条件下,自然力第一次被资本大规模且自由地使用,资本家很方便地占有了机器劳动的丰厚果实。

其二,当代各种高新技术,是资本实现更大利润的工具。在马克思那个时代,技术对资本的这种巨大价值已经展露无遗。马克思曾经指出过,采用机器的直接结果是增加了剩余价值,提高了资本剥削劳动力的水平。机器成为生产剩余价值的强有力手段。到了当今信息时代,资本为了实现利润增殖,比以前更需要技术,而且是高新技术。这首先是因为传统的资本扩张方式具有很大局限性。以单纯增加劳动时间的绝对剩余价值生产早就难以为继;以低级技术推动的相对剩余价值生产,由于别的企业容易获得和发展这些技术,其产生的利润也不断平均化,靠此维持的企业难以有更大的竞争优势;而高新技术推动的超额剩余价值生产,可以垄断市场,带来很高的垄断利润,高新技术生产领域成为企业激烈竞争的前沿。资本要实现利润增长,对高新技术的依赖性不断增强。按照西方古典经济学理论,技术发展停滞的情况下(即技术水平不变),某种要素投入的边际收益(边际生产力)最终是递减的。当代西方经济学的研究表明,技术进步能够改变这种格局。技术进步带来的好处是,人力资本的知识和技能会不断提高,其生产效率会提高,从而它的边际产出会递增;产品会随着技术研发不断升级换代,比如种类增加、质量提高,这带来物质资本的技术

---

① 马克思:《1844年经济学 哲学手稿》,刘丕坤译,人民出版社1979年版,第66页。

溢出效应，它的边际报酬也是递增的。而且，技术创新成果的转化也会直接带来垄断利润。

其三，技术追求效率，资本追求利润，二者合作正好达成最快实现利润增殖的目标。技术是快速达到目标的手段和方法，技术理性作为工具理性，其实质特征就是对效率的追求，本书第二章已经对此做出说明。资本主义力图最快实现利润增殖，技术极大满足了资本这种需要。当今信息技术的发展，给资本增殖提出了更高的要求，需要资本适应这种要求。资本要扩张，必须掌握先进科技。下文将详述，信息时代创造了迅速流动的时间和空间格局，资本要在全球范围内实现利润增长，需要具有快速的"移动"能力，这表现为高效的生产组织过程和极速的市场反应能力，还要实现全方位销售渠道的畅通。企业因此需要熟练应用先进的信息技术。经过了这个洗礼，资本在20世纪90年代确实也重新取得了快速的获利能力。当前，技术和资本合作的新空间是全球互联网络。全球网络从生产和销售渠道为技术资本主义的生产提供了便利条件。能够有效利用这种条件的企业在竞争中处于优势地位。有作者总结认为："对于高新技术企业而言，一旦在某种技术方面获得优势，那么就可以利用网络效应将这种优势不断扩大，从而获得价值增值。"① 很多企业借助网络进行产品销售，网络购物成为时尚，目下"淘宝网"成为中国大陆最热门的购物网站之一。

技术和资本合作的结果确实是高效和高利润的。比如，作为技术资本主义重要管理制度，福特制的效率有多高？技术史研究的结论是："在福特之前，组装一辆汽车需要12小时以上。福特的第一条装配线一开始运转，就能够每93分钟组装好一辆T型汽车。到1927年，组装一辆T型汽车只需要24秒！"② 当技术资本主义发展到当代，其利润又有多大呢？答案是利润实现了指数式增长。卡斯特发现，信息技术范式的特点是网络要素在扩散时呈指数增长，身居网络之中的好处也呈指数增长。这是因为连接的数量以几何级数扩大，而生产或经营成本只是呈线性增长。当然同样

---

① 周江：《技术资本在高新技术企业价值增值中的作用探析》，《云南社会科学》2005年第1期。
② ［美］詹姆斯·E.麦克莱伦第三等：《世界科学技术通史》，前引书，第467—468页。

地，不加入网络的弊处也随着网络的扩张而增长。罗伯特·梅特卡夫提出一个简单的数学公式：网络的价值会随着网络里节点数目的乘方而增加，即"$V = n^{(n-1)}$"，其中 V 表示价值；n 表示网络中的节点数目。[1]

总之，当代技术和资本密切合作，对整个社会发展产生了重大影响。保罗·罗默等人提出内生经济增长模型，为技术和资本对于经济发展的重大作用提供了理论证明。罗默提出，不止资本和劳动，技术进步也是经济增长的内生变量，技术进步则由谋求利润极大化的厂商的知识积累不断推动。正如有学者总结的那样：决定经济增长的技术进步成为经济系统的内生变量，是经济主体利润极大化的投资决策行为的产物。[2] 总之，技术和资本成为推动经济发展的内在决定性因素。

三　风险社会两大根源的合流

前文述及，现代技术不断加速的"行星运动"和资本的生产逻辑，是塑造当今风险社会的两大根源。技术和资本的结合，使得这两大根源逐渐合流。技术风险和资本造成的风险形成系统性的相互作用，[3] 风险不断升级为各种社会危机，风险社会持续发酵。

诚然，当代技术资本主义给了人们前所未有的能力，在一个很深的层次上改造自然和社会。人类在这个时代获得的文明成就是空前的。不过，随着社会的不断进步，风险也确实不断升级。从时空角度来看，技术和资本的结合塑造着风险社会。当代科学技术把人从熟悉的时间（历史传统）和空间（家庭和地域）情境中剥离出来，使之面对陌生的生存境遇（流动的社会和工厂）；资本则鼓励人们在此情境中"理性地冒险"，为自己赢得更好的生存条件。上工的号子一响，人们便急匆匆走出家门，走向工厂。在工厂里，人们忍受日复一日、年复一年的重复劳作，其知识和技术常年得不到有效提高。技术和资本把人类赶出家园，驱赶到它们便于控制的时空环境，从而可以最大可能地调动人力、物力，实现最大化利润。人们在自己熟悉的时空环境里是自主的，比如人在自己家里可以自由自在地

---

[1] ［美］曼纽尔·卡斯特：《网络社会的崛起》，前引书，第 84 页。
[2] 刘剑：《内生增长理论：综合分析与简要评价》，《贵州社会科学》2005 年第 4 期。
[3] 本书第五章详述此问题。

活动；而人到了一个对他来说陌生的环境里，人是"他主"的或者说是受到控制的。技术和资本成功地把人驱赶到工厂或者劳动力市场这样的陌生环境，实现了对人的有效控制。人们时刻面对不确定的时空环境，各种风险伴随着文明进程。随着社会发展节奏的不断加快，这些风险不断转化为危险，人们也在风险社会中越陷越深。

此外，技术和资本的结合，也在思想层面深化了资本主义的冒险逻辑。如第三章第五节所述，资本主义文化中渗透着浮士德精神，这是面向未来、孤注一掷的冒险精神，不到终点绝不停止进取的脚步。然而，如果这种冒险是幼稚的、纯粹理想主义的，这种文化精神不会成为资本社会的意识形态力量。资本要证明自己的冒险是值得的和有现实意义的，就需要借助科学技术的力量。科学可以预测未来，技术创新则努力把这种预知变成现实。科学技术为资本对陌生事物和未来的"殖民"奠定客观基础。瓦特蒸汽机的革命性作用体现在，它提供了一种普遍适用的原动力，可以在任何需要的地方使用，极大突破了资本发展的空间限制。技术史学者R. J. 福布斯曾经指出："蒸汽机的力量可以在任何需要的地方，依照所需要的力量创造出来。"[①] 蒸汽动力开始创造了一个流动的社会，为资本的时空扩张创造了条件。这种社会流动性在信息时代更是以前所未有的方式呈现出来，内中蕴含的风险也是巨大的。

第三节　信息技术资本主义与风险社会

技术和资本合作的最新阶段是信息技术资本主义，这是我们理解当今风险社会发展的重要时代背景。

一　信息技术资本主义及其风险

信息技术资本主义的基本特征是信息的应用，包括应用的方式、技巧和传输渠道的不断革新，它并非简单地以知识和信息为核心。卡斯特提出"信息技术范式"的概念：这种范式的基本点是研究"如何将知识与信息应用在知识生产与信息处理和沟通的设施上"，可以说它意味着"处理信

[①] 转引自［美］曼纽尔·卡斯特：《网络社会的崛起》，前引书，第43页。

息的技术，而不仅是处理技术的信息。后者是先前技术革命的特点"。①在现实生活中，这种信息技术的典型例子是通过对电脑技术部件的不断升级，提高运行速度，以加快信息的流通和传播。因此，信息时代的真正革命是"信息沟通方式"的革命。从时间上看，它创造了前所未有的信息高速传播模式，其速度是以"字节/秒"来计量的。从空间上看，网络信号可以"链接"到任何有光纤电缆的地方，只要当地政府和民众乐意这么做。甚至可以说，他们必须接受这种信号传输，否则就无法在全球的资本生产和市场体系中分一杯羹。各国的经济和社会发展很大程度上受到信息技术发展水平的限制。

信息技术为资本提供了新的扩张条件。资本在信息网络中穿梭自如，资本的时空延伸达到极致，人的生活时空也同时被压缩到了极点。信息技术资本主义给整个社会带来了更深刻的变革，人们面对的风险也是前所未有的。

第一，从经济层面来看，信息技术资本主义创造了新的经济发展模式。以前的时代，市场交换存在时间扩展和空间扩展的矛盾：时间花费可以很少，但是地域范围有限；或者扩大了地域范围，但是又要花费较长的时间。在信息时代，这个矛盾得到了极大解决。信息技术资本主义经济模式的最突出特点，是可以在很短的时间甚至是瞬间，在全球范围内实现交易，而同时可以付出很小的交易成本。这在人类历史上是前所未有的。卡斯特称之为"全球经济"（global economy），并与"世界经济"（world economy）概念相区别：世界经济16世纪已存在于西方，资本积累在世界各地分别进行，"全球经济可以即时或在特定时间内以全球为规模而运作"。② 也就是说，世界经济虽然也是资本在全球范围内运行，但各个经济体的商品生产和流通没有实现同时性。全球经济则实现了这种同时性。

人类社会从农业时代进入工业时代之后，在今天又进入信息时代。从工业时代向信息时代的转变根本不同于从农业时代向工业时代的转变。后者是两种不同的能源消耗方式的转变；前者却是符号的生产和消费成为首要的，它取代了以前以能源消耗方式为主要特征的发展模式。这不是说当

---

① ［美］曼纽尔·卡斯特：《网络社会的崛起》，前引书，第36、83页。
② 同上书，第119—120页。

代经济发展不消耗能源了，而是说这种消耗能源的直接生产模式退居次席，或者被整合到知识经济的发展中。比如豪华轿车不少都是大排量汽车，尽管一般来说它更耗油，但是仍然受到富人们的青睐，因为它是身份和地位的象征。信息化经济重构了经济增长模式，它作为全球经济具有规范性标准。孤立于全球经济系统之外想保持经济长期发展是不可能的。能适应这个转变的经济体将走向繁荣，反之则会衰败。因此，从工业经济向信息化经济的转变具有某种强制性。

信息技术对于资本主义的经济发展具有重要的促进作用。"二战"以后，尽管凯恩斯主义使资本主义维持了长时期经济增长，但是到了20世纪70年代，滞涨的出现使它的理论生命走到了尽头。这时信息技术的发展为资本主义的再次复苏和扩张提供了新的动力。有研究表明：1995—1999年间，美国电脑制造业部门的生产力增长41.5%，它仅占美国出口的1.2%，由于这个行业的杰出表现，尽管其他制造业部门和总体经济萎靡不振，但是整体的生产力增长率还是有显著提高。[①]

第二，信息时代带来了新的政治运行方式，出现了以互联网为主的"媒体政治"。政治角逐的战场从议会大厅转移到了电视媒体和互联网。一个最新的典型例子，是奥巴马借助互联网的造势，首次作为黑人成功当选美国总统。正如当年马丁·路德·金的激情演说通过电视和录像传遍美国，对反种族歧视的政治运动产生了重要影响，奥巴马也很好地利用了互联网，抓住了美国网民的心，延续了金的梦，并把它变成了现实。在媒体政治时代，政治必须在媒体上表现，政治家必须擅长"做秀"，"创造形象就是创造权力"[②]。其中缘由不难理解，电视和网络是社会沟通的基本语言，人们获取信息的渠道主要是媒体。

第三，信息技术资本主义的文化特点是"现实的虚拟化"。多媒体和网络创造了以声像传播为内容的社会交往方式，并不断取代真实的交往。网络交往好比一场假面舞会，每个人隐身在屏幕背后"出现"；在网络媒体中，几场电视辩论可以影响现实中一个国家总统的产生；很多公众人物以"做秀"的方式表达自己的思想，以影响观众。信息时代，人们之间

---

① ［美］曼纽尔·卡斯特：《网络社会的崛起》，前引书，第109页。
② 同上书，第576页。

的沟通形式以符号传输为主,符号的生产和消费成为社会的主流。人和物质被放在网络坐标中重新定位,现实被虚拟化了。然而诡异地是,被虚拟化了的现实,仍然被当成活生生的现实,这是信息技术创造出来的全新的文化景观。于是,真实和虚拟的界限不存在了,真实和虚拟混同在一起:真实的东西被虚拟化,而这个虚拟的东西又千真万确。就像一个长期沉迷网络游戏的人,他逐渐分不清电脑内外的世界,甚至幻想着把网络世界的东西带到现实世界去实现。鲍德里亚启示人们,当今消费社会把现实解码为各种全新的符号体系,它们按照各种模型复制自身,这些抽象符号的复制生产出千奇百怪的影像世界,充斥社会各个领域,埋葬了真实的世界。影像是"超真实"(hyperreality)的,即是说"它比真实还要真实"①。鲍德里亚在讽喻现代帝国的扩张时说过:"领土不再先于地图而存在,它也不比地图更长久。从今往后,是地图先于领土——影像优先——是地图生产着领土……"②

总之,资本主义和信息化网络紧密结合,创造了技术资本主义发展的崭新阶段。借助着信息网络,资本主义生产方式在历史上第一次不断塑造着整个地球的社会关系。卡斯特深刻指出:"它事实上是资本主义的最纯粹表现,……资本家在其中可以任意化身。"③ 信息技术资本主义缔造了新的生存逻辑:在全球性的网络体系中,谁控制的网络节点和区域越多,时间越持久,谁就越具有控制力。不仅包括经济层面(当然首先是经济),还有政治和文化这些社会层面。任何脱离全球网络体系的组织和群体,要维系自身生存和发展都将付出巨大的代价,甚至长期来看,这个代价是付不起的。整个世界的命运与技术资本主义的发展捆绑在了一起,而技术资本主义的未来却是扑朔迷离的。

信息技术资本主义加速了当今风险社会的发展。一者,信息技术革命带来的风险是非常显著的。信息社会的知识呈"爆炸式增长"。不夸张地

---

① 参见[美]道格拉斯·凯尔纳、斯蒂文·贝斯特:《后现代理论:批判性的质疑》,张志斌译,中央编译出版社2001年版,第154页。该书译者把鲍德里亚的"影像"概念译为"类象"。

② [法]让·鲍德里亚:《生产之镜》,仰海峰译,中央编译出版社2005年版,第185—186页。

③ [美]曼纽尔·卡斯特:《网络社会的崛起》,前引书,第574页。

说，个人即使"终身学习"，也难以穷尽某一研究领域或方向的知识。当然，这不是否定"终身学习"，而是更加凸显了"终身学习"的紧迫性。否则，人们岂不是会在信息时代越来越陷入无知状态吗？然而，知识的严重不足和有限性也是重要的风险源和风险扩散的条件。人们面向未来，对于种种不确定性总是不能充分预知，而人们又必须有所作为，风险难以避免；在种种复杂的信息中做出合适的选择也很艰难，在信息时代，人们选择的不确定性也大大增强了。信息时代更加凸显了人们的风险存在；二者，信息时代的经济发展模式也是很危险的。全球规模的瞬时交易，风险极大。很多投资者在电脑屏幕前玩着少则百万元、多则数亿元的金钱游戏，可能短时间内暴富，也可能很快一无所有。此外，媒体政治和现实的虚拟化也制造着危险，对此本章第六节将作详细阐述。

二 信息技术资本主义的"时空技术"及其风险

笔者曾经在第三章第四节阐释了20世纪中叶以前的资本主义对时空的重构及其对风险社会的塑造。20世纪中叶以后的资本主义作为信息技术资本主义，它对于时空的重构更全面、更深入了，它带来的风险也加深了。本节对此做出进一步阐述。

（一）流动空间

信息技术把全球的生产和生活空间通过网络链接起来，网络节点之间可以迅捷地交换信息，各种要素随着节点之间的通讯联系串联起来，这就是流动空间。

流动空间的组织结构是由电子通讯、电脑处理、广播系统以及信息高速公路构成的通信网络，这个网络可以循环往复，内部各个环节可以即时交流。在这个网络中，"没有任何地方是自在自存的，任何位置都是由网络中的流动交换界定的"[①]。原本有自身特色的地域并未消失，而是按照流动网络的结构重新定位其意义和价值。流动空间定义了新的空间观念，就像工业时代的铁路重新定义了经济区间和市场。

流动空间的流动位置由节点（node）、核心（hub）及其地位的变换构成。整个流动空间的基本单元由节点和交换点构成，交换点自身也是一

[①] [美]曼纽尔·卡斯特：《网络社会的崛起》，前引书，第506页。

个特殊的节点，就像商品交换中的货币也是一种特殊的商品一样。有一些节点承担了核心的功能，它们打通了整个网络，没有它们整个网络不能流动，这些节点是核心。不过节点和核心的关系也是变化的。随着通讯内容的变化，有些核心会变成普通的节点，有些节点会变成核心。总体上，各个节点之间既是间断的又是连续的。间断是暂时的，连续是持久的。比如我们的邮箱里总是有陌生来信，就是说，我们必然会被"链接"上某个节点。

流动空间遵循流动逻辑，其实质是情感交流或者信息交换，而后者占据了网络通讯节点的绝大部分。信息交换的主流又是利益的交换，比如在网上买一件衣服，或者在线看一部高清大片。网络通讯在经济领域服务于资本的生产逻辑，在文化领域服务于娱乐消费。

流动空间最真实的写照是卡斯特所谓的"电子通勤者"，它创造了跨区域甚至跨国工作的条件，人们在家里可以乘坐"电子通勤车"上班。"电子通勤车"使得员工的工作时间极端灵活，因为员工经常需要就重大事件面陈主管，这需要员工有更加灵活机动的物理移动能力。于是在大城市和重要商业区，对小轿车的需求大量增加了，在上班点卯的集中时间，必然出现交通拥堵。

（二）自决时间

流动空间创造了机动的瞬时节点，人们比过去拥有了安排时间的更大自由度，笔者提出"自决时间"的概念来阐明这个问题。为了理解自决时间及其给时代带来的变化，笔者又引入"时间技术"概念来阐释其中的变化线索。这个变化线索即是"自然时间——社会时间——信息时代的时间（自决时间）"的演变序列。

上文提及资本主义的时间谋划，这只是时间技术发展的一个高潮。"时间技术"有更早的起源，它泛指人类重新解释自然时间，并由此计算时间和控制时间的各种方法。自然时间依照各种自然事物定位，比如早期人们只能看着太阳的升起和落下"盘算着时间"。时间技术则打破了人对时间的"自然依赖"，使之转化为"社会依赖"，时间由此成为社会控制的手段。借助"沙漏"，人们开始精确地测量时间，把时间"据为己有"。到18世纪的钟表出现时，人们可以把时间精确到秒——时刻。这达到了人对时间的"社会依赖"，即人们不再是根据"自然节奏"和人自身的生理规律安排时间，而是按照现代资本和技术的发展逻辑安排时间。以前人们日出而作、日落而息，现在人们必须"朝九晚五"。前者至多精确到"时辰"；后者精确到了"秒"。早期人们和时间的距离是遥远的，那时候的"钟表"在天上（人们根据太阳和月亮活动的规律把握季节变化）。到了机器时代，人和时间的距离拉近了，钟表就挂在家里或戴在手腕上，随时看到，时间也就随时控制着人。这个过程实际上也可以说是"社会时间"（钟表）取代了"自然时间"（"天时"）。自然时间是时空不分的状态，时间要在空间中定位，比如人们根据太阳投射到物体上的影子的变化来估算时间；社会时间的要诀，是时间从空间中分离出来，从而可以被单独计算，比如人们只需看一下手表就知道准确时间了。近代科学的时间观也许为社会时间的建立创造了某种知识前提：经典力学的时间是不同于三维空间的一维存在，是绝对独立的实体。笔者前文曾经述及资本主义的"时空技术"，它是以这种自然时间到社会时间的转变为前提的。这也是因为时间首先独立了，然后才能被社会所规划。

到了当今信息时代，时间技术发展到了移动通讯和网络化的阶段。信息化的网络体系创造了属于自己的时态：过去的资料可以保存在硬盘里在将来查阅；现在的工作没有做完，可以带到家里以后再做；工作地点也不必固定在某个地方，随时随地都可以从事商业活动。这种时间是"自决时间"，即个人可以相当自由地安排自己的日程。工业时代，时间是集中的、精确化的，是单维度的强制，具体表现为"社会节奏"的秩序化和规律化。正如卡斯特指出："现代性是时钟时间（clock time）对空间和社会的支配。"[1] 而信息时代的时间序列却是分散的、随机的、片段化的，是多维度的。时间分散在流动的网络空间中，成为空间的一个维度。这是消融在空间中的时间。这个过程正好和近现代物理学时间观的转变进程相一致。近代牛顿力学的时间是一维的，空间是三维的；而当代爱因斯坦相对论空间是四维的，时间被合并到空间中，成为其中的一维。

从自然时间到自决时间，时间和空间的关系走过了一个"否定之否定"的过程：自然时间中时空一体；后来出现了社会时间，即时空分离的状态——时间从空间中独立出来；现在，时间又和空间结合在了一起。

---

[1] ［美］曼纽尔·卡斯特：《网络社会的崛起》，前引书，第529页。

不过，正如辩证法的"否定之否定"规律所表明的那样，事情并非简单地回到原点。自决时间不同于自然时间。人很难精确地掌握和控制自然时间，但是到了自决时间，社会已经获得了掌控时间的丰富经验，自决时间高度地实现了对时间的精确化把握。不夸张地说，这种精确化是前所未有的，它把三个优点集中在了一起：既精确到了某个时刻，也精确到了某个地点，而且时刻和地点都是灵活机动的。所谓的"自决"正是体现在第三个优点上面。"在线交流"和手机就是这三个优点的集合体，后者更是把三个优点的结合发挥到了极致。信息时代的手机颠覆了工业时代的手表：手机是移动的"办公室"和生活空间，不仅能"随时"知道时间，而且能"随时"约谈工作、做生意，和亲朋好友聚会，保证了"随叫随到"。手机不仅是"移动的时间"，也是"移动的空间"，手机的GPS定位功能可以"随时"追踪到人的位置。至此，手表的功能完全被合并到了手机之中。曾几何时，大街小巷的上班族都戴着手表；现在，人们都摘下了手表换上了手机。因此可以说，信息时代的时间，创造了一种能在瞬间"缔造"全球生存格局的文化，时间原有的单向性、顺序性"碎片化"，从而任何时候都能适应分散的网络人群之多样化的、即时性的生存和生活需要。这一次，不是人们必须适应自然时间，而是自决时间要适应人们的各种需要。

（三）"自动的机器"：信息时代的时空技术之风险

信息技术资本主义为自己创造了随时随地增长利润的时空条件。在资本的生产和竞争逻辑的笼罩下，资本的时空延伸和个人的时空压缩在当今时代发展到新的水平，资本主义的时空技术带来了更深的社会风险。

第一，流动空间展现出资本和风险的深度关联。信息技术资本主义创造了一个随时随地工作和生活的条件，创造了一个全球性的流动空间。整个社会围绕流动的逻辑建构，流动空间逐渐支配了社会的经济、政治和文化生活的各个领域。卡斯特说："流动的权力优先于权力的流动。……全球资本网络的移动和多变的逻辑从根本上决定了经济，影响了社会。"① 美国学者凯尔纳在评述鲍德里亚时也指出："在他的许多作品中，世界似乎没有任何界限，一切事物都处在一种令人目眩的流动之中，……甚至资

---

① ［美］曼纽尔·卡斯特：《网络社会的崛起》，前引书，第570、574页。

本主义社会本身,都内爆为一种毫无差别的幻象流。"① 正如第三章第四节阐明的,本来资本的空间控制就带来风险。而在流动空间里,人们所面临的各种不确定性的困扰更加严重了。"流动"带来各种变数,把不断变化的可能性带到人们面前。在流动空间里,人们不仅要适应不断变化的生存条件,而且依据过去经验预测未来的能力大大削弱了。人们在不断适应流动时空的过程中,不自觉地把流动本身合法化为生存前提,"流动"甚至成为一种意识形态。现今人们的工作条件离不开信息网络,它瞬息万变,人们经常被要求在短时间内做出决策,这些决策不能深思熟虑,非常容易出差错。

第二,自决时间把人变成了自动的"机器"。表面看来,自决时间留给人们更多"业余时间",但是这不一定是"自由时间"。当自决时间成为资本主义贯彻其生产逻辑的更有利条件,人的存在更加片面化和单向化。自决时间成为否定人的存在和发展的条件,这突出了它的风险。人们自己决定未来的时间安排,但这却不是在实现自己的全面发展,而是按照资本的生产逻辑不断塑造自己,以便有更高"薪水"。自决时间没有增加自由时间,反而变成了灵活机动的"工作时间",它实际上把本来固定的工作时间和地点分散化了,以适应流动空间。过去人们尚可以在工作时间之外享受自由,现在工作时间和业余时间的界限模糊了,大量的业余时间都变成了工作时间。马克思的时代,人被机器束缚在工厂中,人在家里尚有不工作的自由。但是在信息时代,机器无处不在地束缚着人。工作不仅可以在"单位"进行,而且还可以带到家里。现在有很多公司,给员工布置一个工作任务,要求按某个时间完成,员工可以自己选择工作时间和地点,只是按时交差就行了。他们不得不在自家电脑旁,整日面对屏幕敲打着键盘,保持网络在线,随时听候主管的吩咐,甚至有时连周末休息的时间也要牺牲才能完成工作。这

---

① 参见[美]道格拉斯·凯尔纳、斯蒂文·贝斯特:《后现代理论:批判性的质疑》,前引书,第157页。"内爆"(implosion)是麦克卢汉和鲍德里亚先后使用的概念。西方工业社会不仅通过科学技术和资本等力量对外扩张,即"向外爆破";而且在社会内部,信息科技等力量也在扩张自己的势力,在时空上创造属于自己的存在条件。这导致工业社会内部各种社会界限的消失,比如影像和真实之间界限的消失。这就好比炸弹爆破打破了事物间原有的界限一样,因此把这个现象叫作"内爆"。

是看不见的"血汗工厂",不固定在某个车间,而是可以在很多地方;不再是简单重复的体力劳动,而是繁重的脑力劳动。颈椎病、白细胞增多甚至抑郁症,伴随着这些年轻白领。技术资本主义发展到信息时代,获得了更加灵活的利润增殖方式和积累办法。正如微软把它的利润空间,延伸到了世界上每一台电脑中;电脑所到之处,就是它的利润增长之处。因此可以说,信息时代不仅没有根本改变工业时代"人是机器"的局面,而且相反的是,人变成了"自动的机器"。

卡斯特也发现,当前资本主义的劳动时间是"弹性时间"[①]——资本对劳动时间的弹性管理。依笔者体会,借用经济数学的"弹性"概念,时间弹性可以用劳动时间的变化速度和流动空间的变化速度的商来衡量,即时间弹性等于"时间变动的百分比/空间变动的百分比"。尽管当今技术资本主义的时间计算可能不是像过去那么"精确"了,但确实是更加"精明"了,是对劳动更加"经济"的管理。因此也不难理解当今技术资本主义的一个悖论:人们有了更多的自决时间,却并不感到自由。

总之,信息技术资本主义发展了第三章所述的时空技术,也加剧了人的风险生存。人们身处一个流动的社会,一切变得陌生起来,过了今天不知道明天会怎样。不确定性"缠绕"着疲于奔命的人们。资本的全球流动驱迫着人们不断奔赴陌生的工作和生活环境,人们"拿青春赌明天",熟悉的生存环境不断被置换为陌生的生存条件,伴随风险存在的风险意识更加强烈。信息时代的人拥有"自决时间",这只是进一步压榨了人的生存空间。人自内向外把自己最大限度地"奉献"出去,而不是自外而内充实自己。生命的透支反而成为生命的意义。一切与利润生产无关的时空资源被视为多余,更多的自由时间被强行征用。当今时空技术深度解构了原有的历史传统,把人们自己的独立空间压缩到最小。人变成一个孤零零的个体,以个体为单位面对强势的技术—资本。贝克于是认为,当今风险社会是不断趋向个体化的:"它们瓦解了历史延续性的经验;结果人们丧失了他们传统的支持网络,不得不依赖于自身和他们自己的个体(劳动市场)命运,即那些风险、机会和矛盾。"[②]

[①] [美]曼纽尔·卡斯特:《网络社会的崛起》,前引书,第534页。
[②] [德]乌尔里希·贝克:《风险社会》,前引书,第112页。

第四节 技术和资本的矛盾与风险社会

技术与资本的结合既可能相互促进，也可能存在矛盾冲突。当代技术的自主性发展，也会产生一些与资本难以化解的矛盾。企业往往只"盯住"能带来利润增长的技术项目，国家也选择能带来经济增长和综合国力提高的技术项目。技术专家感兴趣的项目不一定得到企业支持。

具体来说，技术和资本的矛盾表现在以下几个方面。第一，技术创新的长期性与资本的短视之间存在矛盾。技术创新不是一蹴而就的，往往经过长期的研发过程。资本家却要高效率地实现利润增殖，往往力求短期内就能获得技术成果。二者存在矛盾。当今知识发展从"学院科学"走向"后学院科学"。学院科学在很大程度上是以好奇心和科研兴趣作为驱动力，"为科学而科学"，知识的积累因此是长期的。后学院科学在这种知识积累的基础上，追求知识的全面现实化，并满足各方的利益诉求。它是功利的、追求时效的，研究团队像走马灯一样不断轮替。

第二，技术研发的知识导向与资本生产的市场导向之间存在矛盾。技术研发往往要解决一些知识难题，而且经常与研究人员的个人兴趣有关，其产品不一定被市场接受或者受青睐，而企业只需要有市场前景的技术成果。

第三，技术专家与资本家就同样的技术项目往往存在认知差距和歧义。现实中技术和资本结合的一般模式是，科技专家和资本家合作成立公司，资本家以自己的资本入股，专利持有者主要以专利权参股，共同经营和管理企业。这样做的结果是，技术专家实际上只懂技术，缺乏管理经验，却需要承担一定的管理任务；资本家只懂管理和市场，却需要对技术项目做规划。投资方往往不懂一项技术的真正价值和内容，又需要做出决定：是否对这项技术进行投入，投入多少等。这对于资方来说是很难的。当然，也有一些具有管理才能的技术人才和懂技术的管理人才，他们将会获得很大成功。

当前来看，在技术和资本的矛盾冲突中，技术一方占有更大优势。企业如果不能跟上技术创新的步伐，不能成功转化新技术，就难以实现可持续发展，在新时期激烈的技术竞赛中败北。技术资本主义发展到今天的技术密集型阶段，技术的自主力量更加强大。不过需要指出，这并不意味着资本的运行逻辑不再起作用了。恰恰相反，技术要努力实现自己和资本的内在合一。技术资本主义蓬勃发展的时代，必然会不断涌现出更多卓越的"技术资本家"。

技术与资本的矛盾与风险的关联具有两面性：这种矛盾既可能制造了一些风险，也可能蕴含着风险化解的可能。一方面，因为技术研发的长期性和资本的短视之间存在矛盾，技术和资本经常达成妥协以解决这个矛盾，技术"成果"往往匆忙出炉，只重视数量和效益，忽视能经得住时间检验的质量问题，导致技术产品的风险丛生。在资本推动下，技术项目匆匆走向市场，其风险往往被淡化处理。齐曼指出，在后学院科学时期，没有多少科学家向公众指明技术产品存在的风险。齐曼以英国为例说："越来越多的研究人员都是拿的短期合同而非长期合同。对于这些随时可能被替换的人来说，闭上眼睛保持沉默是一种明智的选择。而那些揭发研究中黑色内幕的人无论是在美国还是在英国都是不受欢迎的，……推动和加强创新确实会增加风险的比率。"[①] 此外，一些技术专家会向市场妥协以维持研发的经费投入。比如为了使猪肉好卖，技术人员添加瘦肉精和一些好看的色素，于是出现了所谓的"健美猪"。"健美猪"赢得市场的同时，也带来了极大的食品安全隐患。

另一方面，技术专家负责任的忠告和建议有时可以克服资本的某些缺陷，化解资本生产的风险。资本主义取得了重要的发展成就，但也有其固有的缺陷，社会发展会超越这个阶段，资本主义不是永恒的，历史不会终结于此。尽管现在资本主义把信息技术融合在自身之内，使资本主义获得了一些新的发展空间，但是技术资本主义也不能改变资本主义被超越的历史命运。其中的一个重要原因正在于技术和资本之间也存在深刻矛盾。虽然资本主义并非永恒，但是技术却将永远伴随人类文明的进程。人们不可能脱离技术建设未来。技术和资本的矛盾暗含着技术和资本脱钩的可能，届时技术对人的存在的积极一面可以被调动出来，有助于风险的化解。按照马克思，科学技术作为一种手段，既可以服务于资本主义制度，也可以

[①] ［英］芭芭拉·亚当等编著：《风险社会及其超越：社会理论的关键议题》，前引书，第110页。

服务于社会主义制度。因此社会主义可以继承资本主义的技术条件,实现人的全面而自由的发展。技术在资本主义条件下发生了颠倒,即资本使本来对人的全面发展具有积极意义的技术变成了人的压迫的条件。共产主义则把这种颠倒再颠倒过来,把技术在资本条件下造成的压迫重新变成人的解放的物质条件,这就恢复了技术本来具有的积极价值。安德鲁·芬伯格把马克思的这一思想理解为"手段的两重性":社会主义继承资本主义的技术手段的遗产,使之改变目的,即使之为实现"工场中的民主利益"服务,而不再服务于资本主义的全面控制。① 芬伯格提出:"在社会主义条件下工人掌管技术,可以改变技术的本质,"从而使"继承下来的手段用于新的目标的过程中也控制着长期的再生产"。② 由此可以说,技术和资本的矛盾为风险治理提供了启示,风险治理需要超越私有化逻辑,吸收广大民众的民主参与和监督,建立广泛的对话和协商机制。对此问题笔者将在第六章详述。

第五节 科学对风险的建构

以上笔者阐述了技术和资本的关系以及技术资本主义的发展历程,特别是当代信息技术资本主义的发展特征及其风险。那么科学在技术资本主义发展过程中又扮演什么角色呢?科学对于风险社会的影响又如何?科学对于风险社会的发展具有双重作用。一方面,科学是人们应对风险的重要知识基础;另一方面,科学或者是被动或者是主动地,以专家系统和权威解释的方式制造了很多合法化的风险,为风险社会的发展提供了某种知识动力。

科学融入技术资本主义的发展过程,主要体现为科学的技术化和资本对科学的利用。科学和技术本来是两条相对独立的发展路线,自近代两条路线才开始合拢。技术史的研究表明:"到17世纪中叶,许多人已经清楚地看出,科学和实用工程技术之间的合作是构成技术进步的必要基

---

① [美]安德鲁·芬伯格:《技术批判理论》,前引书,第62—63页。
② 同上。

础。"① 经过三次科技革命之后，特别是以电气化为标志的第二次科技革命之后，科学和技术融合的速度加快了，在接下来的两个世纪取得了巨大成果。

在此过程中，资本把技术化的科学作为财富创造的手段，使其成为资本主义发展的重要基础。马克思说："随着大工业的发展，现实财富的创造较少地取决于劳动时间和已耗费的劳动量，较多地取决于在劳动时间内所运用的作用物的力量，……取决于科学的一般水平和技术进步，或者说取决于这种科学在生产上的应用。"② 另一方面，技术化科学也是逐利的，也要求与资本体系进行密切合作。卡斯特指出："这是历史上的第一次，人类的心智成为一种直接的生产力，而不仅是生产体系中的决定性元素。"③ 齐曼也看到："后学院科学处于为金钱增值的压力之下。……更普遍的是，科学被强制征用为国家研发系统的驱动力，被强制征用为整个经济创造财富的技性科学发动机。"④ 如果科学只是象牙塔里的知识游戏，就像早期的科学探索那样，那么科学给社会带来的风险是可以忽略不计的。然而现在科学已经深刻地融入社会，那么科学给社会带来的风险就必须认真对待了。

一　科学本身的风险

科学的风险首先来自于自身。科学是一项充满不确定性的事业，在这些不确定性之中也包含着很多对人不利的可能性。第一，科学本身存在诸多风险。科学是一项探索活动，它会进入未知的领域，开辟出新的可能性，这将打破自然自身的原有平衡，也给人与自然的关系带来不确定性；科学也是创造活动，它创造出人化自然。比如 DNA 重组，它改变了数千年来在自然和人身上业已形成的基因结构，这种改变本身将会带来种种不确定的影响；科学还致力于预测未来，这种预测往往基于有限的已有经验。正如"休谟难题"所显示的，从过去经验延伸到未来的因果关系只是"习惯性联想"，不是必然推理。人们按照科学预测去行动，难免遭遇

---

① ［英］查尔斯·辛格等主编：《技术史》第 4 卷：工业革命，前引书，第 101 页。
② 《马克思恩格斯文集》第 8 卷，人民出版社 2009 年版，第 195 页。
③ ［美］曼纽尔·卡斯特：《网络社会的崛起》，前引书，第 37 页。
④ ［英］约翰·齐曼：《真科学》，曾国屏等译，上海科技教育出版社 2008 年版，第 88 页。

"不测"。

第二，科学方法的运用包含风险。科学家通过观察和实验得到科学事实，实验本身就是探索性的，它经常允许大胆的猜测和假设进入科学事实中。美国学者波拉克说："'实验'这个术语就暗含不确定性，要不然如果实验的结果是确定的，那为什么还要做实验呢？实验的目标是了解一个系统的新东西、未知的东西或者所知甚少的东西。"[①] 在实验室中得到的"科学事实"实际上有很大的不完备性，有赖于在实际中做长期的检验修正。实验创造出全新的事物和联系，人们在尝试这些新事物的过程中就会遭遇风险。

第三，科学理论运用于实践，也是有风险的。一者，科学理论的运用包含多种可能，知识的现实作用是多变的。核能的发现，既可以用来发电，也可以制造出核武器。核电站的运行，除了带来放射性危害，还有核泄漏的风险；核战争对全人类的威胁也是长期存在的；二者，科学作为高度抽象的研究，它经常会"简化"事实，由此得出的理论却作为普遍性的知识指导实践。有时候，可能就是这些被简化掉的事实在实践中会影响理论的运用，带来始料未及的后果。我们可以借助"天气预报"的例子说明：天气预报得到的是一个科学的"气候"表述，但是我们实际上遭遇的是"天气"。气候是科学家根据长期天气状况测出的平均值，它忽略了现实中很多具体的天气变化。天气预报说"今天是晴天"，然而实际上下午会下点雨。[②] 一种科学理论不可能解决了相关的所有问题才运用于实践，科学理论总是作为相对真理进入实践。相对性的理论运用于一个普遍的实际领域，其中蕴含风险；三者，科学作为新知识运用于自然和社会各个领域，对于自然和社会来说科学是新的异己物，科学与自然和社会的相互作用，会打破各种既有关系和稳定结构，给人们带来不确定的影响，由此产生风险。

第四，尽管科学研究始终不能摆脱不确定性，但这不是科学发展的障碍，恰恰是科学发展的动力，倒是确定性的教条经常成为科学发展的桎

---

① [美] 亨利·N. 波拉克：《不确定的科学与不确定的世界》，李萍萍译，上海科技教育出版社2005年版，第121页。

② 同上书，第45页。

梏。波拉克指出："许多科学的成功正是由于科学家在追求知识的过程中学会了利用不确定性。"① 确实，人是理性的动物，天生具有求知欲，想知道自己现在还不知道的东西。如果人们什么都知道了，也就失去了求知的兴趣。科学正是把未知的东西立为追求目标。早期的哲学家、科学家如泰勒斯们，被称为"望天者"。当他们仰望天空，面对未知领域，激发起无穷无尽的探索欲望。当伽利略用自制望远镜看到更广袤的天空，某种贯穿一生的科学追求变得无比坚定。然而，人的理性求知活动必然涉足陌生的领域，风险内在于人的求知活动之中。科学内在的风险实际上是人的风险存在的必然延伸，也是必要延伸。不过，需要点明，如果科学中某些具有威胁性的不确定性被过度激励而运用到实践领域，那么其中的风险就会异化为巨大的危险，应该受到社会的有效控制乃至抵制。比如"克隆人"对于科学家确实是一个极具诱惑的研究课题，然而这项研究付诸实践会带来一系列灾难性的社会影响。

需要强调的是，科学在其传统时期伴随的不确定性，和与当今技术资本主义发展过程中的科学相伴随的风险，是不一样的。对于当代科学，齐曼称为"后学院科学"，拉维茨称之为"后常规科学"，埃兹柯维茨称之为"企业化科学"。它们刻画出了科学的共同特征是希望把其理论成果转化为现实的生产力，乃至带来效益。传统科学的不确定性主要是体现在研究中，并没有普遍地渗透到社会中。当今科学成为第一生产力，其蕴含的风险也对人的生存和发展带来了巨大挑战。

二 当代风险的科学建构

也就是说，在科学发展的不同时期，科学风险的影响也是不同的。"学院科学"的种种不确定性，和当代"后学院科学"时期的风险，是有很大差异的。"学院科学"的不确定性主要"封存"在学术研究中，并没有普遍地渗透到社会中，当今科学的风险则对社会发展带来了巨大挑战。个中原因，正如约纳斯所指出的：对于知识，理论与实践的"距离"已

---

① ［美］亨利·N. 波拉克：《不确定的科学与不确定的世界》，前引书，第6页。

经不存在，知识及其运用已经合一。① 科学本身的风险，在科学进入社会实践的过程中，逐渐和技术、资本、环境等因素交织在一起，技术和资本主义发展中的各种风险也渗透在科学活动中，由此形成更复杂的风险之网，科学成为塑造当代风险社会的一种重要知识力量。

风险的科学建构的前提条件是，当今风险的解释、认知和把握，对专家系统和科学知识有很强的依赖性。② 风险作为"潜在的副作用"（贝克语），是隐蔽的、不可见的，人们对风险往往有某种感觉，但是不能依靠这种感觉来应对风险。人们对于感觉往往是不信任的，更愿意求助于理性的认知和把握，于是科学和专家就被推到了风险解释的前台。贝克指出：专家通过实验和测量工具等这些"科学的感受器"，把风险变成可见的和可解释的。③ 这造成一个相反的结果，似乎风险不是在现实的世界中存在，而是只在科学家的头脑中存在："文明的危险只在科学的思维中存在，不能直接被经验到。这是些采用化学公式、生物语境和医学诊断概念的危险。当然，这样的知识建构并不能使它们减低危险性。"④ 风险解释和认知的科学依赖，使得科学难免成为建构风险的途径。具体说来，其方式主要有两种。

一种方式是肯定式的，即宣称某种风险可接受，从而使其合法化，可简称为"风险的合法化"。既然任何技术和社会发展项目都不能避免风险，那么接下来的问题是人们应该如何应对发展中的风险。专家系统的做法是将风险予以量化，即制定一个可接受的风险量度。在这个可接受值的范围之内，风险是可以承受的。贝克指出：

> 与风险分配相关，"允许的"空气、水和食物中的污染和毒物的含量的可接受水平，有一种和财富分配的效率原则类似的意义：它们允许毒物的排放，并且仅仅在那个限定的程度上视其为合法。任何限制污染的人也同时赞同污染。任何仍旧有可能发生的事物，不管它可

---

① Hans Jonas, "Toward a Philosophy of Technology", in *Technology and Values: Essential Readings*, p. 17.
② 笔者曾经在第一章第三节阐述了风险预期对于专家系统的依赖性。
③ ［德］乌尔里希·贝克：《风险社会》，前引书，第 26 页。
④ 同上书，第 59 页。

能的危害有多大，通过社会的界定都可以是"无害的"。①

　　风险量化的实质是以量的方式解释风险，使对风险的治理具有较好的可操作性。在当今人们习惯了数字化管理的时代，这也是一种惯常的应对方式。然而，这也通过制造合法化的风险隐藏了未知的风险，带来更大的风险应对的难题。正如贝克见识到的那样："在某种范围内，尚不具有技术可管理性的风险被认为——至少在科学的计算和司法的判断中——是不存在的。这些不可计量的威胁结合成一种未知的剩余风险，它成为给予所有地方所有人的工业馈赠。"② 风险量度对于风险的扩散和风险应对产生的影响，笔者将在后续章节中进一步阐明。

　　风险的科学建构的另一种方式是否定式的，即面对业已存在的风险，由于科学尚未证实风险的存在及其中的某些因果关联，于是利益相关者（有时还包括科学家自己）借助科学力量否定这些风险的存在。笔者权且名之为"风险的悬搁"。科学对于风险的预计，往往实行无罪推定：现有的事实如果不能证明某种危害的存在，或者不能证明一种物质与人们的健康损害之间存在因果关系，那么这种危害就是不存在的，这种物质对于人的健康就是无害的。

　　这样，人们通过科学面对复杂的风险世界时成了"井底之蛙"：人们只看到科学可以解释和证实的风险，而对科学不能把握的风险则视而不见。遵循科学尺度制定的风险认知的标准，实际上缩小了风险界定的范围，被科学知识排除在外的风险就不断累积起来了。贝克指出："参照科学精确性的标准，可能被判定为风险的范围被减到最小，结果科学的特许暗中在允许风险的增加。坦率地说：坚持科学分析的纯洁性导致对空气、食物、水体、土壤、植物、动物和人的污染。我们因而得出一个结论，在严格的科学实践与其助长和容忍的对生活的威胁之间，存在一种隐秘的共谋。"③

---

① ［德］乌尔里希·贝克：《风险社会》，前引书，第76页。
② 同上书，第29页。
③ 同上书，第73页。

最后，我们需要说明，虽然当代科学也已经成为技术资本主义发展的内生变量，推动着当代风险社会向纵深发展，但是当应对风险社会时，科学也是重要的智识力量。科学作为风险感受器，具有双重性：科学既建构了风险，也可以帮助我们认识风险。这里有一个案例：20世纪80年代，有人提出"氯氟碳化合物（CFCs）正在破坏臭氧层"的论断，国际化学工业以"此论断缺少严格的科学论证"为由，否认二者之间的联系；但罗兰等科学家最终证明了"CFCs引起臭氧损耗的机制"，并获得了1995年的诺贝尔化学奖。[①] 在这个案例中，科学在一开始成为否定风险的理由，但是后来通过科学家最终确认了这种风险的存在。在我们的日常生活中，我们还没有找到比科学更可靠的力量来对付各种不确定性，尽管科学也带来各种不确定性。科学的重要功能之一是做出预测，尽管会出现偏差，但科学仍然会指导人们行动。天气预报虽然经常不准，然而我们的日常生活还是少不了天气预报。人的风险生存，在科学这里得到深刻体现。那么我们应如何化解这种科学式的风险生存呢？这需要专家系统结合普通民众的风险感知，用系统方法跟踪和应对风险。对此我们将在第六章阐述。

第六节 技术资本主义与风险社会的发展

技术、科学和资本造成的各种风险在技术资本主义体系中逐渐汇合在一起，形成了推动风险社会发展的合力。

一 经济风险

技术资本主义首先在经济领域推动了风险社会的发展。

第一，技术资本主义改变了人类消费能源的方式，它现有的能源消费方式给人类发展带来越来越大的危机。首要的是能源危机，这在技术资本主义发展初期就开始孕育，发展到今天使当代经济有不可持续的危险。我们可以从第一次工业革命带来的能源消费方式的转变来说明。工业革命以前，人类使用的能源主要是风力、水力等自然力，这些资源是可再生的。

---

① ［美］亨利·N. 波拉克：《不确定的科学与不确定的世界》，前引书，第15—16页。

但是工业革命之后，瓦特改良的蒸汽机成为主要生产动力，人们开始大规模使用煤炭等不可再生的能源。个中原因在于，瓦特蒸汽机极大提高了效率，这刺激了煤炭资源的大量消费。旧式的蒸汽机因为热效率太低，只能在煤矿附近使用，但是这在客观上也限制了更大范围内对煤炭资源的开采和消耗。瓦特蒸汽机由于提高了效率，使用相对较少的煤炭，它可以用在远离煤矿的地方了。蒸汽机成为可以自由移动的生产动力。过去工厂必须设在煤矿附近，现在可以相对自由地设定厂址了。这种转变正是瓦特蒸汽机带来的。从此，工厂不再局限于山谷和煤矿附近，不再局限于使用自然力和煤矿附近的煤炭，而是以大量地消耗全国的煤炭为主。瓦特蒸汽机以减少单台蒸汽机消耗的资源量的方式，刺激了对资源的更大消费。如今，随着技术资本主义的进一步发展，人类使用的不可再生能源的种类和数量都在不断扩大，全球能源危机不断加深。

另一方面，技术资本主义消耗能源的方式同时带来了自然环境的破坏，加深了生态危机。对不可再生能源的开采破坏了土壤的自然结构，污染了水源，引发水土流失，海上钻井平台的漏油事故污染了海洋的生态环境；能源的大量消耗释放大量的温室气体，导致地球暖化，气候异常；工业废水大量排入地层和河流，饮用水被污染。能源危机和环境破坏极大地威胁着人们的生存，成为当今风险社会一大难题。

技术资本主义对这些问题当然不可能视而不见，提出了"环保"和"生态文明"的发展思路来矫正。然而，"环保的"资本主义只要不改变"以最高效率谋求利润最大化"的生产逻辑，这种环保策略不仅是难以奏效的，而且"环保问题"还会被改造成新的利润增长点。技术资本主义必须回应对其发展模式的质疑，并占领这一领域的话语阵地，因此宣称它的发展是"重视环保"的，并且积极地发展和改进各种环保技术。然后，技术资本主义通过向国内和发展中国家推销这些技术，把它造成的各种环境问题变成了新的利润增殖的动因。这样，原有的风险不是缓解了，而是以更加隐蔽的方式继续扩散。我们由此想到了一个典型的案例，是当前在全球刚刚兴起的"二氧化碳排放权"交易，简称"碳交易"。据报道：为了减少全球温室气体的排放，经过各国艰难谈判并于1997年通过的《京都议定书》规定，主要工业国必须在2008年至2012年间，将二氧化碳等温室气体排放量在1990年的基础上减少5.2%。① 然而又考虑到指标完成的难度，规定难以完成减排任务的国家或企业，可以向超额完成任务的国家或企业购买"超出"的减排额度。有效的减排可以获得额外的收益，超额排放则需付出经济代价。这样，碳排放量商品化了。为了便于各国交易碳排放量，全球性的碳排放交易市场也建立起来了，而且这个市场现在越来越大。日本等国甚至在世界各地大量购买和销售碳排放权，赚取差价，获得了巨大的经济收入。从中可以看出，碳排放权交易的实质是通过市场机制来促进温室气体的减排，其结果是把环保本身变成了收益的手段。有些国家为了经济发展会继续增加碳排放量，只不过付出一定的经济代价。② 于是在一些国家减排的同时，在另外一些国家会继续增排，全球的碳排放总量不会减少。因此，碳交易不能改变日益严峻的温室效应和大气污染。

第二，技术资本主义经济的一个重要特征表现为虚拟经济，这创造了一个经济生活的虚拟空间。人们进入这样一个空间，面对着极大的不确定性困扰，内中包含巨大风险。当今技术资本主义的投资方式是以高新技术为内容的"风险投资"（Venture Capital）。高新技术追求产业化，需要快速融资和投入生产，其融资方式主要是风险投资。有作者分析其中的原因指出：

> 高新技术企业在创建初期，企业既无良好的财务状况，也无足够的固定资产作抵押。风险系数又非常大，上市筹资是不可能的，向银

---

① 参见《京都议定书》，http://baike.baidu.com/view/41423.htm，2012年5月16日。
② 碳交易是发达资本主义国家制造的新的、不平等的国际经济秩序。按照全球碳排放的日程表，发展中国家迟早也要按照其种硬性指标减排。发达国家已向大气中排放了200多年的二氧化碳，是地球暖化的主要责任人。当他们现在可以放缓经济发展的步伐并减少碳排放量的时候，发展中国家却处在经济发展的黄金时期，不得不增加碳排放。于是，按照日程表，发展中国家到时就不得不向发达国家购买碳排放权。然而，发展中国家的碳排放不过才经历50年左右，这对于发展中国家来说是很不公平的。罗杰·卡斯帕森夫妇也提出过，工业化国家应该对目前的温室气体排放总量负绝大部分责任，而且在可预见的将来，工业化国家的温室气体人均排放量可能还会高于发展中国家；Agarwal 和 Narain 则一针见血地指出，目前的碳交易制度实际上是用"创造性的碳计量游戏"来"帮助工业化国家逃避义务"的最便宜有效的手段。参见罗杰·卡斯帕森等《气候变化、脆弱性与社会正义》，童蕴芝译。见[美]珍妮·卡斯帕森等编著：《风险的社会视野》（上），中国劳动社会保障出版社2010年版，第302—303页。

行信贷也不现实，仅凭高新技术企业自筹资金根本解决不了对资金的需求。因此，传统的信贷方式难以解决高新技术企业的特殊融资问题，它需要风险投资的资本进入，而风险投资恰好具有向高潜质的高新技术企业进行投资的冲动。因此，在高新技术产业化的过程中，技术在寻找优良的风险资本，资本也在寻找高潜质的技术。①

首先需要指明，"风险投资"定义的风险概念是有问题的。高新技术企业定义的风险是"利润不能实现"或者"成本不能收回"，这个风险概念是基于利润最大化做出的"成本—收益"分析。而人们实际面对的风险要比这个概念广泛得多，它还包含对人民生命健康的损害和长久的环境危害等内容。风险概念在企业的发展战略中被狭义化了，使得一些具有很高社会风险的发展项目避过了政府和群众的监督而大行其道。正如美国学者维克多·沃里斯所总结的那样：资本主义存在"技术进步和社会进步之间的矛盾"②。

此外，考虑当今高新技术发展的特点，这种投资方式包含的风险也是多方面的。高新技术创新的难度高，研发周期长，投资者有时候急于收回成本和获得收益，会对技术专家提出时效性问题。这样技术专家可能会降低质量标准，把一些不成熟的成果和产品匆忙推介出来。一些急于上马的技术项目可能会半途而废，废弃厂房和设备堆放在广袤的田野上，浪费土地（其中包含宝贵的耕地），危害自然环境。同时，高新技术发展的特点是知识密集和跨学科的，也就是说它涉及的领域非常广，这样由它造成的风险波及的范围也很大。

第三，信息技术资本主义时代，生产性投资锐减，金融投机高涨，世界经济陷入结构性的不稳定状态。传统生产领域和服务业的利润远远低于当前流通领域，同时由于全球货币市场空前发达，"世界储蓄里越来越大的部分转移到金融赌博中"③。这导致的结果是，一方面，产业资本纷纷转入金融领域；另一方面，生产性企业不关心自身的经营，急于上市融

---

① 许长新、宋敏：《风险投资中资本与技术的博弈》，《财经研究》2003年第11期。
② 徐洋：《资本主义技术与社会主义技术》，《国外理论动态》2001年第6期。
③ [美] 曼纽尔·卡斯特：《网络社会的崛起》，前引书，第533页。

资，以便在"金融赌场"中占据一个有利位置。卡斯特警告说："电子管理的全球资本市场对时间的消除和操纵，乃是新式毁灭性经济危机的根源，并步步进逼直到21世纪。"① 卡斯特说这个话的时候，始于2008年的美国金融危机还没有爆发，但是卡斯特已经预见到了这种可能。

第四，在信息爆炸的时代，信息的不完全和不对称会导致"逆向选择"。当今时代，个人对于影响自己日常生活和工作的信息难以掌握完备；信息爆炸也增加了信息选择和甄别的难度；在人们之间的信息不对称也普遍存在。在商品经济的买卖双方，这种信息不完全和不对称会导致"逆向选择"。逆向选择首先是经济学中的专业术语，用日常术语来说是"逆淘汰"。正常的淘汰机制是好东西淘汰坏东西，而逆淘汰是坏东西淘汰好东西。传统经济学遵循完全信息的假定，认为商品市场中买卖双方是知己知彼的，即信息是完备和对称的，因此能够进行对等的价格谈判。高价会降低需求，提高供给；低价则相反。物美价廉的商品一定能卖出，以次充好的商品注定被淘汰。消费者能在市场上买到物美价廉的商品，生产者能以合适的价格卖出高质量的商品。这是良品驱逐劣质品的过程，资源能够得到合理配置。

然而，传统经济学的这个假定在当今信息爆炸的时代成了问题。由于买卖双方的信息不对称，商家为了追逐最大利润会拼命投机，以次充好，买家不明就里会购买这些商品，导致假冒伪劣商品在市场上大行其道，优质品必须不断降价才能与之竞争。然而优质品生产企业降价到一定程度难以收回成本，那么或者停产或者也生产假冒伪劣商品，这样，在市场上流行的是假冒伪劣商品。这个过程不是优胜劣汰，而是劣胜优汰，是次品驱逐良品，假货驱逐真货和好货。这就是逆向选择。② 一个典型例子是上文提到的"添加瘦肉精"。起初，很多消费者不了解瘦肉精，只有养猪户和卖家知道。卖家从养猪户那里收猪，希望养猪户提供瘦肉多、肌肉健硕的猪，他们叫"健美猪"。这是因为这样的猪好卖。虽然会有一些养猪户不

---

① [美]曼纽尔·卡斯特：《网络社会的崛起》，前引书，第534页。
② 美国学者、诺贝尔经济学奖得主阿克洛夫是这个理论的主要奠基者，他用二手车交易市场模型说明了这个理论。相关研究参见 George A. Akerlof, "The Market for 'Lemons': Quality Uncertainty and the Market Mechanism", *The Quarterly Journal of Economics*, Vol. 84, No. 3. (Aug., 1970), pp. 488 – 500.

愿意过多添加瘦肉精,但是他们的猪肥肉多,不好卖。于是他们最终也过量添加瘦肉精。"健美猪"逐渐淘汰了没有瘦肉精的猪,并充斥了市场。

"逆向选择"的深层原因来自于技术和资本的合谋。当今高新科技发展的一个重要特点是普通群众对科技知识和产品很不了解,在专家系统和群众之间存在严重的信息不对称。专家系统在研发阶段都依托资本,研发成功以后服务于企业谋利的需要,这种专家和群众之间的信息不对称会被资本用来投机取巧。甚至专家系统会主动地隐瞒一些重要的危害信息,以便于谋利。比如在瘦肉精的案例中,发明者知道瘦肉精的危害,但是隐瞒了这些危害。当他们把成吨的瘦肉精卖给养殖户,并点着大把钞票的时候,他们早已将"无知群众"的身体健康置之脑后了。

总之,以虚拟经济为核心的技术资本主义的发展,加剧了风险向危险的转化,是人们进入风险社会的一个重要原因。

二 政治风险

技术资本主义在发展早期曾经确立了民族—国家的权力话语,它以"总资本家"的身份扩张资本势力。然而当技术资本主义发展到当今信息时代,情况发生了很大逆转,民族—国家的政治体系逐渐被削弱。互联网等媒体技术的快速发展不仅给资本主义世界,也给全球的国家政府带来挑战。媒体政治和网络政治的出现挑战了已有权威,建构了一个政治极其不稳定的社会。

媒体政治和网络政治的积极性和消极性并存。一方面,媒体政治和网络政治扩大了民主参与的范围和力度,加强了民主监督,促进了社会治理的透明度,也解决了传统政治体系掩盖起来的很多不公正的社会问题,因此具有非常积极的一面;然而,另一方面,媒体政治和网络政治也在很大程度上扰动了民族—国家的权力体系,带来了"多数人的暴政"和"象征暴力"。

象征暴力与象征政治密切关联。互联网和新的卫星电视技术的出现,打破了国家的信息垄断。国家无法全盘控制信息的发布和传播,这种权力在很大程度上转移到了民间。拥有移动通讯设备和能够实时在线交流的民众组成了"看不见"的社会舆论,而很多被传统政治体制排除在外的社会精英在很大程度上操纵了这种舆论,他们共同向政府发难,提出五花八门的利益诉求。卡斯特把这种媒体政治叫作"象征政治"。象征政治一方面扩大了民主,使一些在传统的政治渠道中不能解决的社会问题通过网络的揭露得以解决;但另一方面,它也极大助长了"多数人的暴政"(托克维尔语)。比如"人肉搜索"侵犯隐私,"网络暴民"无事生非,造谣诽谤,混淆视听,追逐一己私利。新近出现的网络政治是"直接民主",也不可避免地沾染上直接民主的各种弊端。网络"愤青"以自己的情感宣泄代替理性审视,往往形成错误的舆论导向。当他们的数量足够多的时候,他们就形成了极具说服力的"压力集团",有时会对政治决策或者法律审判产生极大影响。

媒体和网络政治作为"象征政治",扩大了形式主义的民主,而损害了实质民主。原来的地域化选民的"声音"被全球化网民的"帖子"所遮盖,"人民和地域的结构性意义消失了"[①]。因此,象征政治也带来了布迪厄所说的"象征暴力"(violence symbolique)。这是一种新型的权力关系,统治者以无形方式控制着被统治者。网络社会的统治关系是流变的,谁是统治者,谁是被统治者,以及统治关系如何实施,取决于网络体系的流动带来的"位置"的变化。谁掌握了信息发布和传播的"制高点",谁就是统治者。网络社会不仅仅是平面化的,也是垂直的,平行和垂直相交构成"节点",节点构成网络。这是一种新型的社会坐标系,个人在这个坐标系中重新定位。危险在于,这种定位权,在很大程度上交给了私欲毫无节制的情绪化个体和"隐身"团体。因此与传统政治相比,当代技术资本主义的政治运作包含更大的风险。

第一,躁动的网民在情绪化的网络空间里宣泄,这是非理性的政治。人们上网主要是追求新鲜刺激,宣泄个人情感,甚至有时为了一己私利搞"网络炒作"。互联网把媒体新闻的娱乐性质推到了极致,网络新闻以娱乐为主。有学者指出当前新闻消费的倾向是"减少严肃新闻的比例,将名人轶事、日常事件及带煽情性、刺激性的犯罪新闻、暴力事件、花边新闻等软性内容作为新闻的重点,在报道手法上追求轰动效应,有意无意夸大其词,演绎情节,表现出追逐低级趣味的倾向"[②]。网络上的政治表达

---

① [美]曼纽尔·卡斯特:《网络社会的崛起》,前引书,第577页。
② 杜骏飞:《网络政治的问题与主义》,《当代传播》2010年第3期。

是情感主导的，它经常淹没少数网民的理智呼唤。网络"愤青"把政治和社会问题由严肃变为戏谑，由复杂变为简单，这样不是推进乃至解决问题，而是使问题探讨偏离正常轨道。网络空间里的议题经常发生激烈的争论，但是很少达成共识，讨论常常变成意气之争。只有那些罪大恶极的事件和当事人，或者极端异常和不公平的事情，才能引起网民的注意乃至形成某种共识。

第二，信息技术资本主义在很大程度上瓦解了传统的民族—国家的政治体系，刺激并诱发了众多无政府主义的组织和行为。无政府主义过去只是一种社会理论，在民族—国家的强势下没有真正实现的机会。全球互联网络似乎让它有了某种实现的可能性。有学者甚至提出"网络国家（net-state）"[①] 的概念，认为它正威胁着现有的民族—国家。在网络国家里，"网络公民"（netizen）行使主权，这是"庶民的胜利"。朱利安·保罗·阿桑奇凭借他一手创办的"维基解密"（Wikileaks），和世界上唯一的超级大国对抗，成为网民心目中的孤胆英雄。阿桑奇正是一个"老式的无政府主义者"[②]，他的最得意之作，是 2010 年 7 月把所获得的阿富汗战争情报提供给英国、德国和美国的主流媒体进行公开报道，还在其网站上公布了 9.2 万份美国军方的机密文件。据说这是自 1971 年的五角大楼泄密案后，美国军事史上最严重的情报泄密事件。

维基解密暴露了当今时代的敏感问题：信息应该是私有的还是共享的？哪些信息是应该私有的，哪些信息是可以共享的？信息公开应该有什么样的评判标准？在信息时代，抛弃人类几百年来养成的民族—国家处理问题的传统方式是否恰当？个人难道比国家更可信吗？"维基解密"确实增加了透明度。然而，更大的问题在于，"维基解密"一家独大，没有监管，它如何保证自己成为一个公正的监管者？作为一个极端信奉无政府主义的黑客，阿桑奇"相信所有的统治机构都是腐化堕落的，所有的公共声明都充满了谎言"[③]。按照这个逻辑，所有的信息渠道都是虚假的，"维基解密"是唯一值得相信的。这种无政府主义是危险的。毕竟，人类经过千年实践形成

[①] 胡泳：《信息、主权与世界的新主人》，前引书，第 114 页。
[②] 同上书，第 116 页。
[③] 同上书，第 120 页。

的政治运作方式,是我们已经获得的最成熟的政治经验,尽管它确实也存在诸多缺陷。如果把所谓民主的希望寄托在一个建立不久的网站,它来无影去无踪,信息来源未知,那么这种民主要比它所批判的民主更危险。

第三,与网络相关的犯罪活动不断加剧,各种极端主义和恐怖主义的政治势力不断向全球范围拓展生存空间。上文已经阐明,网络模糊了真实和虚拟的界限,制造了"虚拟实在"。这些虚拟实在中包含有众多不健康的内容,对于有网瘾的网民造成实际影响,乃至诱导着他们走向犯罪道路。一些网络游戏和影像制品宣扬极端暴力,沉迷其中的网民模仿其中的情节杀人越货。一些黑社会组织也借助网络向全球发展,利用国家之间的法律和制度差异钻空子,把其组织的犯罪活动延伸到别国。卡斯特曾经指出:"世界各地的犯罪活动与黑社会一样的组织,也变得全球化和信息化,它一并提供了刺激极端精神和禁忌欲望的工具,同时还有我们社会所乞求的所有形式的非法贸易,从精密武器到人体器官。"①

信息技术把整个社会撕裂为片段,把人群和生活区域分割为节点,人们在虚拟空间里日益疏离,陌生的他人总是令人不安,认同成为特别重要的意义来源。然而,以工具理性运作的全球网络不断制造对它自身的排他性认同,于是人们转而纷纷求助于某种"原始认同"(卡斯特语)与此对抗,各种宗教原教旨主义、极端种族主义和民粹主义甚嚣尘上,它们和居于网络中心的发达社会的矛盾也不断激化。卡斯特说:"信息化社会就其全球展现而论也是奥姆真理教的世界,是美国民兵、伊斯兰/基督教神权政治的野心,以及胡图族/图西族相互灭种的世界。"②

最后,信息时代可能有一个很特殊的危险是瞬时战争。信息网络以光电速度传播,战斗命令一旦发出,各方来不及反应,难以有效控制其结果。表面看来,这种瞬时战争应该带来最小化的危害,因为它似乎可以通过电脑精确地控制。其实不然,实际上这种战争的危险极大,人们没有转圜的余地。强势方没有时间思考和解决战争的遗留问题,弱势方也无法有效预知和应对战争的危害。2003年美军对伊拉克的战争正是一个典型例

---

① Manuel Castells. *The Rise of the Network Society*. Second Edition, U.S., Wiley – Blackwell: 2000, p. 2.
② [美]曼纽尔·卡斯特:《网络社会的崛起》,前引书,第4页。

子。美军很快实现了派出多国地面部队进占伊拉克的军事目标，攻占了巴格达，后来还建立了"民主政府"。然而战争的结果仍然出人意料：虐囚事件被揭开，恐怖主义泛滥，民主政府被频发的自杀式袭击事件和各种严重的治安案件弄得焦头烂额。

瞬时战争最危险的领域是核战争。海德格尔和卡斯特等人都发现，几个主要核大国的存在大大降低了全球性核战争的风险，因为这相当于大家同归于尽。但是，在信息技术条件下，这种假设忽略了那些感到自己长期受到强权压制的弱势国家和恐怖组织获得核武器的可能性。核武器研究的几个关键的技术程序早就是公开的，在网上和公开发表的论文中随处可见。只要有了关键材料和以核电站名义运行的反应堆，核武器在这些国家和组织中研发出来的可能性是很大的。当然，美国等发达国家拥有先进的全球定位系统可以对此进行监控，某种程度上缓解了这种风险。然而人们仍然不能掉以轻心，毕竟一颗核弹就可能毁灭几个城市。2011年岁末，美国和伊朗之间的战争一触即发，一个主要原因是伊朗加快了在核能方面的研究。

三　文化危机

技术资本主义不仅加剧了社会经济领域和政治领域的风险，而且也带来了深刻的文化危机。尤其在当今这个信息技术的文化氛围中，混乱无序成为常态，各种文化习俗和局域性的地理知识被重构，伦理和传统被极大地颠覆了。学校和父母花费大量时间和精力，对青少年进行苦口婆心的教育，却抵抗不住网络文化的一次次侵袭和瓦解。当今时代，既有的价值观不断被颠覆，整个社会的文化方向陷入迷失状态。因此人们面向未来失去了立足点，各种传统的应对风险的经验也逐渐失效了。面对未来的不确定性，人们更加手足无措。这是一种深刻的文化危机，也是当今风险社会在文化领域的深层体现。当前的社会文化在很大程度上被网络所塑造，我们就通过网络文化来分析这个问题。

看上去网络文化似乎是多元的、自由的、无中心的。然而问题不是这么简单，网络文化仍然遵循一种二元模式运作。这是卡斯特提出的洞见。[①] 新社会的所有信息均以一种二元模式运作：亦即在多媒体系统中信

---

① ［美］曼纽尔·卡斯特：《网络社会的崛起》，前引书，第464页。

息是"出现"还是"缺席"。唯有在这个系统中出现的信息才能实现沟通和社会化。因此可以说,通过电子媒介进行的沟通才是沟通。若要进入这个体系,就必须适应其编码和解码模式。在此过程中,外在于信息系统的宗教、权威、传统的文化价值或者意识形态的权力被不断削弱。它们不一定消失了,但是必须在信息系统中重新编码才能维持。当然,如果它们很好适应了信息技术逻辑,甚至它们还会增加威力。比如宗教借助网络更好地实现了世俗化。网络传教更快捷方便,其说服力也不会减弱。但是这些宗教信息必须在信息系统里接受重新编码,与世俗社会并存。因此,尽管信息技术革命创造了一个多维互动的世界,一切看上去更加自由和开放,但是支配系统仍然存在。支配性的权力取决于谁是这个系统的"互动者",谁是"被互动者"。① 真正的互动发生在支配性的网络节点的流动脉络中,发生在软件工程师和游戏开发者中间,他们是"互动者"。大众以"被互动者"身份参与到网络中,他们(她们)与网络节点的位置之远近决定了他们的网络资源分配;同时他们必须接受软件程式的标准化要求才能正常使用软件,互动者在网络和电脑游戏中植入价值观和人生观,在很大程度上影响了被互动者(游戏玩家)的现实生活。程序语言和电脑硬件构建了一个客观世界,人们被它所改造。信息网络就这样颠倒了主客体关系,即不是主体改造客体,而是主体被客体所改造。人还是机器的奴隶,但是与以前不同的是,人不再是机器分工的被动适应者,而是可以敲击键盘能够进行程序化操作和设计的能动创造者。人变成了"积极的奴隶"或者前文所说的"自动的机器"。雷蒙·巴格洛认为:信息网络虽然扩张了人类组织和整合的能力,但同时也颠覆了西方传统的主体概念;他讲了一个高科技环境中的梦,那是"一个头的意象……其后挂着一个电脑键盘……我就是那个程式化了的头"。② 信息技术创造了一个"客观"的程序系统,主体被它所控制。西方传统的理性能动的主体观念受到了根本动摇,自我在其中逐渐失落。这导致自我认同的危机和人的生存意义的迷失。在迷失之际,人们转而寻求上文提及的"原始认同"。在这种迷失中,人对信息技术带来的各种影响和作用缺乏反思,因为人作为被互动

---

① [美]曼纽尔·卡斯特:《网络社会的崛起》,前引书,第465页。
② 同上书,第27页。

者,被动地接受信息技术网络的改造。陌生的他者带着种种不确定性与自己发生关联,内中风险丛生。就像网络恋爱,张三和李四经过一段时间的在线交流以后,决定见面深交,那时也许会发现,对方既可能是一个理想的伴侣,也可能是一个诈骗者。

这样看来,随着技术资本主义的当代扩张,传统的文化价值不再具有说服力,信息技术和网络自身的"符码"形成了新的话语权,这些符码面向未来持续构建自身,而内在于这些符码中的价值符号则是混乱无序的,这就是文化危机。美国学者费尔邦克斯(Jason Fairbanks)称之为"全球化带来的文化不确定性"[①]。

四 赌场资本主义

技术资本主义借助信息技术向纵深发展,最终迎来了"赌场资本主义"的时代,这也是风险社会高度发展的时代。威廉·I. 罗宾逊和卡斯特等提出了"赌场资本主义"[②]的概念,刻画了当前技术资本主义的发展格局。赌场资本主义是技术资本主义发展到当今时代的产物,此时技术资本主义向全球领域扩展,谋求最快地实现利润的最大化。资本主义的生产逻辑,尤其在信息技术创造的虚拟网络环境中得到全面贯彻,这个环境包含有极大的投机成分,而且吸引越来越多的力量参与其中,很大程度上塑造着全球经济社会的格局。投机活动越来越成为主流,由此资本主义社会成为赌场。技术资本主义的"时空技术"也在信息时代登峰造极,它把人们驱赶到陌生而危险的领域和未来,当代资本主义成为一个"陌生人社会",美国法学家劳伦斯·弗里德曼对此曾有生动描述:

> 现代社会有一个简单社会几乎完全没有的特征——依赖陌生人。当我们走在大街上的时候,陌生人保护我们,如警察;或威胁我们,如罪犯。陌生人扑灭我们的火灾,陌生人教育我们的孩子,建筑我们的房子,用我们的钱投资。……当我们乘坐公共汽车、火车或飞机旅

---

① 参见马会端、陈凡:《全球化与技术:国外技术哲学研究的新趋势》,《哲学动态》2008年第5期。
② [美]威廉·I. 罗宾逊:《全球资本主义论——跨国世界中的生产、阶级与国家》,前引书,第32页。

行时，我们的生命便掌握在陌生人手中。如果我们生病住院，陌生人医治我们、护理我们。如果我们死了，陌生人将我们埋葬。①

本来赌博活动就蕴含有极大风险；人们在陌生环境里赌博，危险就更大了。很多人为了一朝暴富放手一搏，不劳而获和投机成为时髦，赌场资本主义的社会运行包含有巨大风险。

首先，赌博和投机活动是瞬间的。随着各国金融管制的逐渐解除和信息技术创造的便利条件，24 小时的实时金融交易体系在今天已经覆盖全球。卡斯特生动指出："有些资本在几个小时、几分钟甚至是几秒之内，便在不同经济体之间来回穿梭了一趟。……强大的电脑程式与熟练的金融分析师——电脑专家坐在少数经过选择之电信网络的全球节点前面，实实在在玩着几十亿元的游戏。"② 在这种投机活动中，有人可能会暴富，也有人可能突然一无所有。

其次，在瞬时交易中把握"时机"是非常重要的，时间本身成为价值创造的源泉。在全球金融市场上，交易的速度很快，投资者必须抓住"时机"，瞬时决策非常重要。卡斯特发现："有相当数量且日益增长的金融交易奠基于在当下的交易里捕捉未来的时间来制造价值，例如期货。……因此，资本不仅压缩了时间，还吸收了时间，并且依靠消化了秒钟和年月而生存（亦即产生租金）。"③ 这就是说，时间不再仅仅是价值创造的客观条件，而且它本身也在创造价值。由此信息时代在劳动力和生产资料之外，创造了一种新的预付资本：时间。人们试图操控未来，使之为自己带来财富，但是未来以种种不确定性回应人们，正如期货交易蕴含的巨大风险一样；而且时机的把握本身也会带来风险：时机本身孕育着机遇，当然也有损失的可能。

最后，赌场资本主义整体上刺激了贪婪，助长了投机。人们极端追求名利和享受，忽略内在的生命意义和价值的追求。无论人们能不能得偿所愿，都可能陷入某种精神空虚和迷惘，这对人的全面发展是不利的。需要

---

① 转引自方旭东：《生活在陌生的社会》，《百科知识》2011 年第 6 期。
② ［美］曼纽尔·卡斯特：《网络社会的崛起》，前引书，第 532 页。
③ 同上书，第 532—533 页。

指出，这种赌场资本主义的风气也开始渗透到中国。比如现在有一种"艺考热"，数以万计的高中学生都喜欢做明星，拼命想挤进录取人数少的可怜的几个艺术类院校。

总之，技术资本主义借助科学的能量，以光纤瞬时传输的速度谋求最大化的利润，从经济、政治和文化层面全方位地助推了高风险社会的到来。然而遗憾的是，在这个风险社会高度发展的时代，人们对此尚未有清醒认识。社会各个层面充斥着繁荣与自由的假象，新自由主义的意识形态甚嚣尘上。浮华背后深深埋藏着各种危机，贝克总结道："风险社会的实用主义的核心准则是极其幼稚地把以前已经启动的发展进程径直向前推进，而不考虑后果。不断加快的发展趋势、非实物性的金融流通以及数字化资本主义本身所创造的种种条件，这一切尤其会触发完全无法控制的进程和后果，招致目前确实尚不属于保险范围的种种灾难。"[1] 更加可悲的是，这样的社会却被西方一些新自由主义学者鼓吹为"历史的终点"。贝克一针见血地指出：新自由主义者依然"信奉没有危机的资本主义、没有危机的世界经济这样一种虚构的乌托邦"，鼓吹只要放任资本市场的自由则一切都会慢慢好起来，全然不顾各种发展的风险正在向全球迅速蔓延。[2]

种种迹象表明，当今风险社会正在向纵深发展，风险在不断扩散，后者正是下一章我们要研究的问题。

本章小结

近代以来，技术和资本既密切合作又有矛盾，逐渐汇合为技术资本主义的发展道路。根据技术和资本结合程度的不同，技术资本主义大体上经历了资本密集型和技术密集型的发展阶段。到了当代，以信息技术为核心的高新技术构成了技术资本主义发展的主要引擎，当代资本主义成为信息技术资本主义。

技术和资本的结合带来社会的快速发展，人类社会达到了前所未有的

---

[1] ［德］乌尔里希·贝克、威廉姆斯：《关于风险社会的对话》，前引书，第43页。
[2] 同上。

文明程度。不过，技术和资本对风险社会的塑造力量，在技术资本主义的发展进程中也融汇在一起，风险社会的两大根源逐渐合流。同时，科学也融入技术资本主义的发展体系中，并成为风险建构的重要力量。当代技术资本主义更全面地贯彻利润最大化和效率至上的生产逻辑，对全球时空进行深度重构，在社会各个领域都引发了更深层的经济风险、政治风险和文化危机，最终演变为"赌场资本主义"。当代技术资本主义由此推动着风险社会向纵深演进。

第五章　风险系统与风险扩散

技术资本主义推动了风险社会的产生和发展，风险社会本身也逐渐形成一套风险扩散机制。

第一节　风险扩散

风险扩散可以从三个方面来界定。一是指某种风险自身在时间上不断发展的过程。比如随着计算机技术的不断升级换代，"病毒"也在不断升级；二是指风险在空间上向周围环境不断渗透的过程。这表现在某些科技制成品包含有毒制剂，它在环境中长期不能降解而扩散，导致其危害蔓延。多氯联苯（PCBs）类化合物就具有极强的抗降解性，进入环境后会随着食物链长期蓄积，乃至在北极也发现多氯联苯残留。① 在工业废气中，CFC—12（二氯二氟甲烷）在大气中的存留时间达100年。② 再比如，农药进入大气和地表径流，伴随着降雨和洋流蔓延至整个地球生态圈，乃至南极也发现了"DDT"等农药残留。短时间内不能降解的农药会残留在土壤和大气中，最终进入生命体内，损害各种生物的健康；三是风险的时空扩散带来风险的异化和高阶扩展。比如某种技术产品带来风险，人们尝试化解，但这又造成次生风险。对此我们还有一个案例：当人们知道，氯氟烃类物质（CFCs）消耗臭氧，为了防止不断扩大的臭氧空洞，专家建议用氢氯氟烃类物质（HCFCs）和氢氟烃类物质（HFCs）代

---

①　[丹]波尔·哈勒莫斯主编：《疏于防范的教训：百年环境问题警世通则》，前引书，第125页。

②　同上书，第151页。

替。但是这两类物质虽然不消耗臭氧，却是很强的温室气体。① 在人们用氢氯氟烃类物质替代了氯氟烃类物质后，现在为了阻止愈演愈烈的温室效应，又不得不消减氢氯氟烃类物质的排放。②

实际上，风险概念本身已经暗示了风险的扩散："险"随着"风"向四方弥漫。此外，风险存在论和风险意识结构之间也有关联，风险的扩散也可能意味着它从客观层面扩展到人们的意识层面，引发各种社会心理反应，这些反应有很多是消极的，比如逃避或转嫁某些不利结果，于是风险随之弥漫到未来和别的区域。③ 风险的"种子"随着人群播撒。

正如哲学存在论所指出的，风险早就伴随着人的生存过程，风险扩散也不是一个今天才出现的新现象。但是当今的风险扩散呈现出过去所没有的一些新特征。

第一，现今的风险扩散非常迅速。技术力量的过快膨胀是此中的主因。当今技术不仅快速发展，而且各种技术成果很快运用到社会生产中，技术的研发与使用的时间间距大大地缩短。约纳斯尖锐地指出："现在技术力量的拥有和使用无法分开了，尽管二者的善意分离有时候是非常必要的。技术创造的技能方式在集体行为中传播，并且不会从中退出去。"④ 这种从研发到应用的时间间距的逐渐消失，使得大量技术风险未经有效监控和制定出切实可行的应对策略，就迅速蔓延到整个社会中。1945 年，第一颗原子弹在美国试爆成功，不到一个月原子弹就用到了战场上。战争结束以后，核能也在民用领域迅速发展。第一代核电站技术在经过仅仅 10 年的测试，就发展到了第二代，被大量投入实际发电以解决能源危机。从 20 世纪 50 年代开始到现在，仅仅半个世纪，核电技术就经过了三代发

---

① [丹]波尔·哈勒莫斯主编：《疏于防范的教训：百年环境问题警世通则》，前引书，第 161 页。

② 同上书，第 162 页。

③ 尤金·罗莎在分析风险的社会放大框架时提醒说：事实上正在被放大的究竟是什么：是某种真实的东西，或者是关于某种真实东西的断言？参见[美]尤金·罗莎：《风险的社会放大框架的逻辑结构：超理论基础与政策含义》，谭宏凯译。见[英]尼克·皮金编著：《风险的社会放大》，前引书，第 37 页。笔者以为，风险的放大包括了二者，而且也发生在二者之间。风险不只是某种不利预言的传播，恰恰当这种不利预言确有现实依据的时候，它才具备不断扩散的条件。

④ [德]汉斯·约纳斯：《技术、医学与伦理学——责任原理的实践》，前引书，第 26 页。

展期，其间就发生了美国三里岛、苏联切尔诺贝利和新近的日本福岛等几次核泄漏事故。

第二，当代的风险扩散呈现出连续性和长期性特点。某种科学技术在持续创新的过程中，它的各种负面效应往往被忽略或者被低估，从而导致科学技术创新一直伴随着风险和各种隐患的不断滋生。而与此同时，科学技术创新成为国家核心发展战略，是各国应对当今激烈技术竞赛的必要手段。约纳斯曾经指出现代科学技术创新的持续性和永久性："任何技术领域的任何一个进展绝不会止于一种静态的平衡点或饱和点，而是在成功的不断激发下不断追求进步。技术创新本身成为社会进步的标准，并且这也是技术给自己提出的强制性目标。"[1] 可以说，不计风险的创新已经成为各个国家的必然选择，这势必就使风险扩散连续地、长期地伴随人类发展进程。

第三，当代风险扩散具有全局性和全球性。在当今科技主导的全球化进程中，技术风险不会局限于局部地区和特定部门与行业中，而是扩散至行业之外和国门以外。贝克和吉登斯等人都认为，当今风险社会是全球性的。据报道：一种携带名为"NDM—1"的超级耐药基因的病菌首先在印度、巴基斯坦等南亚国家发现，并陆续向全球蔓延；不到两年时间，这种超级细菌已经蔓延到14个国家和地区，并已经有多起感染病例死亡。[2] 这种病菌是因为过量使用抗生素引起的。抗生素的使用是"双刃剑"，它既可以杀死一些致病基因，但也有一些顽强的致病基因存活下来。为了杀灭病菌，人们求助更多的抗生素。如此恶性循环，导致某些顽强基因的抗药能力不断增强，结果就出现了像"NDM—1"这样的超级耐药性基因。据有关人员研究发现，在南亚发现的这种超级耐药病菌对现今所有的抗生素都免疫，一旦感染这种病菌将无药可医。令人担忧的是，目前全世界抗生素的使用量和使用率都很高。抗生素不仅使用在临床医疗之中，而且也被养殖户大量添加在动物饲料中。因此，普通人实际上在日常生活中也大量摄入抗生素，个中的健康风险是很大的。

---

[1] Hans Jonas, "Toward a Philosophy of Technology", in *Technology and Values: Essential Readings*, p. 13.

[2] 李红梅：《"超级细菌"哪里来》，《人民日报》，2010年11月11日第19版。

第二节　风险扩散的研究方法

风险社会的风险有两大类。一类是体制外的风险，它处在现有的社会认知系统之外，以未知的方式扩散；一类是体制内的风险，这是被合法化的风险，被专家系统确认为"可接受的风险"，作为社会发展的必要成本存在。风险不论是体制内的还是体制外的，都是系统性的存在，并以此方式扩散至全球和未来。对于风险扩散的研究，需要应用当代系统论和复杂性理论的思维方法。

本书第一章第一节曾阐明，人与周围环境形成动态复杂的交互作用，人对自己行动的复杂结果往往缺少足够的认识，复杂性本身带来风险。进一步看，人们对于复杂系统的相互作用，也经常缺少系统论思维和统筹安排，结果造成全球性风险的不断扩散。全球生态圈本来是一个休戚与共的整体，各个生存链条之间形成"一荣俱荣、一损俱损"的关系。然而这种生态链条被各个国家、各个地方的局部利益所切割，地方或者企业只关心自身利益，忽略整个生态空间的承受能力。某些个体和企业的活动过度，积聚起来会破坏生态系统的自我修复机能，使得生态空间不断退化，各种危及人类生存的风险接踵而至。"公地悲剧"作为一个典型例子，可以说明这个问题。这个由美国学者哈丁首先提出的理论模型，在人类文明的历史中不断上演，而且在今天依然屡见不鲜。这个模型发现：有一块可以公共放牧的肥沃草场，每个个体只专注于自身的需要不断放牧，从中获利，这刺激了更多的放牧活动。终于，无节制的放牧破坏了牧场自身的修复机制，肥沃的牧场逐渐变成了沙漠，而本来富有的牧民也纷纷破产并逐渐陷入贫困境地。后来美国学者彼得·圣吉用系统论思维总结指出："他们体认到共同错误的严重性时，要拯救整体已经太迟了，接着所有的个体都跟着完蛋。只有个别个体看出问题是不够的；问题仍是无法解决，除非大多数决策者为了整体的利益而一起行动。"[1] 哈丁的公地悲剧模型，本来想阐明私人产权和公用品监管的缺失是导致悲剧的原因；而圣吉则指出公地悲剧更深层次的原因，是缺乏对整体利益有认同的系统论思维。为此

---

[1] [美]彼得·圣吉：《第五项修炼》，前引书，第342页。

圣吉提出了一个"共同悲剧"的模型来说明这个问题（参见图5—1）。在此模型中，"同"字箭头表示箭头两方改变的方向相同，即一方增加；另一方也增加；"反"字箭头表示箭头两方改变的方向相反，即一方增加，另一方则减少。个体（甲和乙）所得到的资源越多，个体的净收益越多，个体的活动越频繁，这都导致全部的活动越多。而全部活动越多，个别活动得到资源的可能性越小，即全部活动与个别活动得到资源的可能性呈反向变化。这实际上暗示了整体利益的实现最终是个体利益实现的条件。但是，这种反向变化中间有一个时间上的滞延，导致个体需要一个长期过程，才能认识到全部活动与个体活动的反向变化。因此，个体在没有认识到这种反向变化之前，依然继续通过个别活动得到更多资源。如此循环，个别活动不断加剧，公共资源终于趋近耗竭。最后大家都无利可图，这时候每个人都意识到了发扬集体主义、统筹安排的重要性，但为时已晚。

圣吉模型解释了人类发展过程中的很多风险，根源于人们缺少系统性的思考和安排。这个模型具有广泛的解释力，可以帮助我们理解一些风险事件的发生。一条可以公共捕捞的河流，最后渔业资源耗竭；一片茂密的原始森林，被砍伐殆尽，导致当地水土流失；一片本来清澈的天空，弥漫着多家工厂排放出来的废气；整个地球由于温室气体的排放不断暖化，导致全球性的气候灾变和海平面上升等危险。

因此，风险扩散需要用系统论和复杂性理论视角进行研究。如果说缺少系统论思维是导致全球性风险不断衍生和扩散的重要因素，那么人们要认真地补上系统论思维这一课。科学技术创造出越来越复杂的"人工自然"，各种自然风险和人为风险深刻地融合在一起，而且不断呈现出动态的变化，只有系统论思维方法能廓清其中的相互关联和变化。正如圣吉所说："今日的世界更趋复杂，对系统思考的需要远超过从前。历史上人类首次有能力制造出多得让人无法吸收的资讯、密切得任何人都无法单独处理的相互依存关系，以及快得让人无法跟上的变化步调；复杂的程度确实是空前的。在我们四周到处是'整体性故障'的例子，如全球温室效应、臭氧层破裂、国际毒品交易等；这些问题都没有简单的局部成因。"[1]

---

[1] ［美］彼得·圣吉：《第五项修炼》，前引书，第76页。

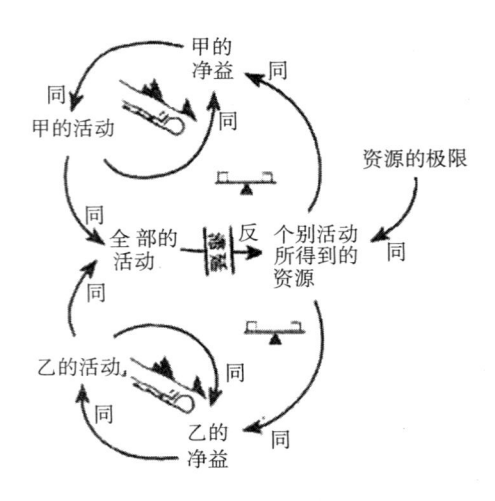

图 5—1　彼得·圣吉的"共同悲剧"模型

系统论和复杂性理论是 20 世纪下半叶以来科学前沿领域的重要方法。系统论是对传统还原论的超越，我们可以借助二者的对比来把握系统论方法。系统论和还原论的不同，在于二者对整体和部分关系的处理之差异。系统论不是否定对部分的研究，只是对部分的研究结论不能直接还原到整体上。系统论是非还原论的。还原论也不否定对整体的研究，但还原论把对整体的研究置换为对部分的研究，并将对部分研究的结论直接还原到整体上。这样看来，对各部分的研究结论能不能直接还原到整体上，构成了系统论和还原论在方法上的根本区别。而能不能"直接还原"的关键，又取决于两种理论对各部分之间关系的认识的不同。还原论认为部分之间的关系是线性的和均质的，比如机械运动被简化为质点的位置移动的过程，每个质点都是相同的。圆被简化为坐标系中圆周的无数点构成的集合，通过研究这些点的性质得到圆的代数方程。这样，还原论就不难构想，整体是这些部分的总和，通过研究部分，再加以综合，就直接得到了对整体的认识。

系统论则认为，部分之间的关系不是均质的，而是存在复杂的相互作用，这种相互作用能产生一些孤立部分原来所没有的新功能，而且这些作用与其产生的结果之间是非线性、不可逆（不可重复）的关系。整体不等于部分之和，对部分的研究结论不能直接回复到整体上。南非学者保罗·西利亚斯曾提出"复合"（complicated）和"复杂"（complex）的区分：复合系统"可从其个体组成而获得关于系统的某种完整描述",如计算机；复杂系统不能通过分析其组成部分而得到对整体的理解,如大脑、自然语言和社会系统。① 可以说,复合系统是线性可逆的,适用还原论方法,尽管它可能有大量的组成原件,比如喷气式飞机；复杂系统是非线性不可逆的,适用系统论研究方法,尽管它可能有很少的组成部分,比如生物体。由此,系统论方法的基本内容应该是研究部分之间复杂的相互作用,以及其作用方式如何产生相对稳定的规则或状态,即复杂性理论所说的"复杂相干性"研究。元素的复杂作用本身能产生新的规则,秩序在元素的自由作用中产生,即自组织。看似混乱的物质结构,却能产生和包含自然秩序。个中机理的发现,需要通过研究自由与秩序、混乱与规则的交界点——"混沌的边缘"(朗顿语)或者"自组织的临界性"——得到。这成为当前复杂性研究的重要领域。不少学者认为：复杂性研究应该成为系统论研究的前沿领域。②

总之,复合系统是"机械整体",还原论可以把它"拆卸"开来,在研究的逻辑顺序上,还原论遵循着"机械整体——可拆卸部分之和——机械整体"的"分析—综合"法。这两端的机械整体也是相同的,这是一个抽象不变的整体,否则不能还原。在还原论方法中,一个待分解的整体是研究前提和起点,研究的核心是同质部分之间的数量关系。复杂系统则是"有机整体",整体是自组织的结果,而不是它的前提。"割下来的人手,已经不是人手"。在研究的逻辑顺序上,系统论遵循"有机整体——复杂部分相互作用——变化的有机整体"的过程。这两端的有机整体是不同的,因为复杂的相互作用往往产生新的功能,因此系统呈现动态平衡。有机整体的这种变化,物理学上也称相变。系统论的研究前提和起点是有机整体,研究的核心是异质部分之间复杂的相互作用及其对整体的结构性影响。

因此,还原论和系统论之殊异,并不在于它们是否采取了整体性研究

---

① [南非]保罗·西利亚斯：《复杂性与后现代主义：理解复杂系统》,曾国屏译,上海科技教育出版社2006年版,前言第2页。
② 苗东升认为,系统论和复杂性研究是同时启动的,但后来走向分野,不过最终"系统科学家始终没有放弃复杂性探索,并且在缓慢地引向深入"。参见苗东升：《复杂性研究的现状与展望》,《系统辩证学学报》2001年第4期。

方法，实际上二者都有全局思维。二者差异在于对整体概念及其构成方式的不同认识：还原论的整体是机械同构的，系统论的整体是有机生成的。系统论并非忽略部分，而是要研究组成部分的作用方式和作用层次，以及它们如何形成了规则、秩序等整体结构。系统科学的"系统边界原理（principle of the system boundary）"可以呼应这个观点："看'整体'并不表示，每个组织的问题都能够以察看整个组织而获得了解。有些问题只能靠研究主要机能怎样互动，才能够被察觉得到。"[①]

还原论实际上是简化了事物的复杂运动过程，这样就掩盖了这种复杂性作用中的风险。而且根据还原论思维，事物是重复出现的，因此规律总是可知的，未来可以被预测。这样人们面对未来不会因缺少认知而产生风险生存问题。要揭示人的存在和社会运行的风险及其扩散，就需要超越还原论思维，适用复杂系统论思维。系统论揭示了人们生存的动态复杂性，也是揭示人之风险存在的方法论。

第三节 风险扩散的复杂系统分析

风险是一个系统性存在，是由相互作用的风险要素构成的具有一定功能的动态整体。每一个特定风险系统的要素构成都具有特殊性，不过所有风险系统都有几个主要的共同要素，即技术、科学、资本和相关主体等。

一 风险系统的要素构成

当代技术是风险系统的首要因素。综合本书第二章和第四章的相关研究可以说，技术本身的发展包含风险，技术创新带来越来越多人们难以认识和有效准备的风险；技术风险作用于社会，并和社会领域的各种风险交织在一起，形成更大的风险。更重要地，技术成为当今人类社会发展的主导性力量，近代以来技术不断加速的"行星运动"带来了人们应接不暇的风险，因此技术成为塑造风险社会的主导力量，技术风险已经成为社会发展过程中的主要风险。西利亚斯总结说：

---

① [美]彼得·圣吉：《第五项修炼》，前引书，第51页。

第五章 风险系统与风险扩散

> 我们的技术已经变得比我们的理论更加强大。我们能够去做我们尚未理解的事。我们可以进行基因剪接（gene-splicing），却尚未完全了解基因是如何相互作用的。我们可以研制药物，却还无法解释其效用和预见其副作用。我们可以制备出亚原子粒子，却并不精确地知道它们在实验室之外是否实际存在。我们可以贮存、提取无穷无尽比特的信息，却并不知道其含义。①

可以说，技术从思想和现实两个角度带来可能于人类不利的诸种不确定性，并使其深植于人类文明进程中。

科学是构成风险系统的知识要素。本书第四章第五节已经阐明当代风险的"科学建构"。科学本身包含很多不确定性，科学在实践中和技术、资本、信息媒体等因素融合在一起，广泛渗透到社会领域，科学风险也随之扩散。当代科学不仅成为风险建构的知识力量，也为风险扩散提供了某种知识基础。具体的方式是，科学将风险量化，找到一个人们可能接受的危害范围，从而确定某种危害的可接受值，以使人们可以在接受这种危害的条件下继续使用相关物品。但是，可接受值是如何确定的？它对人们健康的损害有多大，是否在人们期望的范围之内？科学能不能及时跟踪相关领域的发展进度，还是不合时宜地把一个50年前确定的可接受值继续用在今天？诸如这些问题成为专家系统和商业部门的内部秘密，普通人几乎对此一无所知。

科学基于自身研究方法对风险可接受值的判断和估计，是人们应对风险的重要途径。不过，这在另一方面确实也造成风险的不断扩散。一是科学默许了已知毒害的扩散。贝克对此有深刻认识："一点点被允许的毒害成为了常规。它在可接受值背后消失了。可接受值使一种集体标准化的毒害的永恒定量成为可能。它们同时通过宣称发生的毒害是无害的而造成了它们不允许发生的毒害。"② 二是科学把处在可接受范围以外的风险看成是无害的，从而预设了某些未知风险的扩散。比如科学研

---

① ［南非］保罗·西利亚斯：《复杂性与后现代主义——理解复杂系统》，前引书，第1—2页。

② ［德］乌尔里希·贝克：《风险社会》，前引书，第77页。

究表明，低浓度的三聚氰胺对人的肾有可以忽略的危害，因此在食品中添加少量三聚氰胺是可接受的。然而三聚氰胺对人的生殖系统有多大危害却是未知的，在此情况下三聚氰胺仍然被广泛运用于食品工业。就这样，可接受的危害在和风险一起制造出来以后，秘密"潜入"社会生活领域并不断蔓延，而风险制造者都是无辜者。既然这是可接受的危害，那么谁都没有毒害谁。不过，当这些"一点点的毒害"达到某种临界点时，人们终将发现可接受值是可疑的。罗杰·卡斯帕森研究发现："已经发生的风险更多反映的是当时各种政治力量的平衡，而不是其承担者对风险的接受度"；日常生活中存在大量非自愿性风险（involuntary risk），"它们是强加于人的，且常常是在未发出警告、未提供信息或补偿方法的情况下发生的"①。大量风险不经审视和有效管控，成为普通群众不得不面对的"既成事实"。

资本是构成风险系统的社会生产要素。本书第三章的研究表明，逐利和短视的资本生产体系成为塑造风险社会的主要力量。小到个别企业，大到国家，从物质领域到文化领域，最快地增加利润和国民生产总值，成为全球社会的追求目标。再加上分配的不合理导致短缺，人们不顾风险拼命发展生产，社会财富在增加，相伴随的各种风险也在不断加剧。贝克指出："保护经济复苏和增长仍旧享有无可置疑的首要地位。失业的威胁被大肆渲染，这是为了使规定的标准排放口更大些，使管制更松懈一点，或者是为了阻止任何对食物中有毒残余的调查。"② 而对于忽视环境保护追求片面发展造成的环境污染问题，人们相信只有国民经济持续发展和财富迅速增长，才能为环境保护创造必要条件。短期的、片面的和各种物质的有形需要（看得见的需要）成为社会发展的目标，人们不仅对风险的感知越来越迟钝，甚至掩盖各种风险的存在和恶化。对此贝克曾经说：

> 财富生产的逻辑总能取得胜利，而就是因为这个原因，风险社会成为最后的胜利者。需求的具体性压制着对风险的感知，……被否认

---

① ［美］罗杰·卡斯帕森：《人类风险的可接受性》。见［美］珍妮·卡斯帕森等编著：《风险的社会视野》（下），李楠、何欢译，中国劳动社会保障出版社 2010 年版，第 4—5 页。
② ［德］乌尔里希·贝克：《风险社会》，前引书，第 51 页。

的风险增长得异常迅速和完全。在以化学工业,也包括反应堆技术、微电子技术和基因技术为代表的社会生产的某个阶段,财富生产的逻辑和冲突的优势统治,……是风险社会的原动力,因此也是风险社会正在成为现实的证据。……在否认和无感知中,全球风险的客观社区(objective community)形成了。①

相关主体是风险系统的能动要素。企业主、科技专家、用户乃至与某种风险相关的普通人群,都参与了风险的扩散进程。人们只看到眼前利益,忽略长远目标,社会发展缺乏可持续性;人们只关心局部和地方利益的实现,漠视全局生存链条的息息相关;人们对于风险的感知越发迟钝,甚至回避而非正视风险。这些人为因素是风险系统的活性要素,自觉或者不自觉地把各种风险因子结合起来,推动了风险的扩散。

当然,风险系统的要素还有很多,比如环境,包括天然自然和人工自然,其中也蕴含各种风险。这几种要素能够成为系统,一个深层根源是近代以来的科学方法——数学和逻辑的统治。用数学和逻辑规划自然与社会,这是现代性进程的重要特征。海德格尔把数学和逻辑概括为计算性思维,德里达则称之为"逻各斯中心主义"。按照海德格尔的考证,逻各斯(logos)的原始含义是"采集"。② 陈春文进一步解释说:"当physis(在)聚集地涌现,它就表现为逻各斯。"③ 后来,"逻各斯"在亚里士多德哲学中演变成"逻辑"(logic),它在近代科学中成为核心方法,最终统治了现代思维。用海德格尔的话说就是:"逻辑变成一件学院之事,组织之事与技术之事了。"④ 最初的理性演变为工具理性,一种专事"采集"的力量贯穿在现代科学、技术和资本的发展过程中,并把它们聚合成系统性的整体。科学、技术、资本和现代性主体能成为系统,工具理性起了"针引线"的作用。内

---

① [德]乌尔里希·贝克:《风险社会》,前引书,第51—52页。
② 海德格尔指出,与logos相关联的词还有"采摘"、"采选"等含义。参见[德]海德格尔:《形而上学导论》,熊伟、王庆节译,商务印书馆1996年版,第125—126页。
③ 陈春文:《论"自然"与弗西斯》,《科学·经济·社会》2001年第4期。
④ [德]海德格尔:《形而上学导论》,前引书,第15页。

在于这些系统要素中的风险,也形成了复杂相干作用,并对风险的扩散产生根本影响。

二 风险要素的复杂相干性与风险扩散

系统要素之间存在复杂相互作用,这些作用既相互组合又相互抵消,最终形成某种相对稳定的结构,这种结构承担着某种特定功能,这就是复杂相干性。复杂相干性作为复杂性研究的基本范畴,已经是一个跨学科的概念。表现在逻辑学中,即现在的几个事件结合在一起,对未来的某个事件产生确定的影响,前提到结论存在蕴含关系;在心理学中,某种心理疾病的暴发,源于几种诱因长期的相互作用不断累积;在经济学中,某种商品的市场价格会长期稳定,受到供求关系、消费者心理等复杂因素的合力作用;在物理化学中,难以计数的电子、质子和中子相互碰撞,剧烈运动,仍形成了稳定的原子结构;在系统科学中,部分之间的相互作用,自组织为整体。这些都是复杂相干性描述。复杂相干性就是从前提到结论、从现在到未来、从手段到目的、从部分到整体的必然关联,即"相互作用—结构—功能"的有机链条。

如果用复杂相干性描述风险系统,可以说风险的各种要素结合在一起,使风险呈现出一种相对稳定的结构;正如社会生产方式的结构发挥了增长生产力的功能,风险结构发挥了风险扩散的功能。以农药过量添加的风险为例:农民为了尽快提高产量或者减少病虫害使用农药,这是出于最快实现利润最大化的需要;但很多农民由于与专家系统缺少有效的沟通和交流,不理解农药的功用和适用范围,于是为了保证产量往往过多使用农药,农药风险不断扩散。据新华社报道,2011年在国内某市场上,1根豆角被"喂"了11种农药,其中有很多种农药不是适用于豆角的;在豆角的重要生长期这些农药天天打,而且经常是今天打完明天就销往菜市场。[①] 农户、农药科技专家、蔬菜销售企业、市场管理部门无形中构筑了一个风险不断扩散的系统。

更具体地看,风险要素之间的复杂相干性有如下几个方面:

第一,风险系统要素之间的关联是内在的。内在关系是各方相互依

---

① 《11种农药"喂"出豆角,管不住?》,《广州日报》,2011年8月24日AII8版。

赖、不能分离的关系。技术、资本、科学和相关责任人等这些风险因子之间正是发生了这样的联系，每个因子不能孤立存在和发生作用。技术引导科学发展，科学成为"理论技术"，资本家或者企业家把科学—技术运用于生产过程，为资本持续增殖提供动力。在这种相互作用中，技术风险、科学风险、资本家的冒险和资本的短视共同织就了一张风险之网，伴随着技术资本主义的发展不断扩张。风险要素之间"你中有我、我中有你"，要素包含在关系之中，而非外在于关系。如果用"R"表示"风险系统"；"F"表示"要素之间的函数关系"（为了说明方便，假设要素之间只存在这一种关系）；"t"表示"技术"；"s"表示"科学"；"c"表示"资本"；"m"表示"相关责任人"；"n"表示"其他要素"；那么风险系统的内在关系式可以记为：

$$Y = F(t, s, c, m, n) \cdots (1)$$

内在关系也揭示了技术、资本、科学等要素和风险系统形成连续一体的变化，统称内生变量。据研究：在一个函数关系中，那些引起因变量变化的自变量，和因变量一起都构成内生变量（endogenous variables）；这个函数关系本身不能决定的常量或者参数，是外生变量（exogenous variables）。比如经济学的表示价格与数量的关系式"$P = a + bQ$"，P、Q是因变量和自变量，所以是内生变量，a、b是常数，都是外生变量。[①] 现在我们引入一个外生变量b，由风险系统与外在环境或者别的风险系统的关系决定，那么风险系统的关系式可以写成：

$$Y = bF(t, s, c, m, n) \cdots (2)$$

上文曾经提到，技术风险是当前社会的主要风险。我们能够通过风险系统的内在关联作用对此做出说明。风险系统中，技术是最重要的催化剂。要理解这种催化作用，我们可以设想：假设在风险系统中，风险因子A催化了因子B，B又催化了C，C又引起了D，形成连锁反应。在这个复杂网络系统中，也许能找到一个因子M能够催化A，这样A就能够自我加强，并且继续催化别的因子。风险系统成为"连贯的、自我强化的相

---

① 《西方经济学》（第3版），高鸿业主编，北京：中国人民大学出版社2006年版，第35页。

互作用之网"①。技术在风险系统中正是 M 这样的风险因子，因为技术对社会发展的各个层面有广泛的渗透作用。技术创新导致风险系统的熵增效应，成为风险扩散的深层根源。联系上文，逻各斯是在方法上整合风险系统的思维力量，当代技术则是催化风险引致其扩散的现实力量。

第二，风险系统要素之间的相互作用的基本方式有两种：正反馈和负反馈。正反馈是指一种相互强化的关系，即一种相互作用从起点出发，不断被放大，越来越偏离最初的起始状态，导致系统的非稳定值不断升高。② 比如和煦的热带风汇聚成飓风；负反馈则是指一种相互牵制、弱化的关系，即一种相互作用从起点出发，不断变动，但是变动的趋势是回到起点，因而系统趋于稳定。③ 比如当人的体温上升时会出汗，出汗导致散热，但这又使体温下降。一个动态稳定的风险系统包含这两种相互作用。正反馈导致系统熵增，混乱度不断增加，风险系数升高，如果没有负反馈，系统将混乱到崩溃。负反馈导致系统熵减，混乱度降低，如果没有正反馈，系统将是死寂的。正反馈和负反馈复杂地交织在一起，它们的混合作用形成系统。对此，美国经济学家布莱顿·阿瑟曾经举过一个形象的例

---

① 笔者在此借用了美国复杂性研究学者斯图尔特·考夫曼对生命形成网络的思考模型，即"自动催化组"模型。考夫曼想象在生命的"初始原汤"中，有一些 A 分子忙着催化另一个 B 分子的形成。这个初始作用往往随机形成，它的接触与催化功能也许并不十分有效，但即使是一个效能微弱的接触剂都能使 B 分子的形成要远比另外途径快得多。现在，让我们假设分子 B 本身也具有微弱的接触催化功能，这样它就能催化一些分子 C 的产生。假设分子 C 也可以起到接触催化作用，并依此类推。如果初始原汤的池塘够大的话，如果池塘里的各种分子多得足够开始发生相互作用的话，那么，在事情发展的某个阶段，也许完全可能产生出已经完成了整个圆圈、又开始去接触催化分子 A 的分子 Z。这样就有了更多的分子 A，这意味着有了更多的接触催化剂，可供加强分子 B 的形成，而更多的分子 B 反过来又可供加强分子 C 的形成，这样多次进行下去。初始原汤中的混合物会形成一个连贯的、自我强化的相互作用网，网内所有的分子都会稳定地得到越来越大的发展。总之，从整体来看，这个网能够催化自我的形成。它会成为一个"自动催化组"。参见［美］米歇尔·沃尔德罗普：《复杂：诞生于秩序与混沌边缘的科学》，陈玲译，生活·读书·新知三联书店 1997 年版，第 64 页。

② 正反馈本来是控制论中的术语，是指受控要素对控制要素发出反馈信息，它的方向与控制要素一致，因此可以促进或加强控制要素的活动。在生态学中，在系统与周围环境的相互作用中，系统的输出促进系统的输入，使系统对初始值的偏离作用愈来愈大，不能维持稳定。参见 http://baike.baidu.com/view/246281.htm，2012 年 4 月 24 日。

③ 负反馈意味着受控要素对控制要素发出的反馈信息，它的演化方向与控制要素是相反的，因此可以抑制控制要素的活动，不使其持续增强。在系统与周围环境的相互作用中，系统的输出抑制系统的输入作用，结果系统达到平衡点。

子说明：

> 假设水洒在一个表面被擦拭得十分光洁的托盘上的情形。洒在托盘上的水滴会形成一个复杂图案（其中包含有序性）。水滴之所以会形成这个图案，是因为有两种力量在起作用。一种是地球引力，它竭力要把洒落的水滴拉扯并覆盖到整个托盘，使水滴在托盘表层形成一个很薄、很平的水膜，这就是负反馈。不过，与此同时还有一股表面张力存在，即，水分子之间相互吸引的力。这股力量使水分子相互聚合，形成紧凑的水珠，这就是正反馈。正是这两种相反的作用力交织在一起才形成了托盘表层上的复杂图案。值得注意的是，这个图案是独一无二的。如果再做一次这样的实验，就会得到另一个不同的水滴图案。①

由此我们得到启发，正反馈和负反馈的混合作用，制造出一个又一个的动态平衡点，每一个平衡点都带来新的变化，包含不确定的影响。正反馈和负反馈构成的系统作用，其中包含的正是风险不断扩散的结构。

第三，风险要素之间的相互作用，从孕育到产生某种结果存在时间迟滞。时间迟滞是系统必然存在的一种作用因素，因为某种行动使它产生结果，使用某种科技手段与达到某个目标，某种结构发挥某种功能，某种原因造成某种或几种结果，都存在一个时间差。风险系统也必然受到这一因素的影响。

时间迟滞经常是风险的诱因。一个行为可能产生好的结果，但是好结果没有出现之前人们缺乏耐心从而终止行动，导致反面的结果可能出现；或者一个行为可能产生坏的结果，但在坏结果没有出现之前人们盲目乐观，听凭事物朝着不好的方向发展。在上文农药过量添加的案例中，农民之所以过量使用农药，是因为农药发挥有效作用需要一个过程，这个时间迟滞引起"农药还没有起效"的担心，加上对农药知识掌握得不完整，于是就大量添加农药以求速效。时间迟滞的存在需要人们做出某种准确的

---

① ［美］米歇尔·沃尔德罗普：《复杂：诞生于秩序与混沌边缘的科学》，前引书，第15页。

风险预期，恰当地把握时间迟滞成为风险控制的重要方法。要把握时间迟滞，既不能超前行动，又不能滞后不作为。前者超越了事物发展的必经阶段，过于积极；后者没有跟上事物发展的必经阶段，过于消极保守了。只有正确地感知和应对时间迟滞，才能化解风险。在风险系统中，科技创新存在很长的时间迟滞，其中蕴含的很多风险被掩盖起来，隐蔽地扩散。企业为了实现利润，会利用风险的时间迟滞，宣称某个生产项目是安全的，从而减弱甚至消除它的风险预期。

第四，风险要素的相干性是变化的、多样的，风险系统呈现出动态复杂性和非平衡的特征。要素之间的相互作用不是静止的、孤立的，而是交织成一个立体的网络，并伴随着时间不断变换。风险系统是非平衡系统，具有不稳定性。风险扩散由此呈现出持续的、随机的特征，这给风险认知和评估带来很大困难。风险系统的动态复杂性是风险扩散的重要推动力。

第五，风险系统的复杂相干性是隐蔽的。因为风险系统要素之间的相互作用是内在的和变化的，这种复杂相干性深藏于系统中，风险扩散也呈现出非常隐蔽的特征。水质不是突然恶化的，大气不是短时间内被污染的，地球是渐渐暖化的。正如"风"无形地在空中弥散，"风险"也在全球无形地蔓延。现代新技术领域，像基因工程、通讯技术和人工智能领域的风险，也是长期隐蔽地发展。计算机科学家比尔·乔伊认为："这三种技术都具备一个共同的特点，是以前人类创造的诸如原子弹等危险发明所不具备的：可以轻而易举地自我复制，可能像计算机病毒在整个网络传播一样，给物质世界带来系统性的影响。"[①] 这些技术容易获得较快发展和大范围使用，因为它们不像制造核武器所必需的铀那样得到严格限制。它们造成的风险潜伏期较长，要比原子弹更加危险。

第六，风险系统的复杂相干性是非线性的。线性作用是某种单维度的相互作用，要素都是同质的，整体等于这些部分之和。对于这种相互作用可以采用线性思维方法进行认识。我们有如下线性思维公式：

$$整体(b) = 同质部分之和(b_1 + b_2 + \cdots + b_n) = 整体(b) \cdots (3)$$

这个公式可以简记为"$b-b$"。然而需要注意的是，有时候同质部分

---

① 《美科学家担心技术领域三大发展可能对人类造成毁灭性影响》，参见 http://www.chinanews.com/2000-04/26/24991.html，2011年10月6日。

的量变积累起来，可能会引发某种质变。以吸烟对身体健康的影响为例：每天吸一支烟，看起来不会对身体健康有危害，但是时间久了，也许突然有一天吸烟带来的危害会瞬间暴发，使身体产生病变。这种线性作用表现为：

$$整体（b）=同质部分之和（b1+b2+\cdots+bn）\leqslant 整体（B）\cdots（4）$$

（4）式可以简记为"$b \rightarrow B$"。（3）式和（4）式的区别在于：（3）式表明，随着时间的变化，对整体的回溯是没有方向性的；而（4）式则相反，它已经出现了"整体大于部分之和"的质变，在某种程度上适用系统论。（3）式是线性思维；（4）式是非线性思维。线性思维符合"b 是 b"的演绎逻辑，可以用因果必然性描述。非线性思维出现了"从 $b—B$"的跳跃，不再服从机械因果观。于是休谟难题出现了："$b—B$"只能是经验归纳出来的，却被当成了"$b \rightarrow B$"的必然推理，经验的或然性如何跳跃为逻辑的必然性？个中的奥秘也许隐藏在系统相互作用产生整体的时刻。

非线性思维是对非线性相互作用的思考方式，后者包含着异质部分的复杂关联。非线性作用是立体多变的，由此形成的系统也是复杂易变的，因此对非线性作用的理解需要全方位地引入系统论思维方法。风险系统中，技术、资本、科学和人等要素之间存在不同质的相互作用，它必然是非线性的。非线性作用不符合还原论，风险扩散过程不能还原，难以建立可求解的方程。风险扩散不能用线性思维描述。

第七，风险要素的相互作用，从孕育到产生某种结果，在过程上是不可逆的。破镜不能重圆。热力学第二定律用"熵增原理"表述这种不可逆。熵是对系统无序性的度量。随着时间流逝，系统的有序度不断降低而无序性不断增强，这就是熵增原理。这个原理否定了传统物理学中时间无方向的假设，"有序→无序"的"时间箭头"是存在的，系统演变过程是不可逆的。在风险系统中，技术和科学作用于社会，产生的影响总体上也是不可逆的。专家知识对社会产生的效应，也很难由专家们自己再控制。农药渗透到土壤中，某些有毒物质只能自然降解，在一个时期内不能降解的有毒物质会残留在土壤中。资本主义生产体系产生的某些风险也很难逆转，被污染的河流很难再恢复如初，已经排出的温室气体将长久地留在大气圈中。正如射出去的箭是无法收回的，风险扩散是长期不可逆的。

风险系统之复杂相干性的非线性和不可逆，使风险系统呈现出非周期性变化，从而使风险扩散不可回溯。只有当某个系统呈现出周期性变化，我们才能追踪其中重复出现的东西，并建立因果关系，从而准确预见某些事实。风险扩散不符合周期性，对于风险扩散很难有准确预见。

第八，风险要素对整体结构存在某种程度的无知。在系统部分和整体之间存在信息不对称，各部分对自身行为的结果与整体缺乏"反映"能力。这首先是因为风险要素之间的相互作用是内在、隐蔽和多变的，个体对此很难有准确认知；同时，从相互作用到产生某种结果，这个过程又是非线性和不可逆的，这个过程不能周期性"上演"，我们很难把握其中的内在关联和作用结果。部分到整体存在一个时空"间距"，这个间距或大或小，不可能消除，阻碍着部分觉知整体。重要的是，人作为风险系统的能动要素，有"画地为牢"的天性。这里有一个影响甚广的案例，即啤酒游戏：

> 参加实验者置身一个生产和配销单一品牌啤酒的系统中。他们各自扮演不同的角色，活动目的是使利润最大化。有三个主要角色是下游零售商、中游批发商和上游制造商的行销主管。游戏进行过多次，但游戏过程大致都是：首先是大量缺货，整个系统的订单都不断增加，库存逐渐枯竭。随后加大供货，好不容易满足订货量，大批交货，但新收到的订购数量却开始骤降。到实验结束之前，几乎全部参加游戏的人，都只能看着他们无法降低的庞大库存而一筹莫展。从制造商、批发商到零售商，开始都严重缺货，后来却都严重积货。导致这种现象的原因，是游戏过程中需求量曾经有一个很小的扰动，它通过系统放大作用，使得订购量看上去大幅增加，于是大家不断提高库存，导致积压。①

经济学上也有"存货加速器理论"（inventory accelerator theory）说明此现象，即需求小幅上扬，通过市场供求链的相互作用导致库存过度增

---

① 这是麻省理工学院的史隆管理学院（Sloan School of Management）于1960年代做的一个实验。参见［美］彼得·圣吉：《第五项修炼》，前引书，第29—50页；以及 http：//baike.baidu.com/view/23632.htm，2011年10月16日。

加，然后引起滞销和经济不景气。发人深思的是，啤酒游戏不仅仅是一个理想实验，而且确实发生在现实社会中的经济层面：类似危机经常存在于大量企业的配销系统中。

这个游戏首先说明了系统个体对整体的无知。在一个系统中，某些看似孤立的个体行为，会在这些个体之间复杂的相互作用中产生他们不能预料的结果。个体不能觉知这些相互作用并形成协调机制，因此只能孤立地思考问题。西利亚斯也发现："系统中的每一要素对于作为整体系统的行为是无知的，它仅仅对于其可以获得的局域信息作出响应。"① 其次，这个游戏也揭示了造成这种局面的原因，即时空间距造成的信息不对称和信息不完全。消费者的需求提高了一次以后，在随后的模拟过程中一直是平稳的。然而参加游戏的三个角色，除了零售商以外，没有人知道消费者的需求，而零售商所得到的消费者需求信息，也是每周一次的片段讯息，并不完全。再次，游戏还指出了这种无知导致的后果。鉴于个体很难认清自己所处系统内复杂的相互作用，因此不能预料并控制自己行为的结果，也就不愿意对自己行为的风险承担责任。最后，这个游戏也揭示了系统论思维方法对于理解和处理危机的必要性。要想对相互关联之行为的结果有所预料和控制，必须用系统思维方法，即考虑这些相互作用，尤其是它们对系统整体的影响和作用。归根到底，系统整体利益对个体利益是有影响的。行为的相互关联塑造了系统和结果，系统顺利运行成为各部分正常工作的条件。系统的整体结构决定了个体行为。

风险系统要素对整体的无知，最终使行为者失去了对风险后果的控制，这将导致风险扩散是极其迅速的。此外，所谓"无知者无罪"，面对迅速的风险扩散，社会却不能很快建立有效的问责机制，风险扩散缺乏有力规约。风险系统中的相关主体对风险扩散持不负责任的态度，甚至竭力转嫁责任，漠视那些对自己没有危害却可能危害别人的风险。由于人们只关心局部利益，风险扩散是全局性的。

第九，人是风险系统中最活跃的因素，是推动风险扩散的能动力量。本书第一章的哲学存在论已经揭示，人的在世结构中包含风险，人过于被动地入世会承受风险，人过度改变自然则制造了危机。本章又阐明，人在

---

① ［南非］保罗·西利亚斯：《复杂性与后现代主义：理解复杂系统》，前引书，第6页。

主观上容易受有形需要的控制，加上人的画地为牢的天性，人对风险的感知和觉悟是迟钝的。在客观上，由于风险扩散的隐蔽性以及人的行为和后果之间的时空间距，人难以积极有效地控制自身制造的风险后果。因此，伴随着人的风险持续扩散。人们的存在本来包含风险，在某种程度上人们也是需要和喜欢冒险的。不过到了风险社会，"风险不断异化为危险"，人们对于风险的态度也发生了改变。

其一，人逃避和否认风险。本来面对风险，真正的有效办法是积极面对。然而现实中，人们的应对方式是向后退缩，像"逃避瘟疫一样"（贝克语）逃避风险。工业社会经常面临一些事故，现有的社会体制和政治制度缺乏应对经验。此时，人们"面对社会公众的担心和恐惧极力否认所存在的风险"。贝克发现，人们逃避风险时，冠冕堂皇的做法就是"从专业技术角度编织一个至善至美、无懈可击的安全光环，来从心理上驱散社会公众的担心与恐惧"[1]。在专业技术与科学合流的时代，这种做法有科学的"可错性"支持，制造了"允许犯错"的更大空间。此外，人们逃避和否认风险，也是与风险的"意识结构"（可建构性）相关联的，正如贝克所说：

> 在财富分配的社会中，饥饿不能通过否认来满足。而在风险社会中，危险总是可以被解释得不存在（只要它们还没有发生）。在物质需要的经验中，实际的折磨和主观体验或痛苦是不可分离的。风险就正相反，风险的特征是折磨会导致意识的缺乏。危险程度的增长，伴随着对其进行否认和轻描淡写的可能性的增长。消除风险或解释掉风险，对于风险意识就是食物对于饥饿所意味的东西。[2]

于是，"对风险的否认就是风险生长所需的最好的土壤，其结果必然是使全球性风险增大到最大限度的格局。"[3]

其二，人转移风险，寻找"替罪羊"。如果有些风险是人们无法逃避

---

[1] ［德］乌尔里希·贝克：《风险社会》，前引书，第90页。
[2] 同上。
[3] ［德］乌尔里希·贝克、威廉姆斯：《关于风险社会的对话》，路国林编译，见《全球化与风险社会》，前引书，第36页。

的，此时人们会设法把风险转移到别的地方和别人身上，即找到"替罪羊"，以便当危害发生，风险源头处的责任可以被推卸到他们身上。贝克说：

> 对风险来说，通过解释来转移被激起的不安全感和恐惧，比起饥饿和贫困来说是要容易得多。在这里发生的事情不用在这里克服，而可以转移到另外某个方向去寻求并找到象征性的地方、人和东西来克服恐惧。在这个意义上，当危险伴随着政治无为而增长的时候，风险社会就包含着一种固有的成为"替罪羊"社会（scapegoat society）的倾向：突然间不是危险，而是那些指出危险的人造成了普遍的不安。①

按照这种分析，从国际范围来看，风险往往沿着从发达国家向发展中国家的渠道扩散；从国家内部来看，风险往往沿着从富裕地区到贫困地区的渠道扩散。这就是风险扩散的"政治路径"。这种政治路径存在的理由首先在于，发达国家和企业主都是科学技术创新的主体，是风险源的主要制造者。这种扩散路径如非源头处出于"良知"主动加以控制，风险就会"自然而然"地从源头向外扩散；其次，处在风险策源地的发达国家和企业掌握更多风险信息，可以利用别人对风险的"无知"而把风险输出到他们那里；最后，发达国家、企业主有更大的经济能力承担风险，甚至把风险消解为某种"生产成本"。他们遵循"风险—收益"的量化分析，只要收益大于他们自己定义的风险，这些富国和富人们就会"大胆"推进一些危险的生产项目。风险扩散的政治路径最终导致，在全世界范围内产生了一种风险承担和分配的不平等秩序。富国和资产经营者是风险的主要责任人，但他们比穷国和普通人有更强的"风险化解"能力，而实际承担了更少的风险责任。风险后果的承担和风险收益的获得在风险社会常常是不对等的，比如核电站附近的人们承受了更大的风险，但是他们获得的核电收益却很少。

其三，逃避和转移风险及其责任不仅是个体行为，更是一种群体行

---

① ［德］乌尔里希·贝克：《风险社会》，前引书，第91页。

为。主观上，由于人们能够否认和转移自己造成的风险，也就逃避了应该承担的责任，而这经常鼓励了更多的逃避和转移行为，如此恶性循环。而且当少数人经常可以逃避风险责任时，会引起更多人效仿，结果整个社会缺乏责任伦理。客观上，人们对于自己行为所引起的系统性后果难以认识清楚，也就难以分清各自的责任，责任的承担和分配成为难题。这两个方面的原因导致贝克所说的"有组织地不负责任"，这为风险扩散营造了一种放纵机制。因为风险责任如果不能很好地承担和分配，会使风险产生的有害后果得不到有效惩罚，这必然加剧风险扩散。已有的专家判断体系和法律制度都是根据事实和因果关系来追究罪责，即必须能有证据证明，某行为、某单位或个人与某种有害后果之间存在"确定"的因果关系，才能对这些行为和单位执行判罚。当代风险主体的群体化和风险后果的未知性使得这样的判决方式失效：前者导致判罚主体不明或者"法不责众"，后者导致责任不清。

其一，风险系统是开放的，风险重要的传播途径是市场。风险系统的复杂相干性与其开放性有紧密关联。系统论认为，封闭系统和近封闭系统都是相对简单的系统，开放系统则包含复杂的相互作用。风险系统向与其相关的外部环境开放，不仅使其内部的各种作用能量被放大，而且风险系统也和外部系统形成相互作用，使这种能量进一步膨胀。在当代社会，风险系统的外部环境以市场为主，市场是风险扩散的一个非常集中的时空场域。①

市场是社会交往的必然产物，并为人们建设了丰富的生活世界。市场是社会生活的客观需要。人们生产和生活的局域性和专业化导致社会分工的客观存在，产品局限于某个地方且是相对单调的，这不能满足人的多样化和多层次的需要。在公有制条件下，这种矛盾可以通过分配化解；在私有制条件下，这种矛盾只能通过交换化解。最初交换是随机的、偶然的，后来随着交换需要（比如降低交换成本）的提升和交换形式（比如货币）的发展，人们想到安排一个相对固定的时间和场所进行集中的商品交易活

---

① 经济学中有"市场风险"的概念，意谓商品交易不能顺利完成或者产品利润不能实现的可能性。这个概念不适用于本书。本书所说的市场风险，指技术资本主义发展中的各种风险在市场中的体现和渗透，并且这些风险随着市场的作用被放大。

动，这就出现了市场。市场成为商品交换的固定场所。市场的出现极大解决了产品的局域性、私有性与人们多面需要的矛盾，生活中出现了花样更多的产品供消费，人们在市场中看到了更多彩的世界，甚至"逛市场"本身也成为一种消遣和生活方式。市场成为生活世界的核心组成部分，以至于商业文明的发达区域都被称为"城市"。

然而，另一方面，市场作为风险系统的外部环境，也成为当今风险扩散的主要社会领域。首先，市场商品五花八门，其中有不少是危险品在流通。市场产生以来，产品范围不断扩大，从初期的劳动产品发展到现在的技术发明专利、科学知识、信息，乃至权力、人体器官，等等。这些商品中的危险品，会通过市场流入社会。

其二，市场为风险扩散创造了更快和更广泛的时空条件。具体说，从时间上看，市场可能会把某种风险从未来带到现在，比如某种技术产品尚未发展成熟就被商家提前投放市场，以收回研发成本；与碳排放相关的国际公约本来是要限制碳排放，发达资本主义却构建了国际性的碳排放权交易市场，已经用完排放指标的国家可以从尚有排放空额的国家购买这些空额，从而继续碳排放。这样碳排放不仅没有减少，反而不断增加。从地域上看，市场会把某种风险从远处带到近处，或从一地带到多地。含有三聚氰胺的奶粉，从产地销往全国，给无数婴儿造成健康损害。

其三，多种市场形式的发展为风险扩散拓宽了渠道。随着商品社会的发展和消费社会的到来，市场越来越独立，并以灵活机动的多样形式满足人们交换需要的多变，乃至在信息时代出现了金融市场等无形市场。这是虚拟市场，是引发金融危机的根源；它为潜在危险品交易提供了更大方便；在信息时代，虚拟市场的瞬时交易则使人们对包含风险的交易没有反应时间；相关法律对虚拟市场的监管难以到位。因此，当代虚拟市场成为风险扩散的重要领域。

其四，市场把风险因子的相互作用不断放大，市场本身成为风险扩散的系统性场域。市场对危险品最"宽容"，某些产品和知识的危害发生作用，有一个或长或短的时间迟滞，在这个时间迟滞之内，这些产品和知识已经进入市场并流入社会。不论产品是否会对社会和人们的生命健康造成危害，这些产品只要有人研发，有利润可求，就会有人生产，也就会进入市场。科学技术造成的风险、企业生产中的风险和人的贪欲汇合在市场中，放大了原有风险。市场对人的贪欲有放纵乃至鼓励的作用，因为市场提供了最多样化地实现利润的方式，逐利和短视的人们在市场中找到了"用武之地"。随着当今全球市场的形成，市场对风险的放大机制更是发挥到极致。全球信息网络构建了一个庞大的、无所不包的虚拟市场，它携带着新自由主义的价值体系，鼓吹"自由竞争至上"的市场逻辑，奉行"无罪推定"，不断冲破社会伦理和法律的限制，进而把一些地方和行业的风险推延至全球。现如今，人们的生活离不开市场，同时人们又经常受到来自市场商品的侵害，风险通过市场深深扎根于人们的生活世界中。

综上所述，当代风险社会的风险扩散是一个"系统工程"，技术、资本、科学和人等要素构成一个风险系统，要素之间存在复杂相干性，它包括要素之间内在的、多样的、不断变化的、隐蔽的、非线性不平衡的、不可逆的相互作用，这些相互作用形成风险扩散的整体结构，这些作用被市场不断放大。人在风险系统中发挥主动作用，是风险扩散的主体性因素。结果，风险扩散是全局性的、迅速的、持续的和隐蔽的。

第四节 风险扩散的效应分析

上述研究表明，风险社会发展的一大动因是系统性风险的不断扩散。"世界经济论坛"早在2010年的风险报告就曾提出"系统性风险"的概念："系统性风险是整个系统的潜在损失或损坏，与之相对的是该系统中某一单元的损失。往往由于系统中存在某些薄弱环节，在各单元间的相互依存和相互关联作用下系统性风险加剧。这些风险可能由突发事件引发或日积月累而形成，往往造成重大、甚至灾难性的影响。"[①] 风险作为社会治理系统中的薄弱环节，会随着系统的放大作用而放大。复杂系统具有自组织的特点，风险及其扩散作为系统进程也具有这个特点：风险因子的相互作用又制造出新的复杂性关联和不确定结果，新的风险不断产生。风险系统因此也具有自组织的特点。世界经济论坛的2014年风险关联图（如图5—2所

---

① 参见世界经济论坛：《2010年全球风险报告》（中文版），第10页，http://wenku.baidu.com/view/13b5b2126edb6f1aff001f82.html，2011年10月19日，国研网编译。

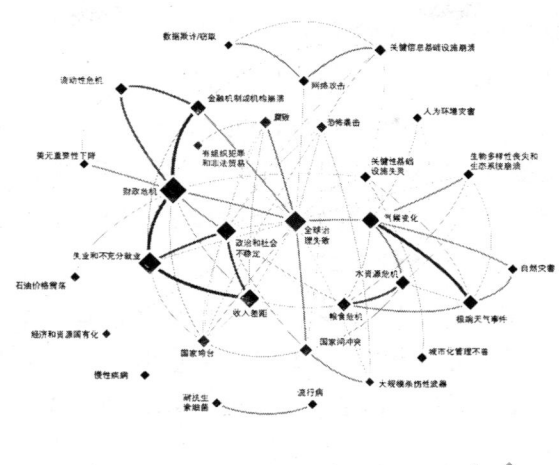

示①）表明，全球性风险相互交织在一起，是当前风险社会的真实写照。

图 5—2　2014 年全球风险关联图

一　风险扩散的累积效应和乘数效应

系统性风险的扩散，就其质的方面来说具有累积效应：风险在源头开始产生，以后会随着时间的流逝和风险系统的放大作用逐渐集聚起来，向周边不断扩散。风险本来波及范围很小，会因为累积效应变为影响很大和很久远的风险。复杂性科学的"初值敏感性"为理解这个问题提供了方法论基础。初值敏感性意谓初始状态的一点微小改变，会长期积累起来并不断放大，对系统的发展产生长远影响，从而最终很大程度地改变系统性状况，产生难以预料的结果。换句话说，系统的某种复杂结果，可能仅仅是发端于系统初始状态的一点点微小的改变而已。沃尔德罗普说："最初的微小变化会导致全然不同的结果，简单的动力能够产生令人震惊的复杂行为。"② 美国科学家洛仑兹对此做了个比喻说：巴西亚马孙丛林里有一

---

①　参见世界经济论坛：《2014 年全球风险报告》中文版，第 21 页，http://www3.weforum.org/docs/WEF_ GlobalRisks_ Report_ 2014_ CN. pdf，2015 年 2 月 12 日。

②　[美] 米歇尔·沃尔德罗普：《复杂：诞生于秩序与混沌边缘的科学》，前引书，第 13 页。

只蝴蝶扇动了几下翅膀，三个月后却在美国的德克萨斯州引起了一场龙卷风。这就是"蝴蝶效应"。风险系统的"蝴蝶效应"使人们很难对风险扩散的长远影响做出精确预测。这好比是天气预报，要想长期精确是不可能的。科学研究表明，最好的天气预报，也只可能一天可靠。系统性风险的扩散，反过来又使系统的复杂程度不断增加。随着累积效应的扩张，风险系统在很大程度上"遗忘"了初始状态的信息，隔断了未来与过去之间的联系，人面向更加陌生的未来。

系统性风险的扩散，就其量的方面来说具有乘数效应，这是风险扩散的累积效应不断加速的表现。这种乘数效应指一种风险到多种风险的演变不是线性的加和关系，而是非线性的乘数关系。借助原子科学中的"链式反应"原理，笔者设计了一个简单的数量关系，以说明风险扩散的乘数效应。首先假定：风险扩散的次数为 N，每次扩散，一个风险作用于 K 个领域或者事物身上，扩散为 K 种风险，这 K 种风险之间不再发生相互作用，不会变成第 $(K+1)$ 种风险。K 种风险之间是相互独立发展的。又假定在某一个初始时间 t_0，风险种类为 1；风险扩散 N 次以后的时间为 t_n，风险种类记为 Rn，那么我们就得到了一个风险扩散的公式：

$$R_n = K^n \quad \cdots \quad (5)$$

理解这个公式也可以参见图 5—3。在这个图中，为了简化起见，笔者取 $K=2$。单箭头表示风险扩散的方向，双箭头表示相互作用，实线箭头表示可见或者可以认知的相互作用和扩散渠道，虚线箭头表示隐蔽的相互作用和扩散渠道。风险制造者把源头的风险推向市场，各种与之相关的风险诱因（如市场流动性、信息不对称、人的贪欲和投机、假冒伪劣产品泛滥等）在市场上发生相互作用，源头风险变为两种风险，如此类推。当然在现实中，这个扩散机制会更加复杂，源头风险可能会变成多种风险，各种扩散的风险之间也存在相互作用，演变出更多的风险。此外，风险当然也不是无限制扩散开来的，各种社会控制体系也会约束风险的扩散，特别是一些明显的、波及面很广的和危害巨大的风险肯定会得到严格治理。不过仍有一些长期隐蔽的风险难以察觉，随着风险系统的动态复杂性继续发展，风险还可能逃离社会监管继续扩散。

二 风险扩散的"温室效应"和"回飞镖效应"

工业文明给人们制造了一个不断暖化的地球，地球越来越成为一个大温室。我们知道，这将是气候变异等一系列灾难的开始。风险扩散过程也

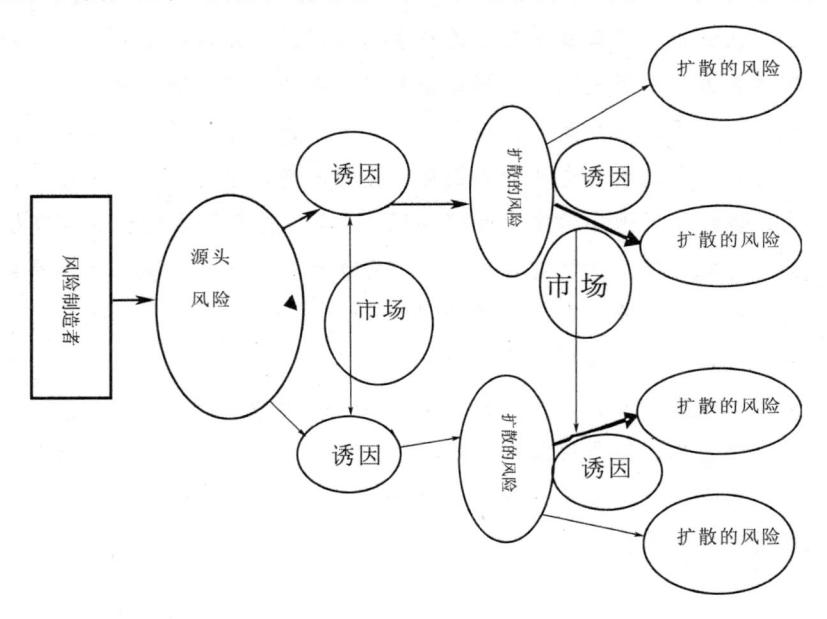

图5—3 风险扩散的乘数效应

伴随着一种"温室效应"，即风险并不是以明显的、强力威胁的方式，而是以隐蔽的、似乎无害的方式散播开来，就像空气一样不易为人察觉。这种空气中洋溢着"温暖煦风"，就像科技的伟大成就和现代化给人们带来的巨大福祉，人们迷惑于这些福祉和成就中，容易忽视其中风险。正如温室中的花朵感受不到风吹雨打和自身生存功能的退化，生存于风险社会的人们经常感受不到风险扩散和自身面临的种种危机，人们生存于危机中而麻木不仁。彼得·圣吉也说过："今天对我们组织和社会生存的主要威胁，并非出自突发的事件，而是由缓慢、渐进、无法察觉的过程所形成。"[①]

风险扩散的温室效应的形成，与风险扩散的特点和人们感知的局限有

---

① [美]彼得·圣吉：《第五项修炼》，前引书，第24页。

根本关联。其一，风险扩散经常是隐蔽和无形的，人们对此种事物的感觉是非常迟钝的，我们借"青蛙实验"来理解这个问题，这也是19世纪末美国康乃尔大学做过的一个著名实验：

> 他们把一只青蛙猛然丢进煮沸的油锅里，在这种生死关头，青蛙拼尽全力，一下就跳出了那定会使它葬身的滚烫油锅，跳到地上，竟安全逃生了；半小时后，他们使用同样的锅，在锅里放满冷水，然后把那只死里逃生的青蛙放到锅里，接着用炭火慢慢地烘烤锅底。这一次，青蛙悠闲地在水中享受"温暖"，等到它察觉热度已经太高快熬受不住的时候，它想奋力逃命，却发现为时已晚，欲跳乏力。结果青蛙全身瘫痪，葬身在沸水锅里。①
>
> 身处风险社会中的人犹如"青蛙实验"中的青蛙。人们对细微变化不敏感，任其积累。当量变达到一定程度，才会引起人们注意，但这时变化已经严重危及生存。总体上，人的感觉具有先天局限，是对长期变化（比如全球变暖）和远距离变化比较迟钝，这是造成温室效应的重要根源。

其二，风险的扩散，从开始到产生引人注意的影响存在时间迟滞，人拘泥于系统性风险扩张的局部和过程之中，对整个事件的结果和深远影响是无知的。在柏拉图的"洞穴比喻"②中，人们正是局限于对当前事物和墙上影子的认知而不能自拔。人忽视自己生存系统中更大范围的事物和系统的外部环境，只看到现象而看不到本质。糟糕的是，人们明

---

① 参见《温水煮青蛙实验》，http：//baike.baidu.com/view/309127.htm，2012年5月16日。

② 柏拉图的"洞穴比喻"的大意是：一群囚犯被关在一个洞穴中，手脚都被捆绑，身体也不能转身，因此只能背对着洞口。他们面前有一堵白墙，他们身后燃烧着一堆火。在白墙上他们能看到自己以及身后到火堆之间所有事物的影子，由于他们不能转身看别的东西（主要是不得"见光"），囚犯会以为影子就是真实的东西。最后，有一个人挣脱了枷锁，并且摸索出了洞口，于是他看到了真实的事物。他成了哲学家。哲学家同情他的同伴们，回到洞穴想告诉人们，那些影子其实只是虚幻的事物，并向他们指出光明的道路，去看看太阳底下的世界。然而令哲学家难堪的是，人们认为他才是愚蠢的，人们坚信，除了墙上的影子之外，世界上没有其他东西存在了。

明看到的是虚浮的现象甚至是假象，却宁愿相信它是真相；人们的感觉明明是有很大缺陷的，人们却安于这种缺陷不求上进；人应该是"理性的动物"，但是只被用来开采自然而非对其后果进行深刻反思。风险扩散的温室效应由此造成，人们安于感知到的温暖和惬意，对于背后隐藏的东西人们感知不到，感知不到就把它当成不存在的东西忽略。而在这些隐藏的东西中所包含的风险，就四处扩散。风险扩散的温室效应中隐含着人对自身处境的一种自闭和自欺，人们对此不以为意，这也是极其危险的。

其三，科技对社会的种种正面作用，人类文明已经取得的伟大成就对人们有迷惑乃至麻木的作用，使人得意于这些成就，对其中的危险估计不足。在温室效应中，危险潜伏于成功之中，恶是善推动起来的。海德格尔和约纳斯都意识到，现阶段人类文明的危险恰恰在于人们的不断成功。海德格尔说："与无蔽状态相对应，自然作为一种可计算的作用力之复合体现出自身，这确实能容纳一些正确的决断，但正是这些成功埋伏下了危险：在一切正确的东西中真实的东西隐退了。"① 约纳斯也发现："技术被善意地而非恶意的用于最合法的目的时，技术仍然有危险的决定性作用。恶的天生萌芽恰恰是通过善的推动一起成长并成熟起来的。危险与其说在于放弃，不如说在于成功。"② 农药和转基因技术提高了农业产量，人们有了更多的粮食；电给人带来持久的光明和温暖，人们从此告别黑暗和阴冷；全球互联网的发展使人们足不出户便知天下事，人的文化生活不断丰富。科技主导的社会发展已经给人们带来了巨大福祉，而且还向人们许诺了更加光明的未来。现在正是人们的能力空前强大的时候，现在正是人类文明处于巅峰的时候，人们似乎没有理由不抱乐观主义的态度，各种"盛世危言"也显得不合时宜。但是，现在确实也是人类面临前所未有的生存危机的时候，而且危机四伏，愈演愈烈。人们不断取得改造自然的成功，获得大量物质财富，但价值也同时遮蔽了真理，人们沉溺于价值符号的虚幻之中。风险隐藏在人类不断取得的发展成就的幕后，这正是风险扩

---

① Martin. Heidegger, "The Question Concerning Technology", in *The Question Concerning Technology and Other Essays*, p. 26.

② ［美］汉斯·约纳斯：《技术、医学与伦理学——责任原理的实践》，前引书，第 25 页。

散之温室效应的深层根源。

其四，科技专家的实验室，现代企业的生产环境，也都是"温室"。风险扩散的过程中，技术资本主义制造了符合其生产要求的各种温室，这是风险扩散之温室效应的社会制度条件。科技专家把自然事物放进实验室，按照乐观主义的想法进行改造，实验室由此变成温室。技术资本主义按照自身时空节奏规划人们的工作和生活，使劳动符合生产需要。[①] 现代信息技术的发展又创造了流动空间和自决时间，技术资本主义的生产逻辑可以随时延伸到世界任何一个角落。为了得到最大化利润，现代企业努力营造出舒适的工作环境。人们习惯于在现代企业的流水线上机械麻木地劳动。现代工厂犹如柏拉图的"洞穴"，人们被捆缚在里面。伴随着优美的背景音乐，免费提供的午餐，以及下午工作时间可以提神的咖啡奶茶，"洞穴"中的人们愉快地工作。

风险扩散的温室效应，是风险异化为危险的重要原因，是使风险社会向纵深发展的重要原因。技术资本主义制造了"人工自然"，其中深意人们并未深究和反思："人工"的竟然成为"自然"的，何以如此？后果如何？人们对此缺乏起码的警惕。加塞特指出："现代人睁开眼看生活，发现自己被技术产品和技术程序的汪洋大海所包围，这些产品和程序形成这样一个密不透风的人工环境，原始自然被遮蔽在后面，于是他将以为所有这些事物的存在正如自然本身的存在一样：阿司匹林和汽车生产如同苹果在树上生长一样。这就是说，他可能很容易看不清技术和人的道德处境。在这种情况下，人很可能回到最原始的态度，即认为单纯在那里存在的自然作为（给予人的）礼物是理所当然的。"[②] 人对人工自然的麻木或迟钝，和对人工自然的反思之匮乏，正是风险扩散的温室效应的真实写照。

温室效应的一个结果，是使人掉进"温柔乡"失去必要的反思和抉

---

① 在希腊神话中，居住在阿地卡的巨人普洛克拉斯（Procrustes）常常会强行羁留过往的旅客，不管他们喜欢或不喜欢，就将旅客绑在床上，有身长超过床铺者，就将他的下肢截断；如果身高较矮者，就会用力强行将之拉长，以符合床的长度。这也可以看作是对现代资本生产逻辑的隐喻。

② Ortega Y Gasset, "Man the Technician", in *Technology and Values: Essential Readings*, p. 121.

择能力。加塞特说:"现在的人——我是指人类整体而非个体——对于是生活在自然之中还是利用超自然(supernature)的好处,已经没有选择能力。正如最初的人生活在自然之中,现在的人无可挽救地依赖于和寄宿于(lodged in)超自然之中。这导致某种危险。"① 从存在论的角度来说,面对风险社会的困局,人们身上有一种普遍的情绪状态不是"焦虑",而是"无奈"②。"焦虑"显示人们尚且对风险持有激烈反弹,而"无奈"表明人们已经对风险及其持续的扩散司空见惯而不以为意。之所以从焦虑变成无奈,这正是拜温室效应所赐。

"温室效应"的另一个结果,是它极大摧毁了人们面向未来的设计能力,并塑造了两种人。一种人对未来没有任何期望;一种人失去了"提出正常期望"的能力。就前者来说,人处在被选择的状态,不再有超越自身限度的需要。这种人是尼采所说的"最后的人"——志得意满、不求上进的人。技术资本主义把人从一个极端"塑造"到另一个极端,即从"对征服世界的野心勃勃"到"在风险社会中的得过且过"。就后一种人来说,人仍然按照技术资本主义固有的逻辑,提出很不现实的发展目标,而不愿意反思现有发展理念,保护已有的地球家园。宇宙空间技术的发展营造了"地球外生存"的需要,然而即使这在技术上有可能性,那也是比在地球上生存更具风险、成本更高的事情。长期以来,人们不断把家园变成废墟,又不断寻找新的家园。似乎只要有发达科技,新的家园总是可以建成,以至于家园似乎可以随着人们对月球和火星的认知而扩展到那里。殊不知,地球才是人类最可靠的家园。人的期望能力的丧失,也加剧了当代文化方向的迷失。

总的来看,风险扩散的"温室效应"会扩散到全球,最终任何国家都难以幸免,包括曾经是风险策源地的那些区域和群体。也就是说,风险在扩散过程中最终会回到它的源头并对源头造成危害,这就是风险扩散的

---

① Ortega Y Gasset, "Man the Technician", in *Technology and Values: Essential Readings*, p. 121.

② 这个观点受惠于李河先生。在一次研讨中,李河明确地说:当代人的情绪状态已经不是海德格尔所说的焦虑,而是无奈。李河举例说:"一群人坐在船上,船快要触礁了。撞就撞吧,偏偏有人说,船要撞了。但即使如此,大家对于触礁还是没办法,这就是无奈。"笔者补充以为,当代人的这种无奈情绪,与风险扩散的"温室效应"相对应。

"回飞镖效应"（the boomerang effect）①。对此贝克说过："那些生产风险或从中得益的人迟早会受到风险的报应。风险在它的扩散中展示了一种社会性的'回飞镖效应'，即使是富裕和有权势的人也无法逃脱它们。……现代化的原动力自身也深深卷入了它们释放并从中获益的风险旋涡之中。"②

我们在上文曾经提到风险扩散的政治路径，它引申出一种不平等的风险政治秩序。通过风险扩散的回飞镖效应，我们又发现，施害者最后也将是受害者。从长远的、全局的角度来看，风险政治秩序对于所有主体又都是平等的。风险政治秩序是既平等又不平等。说它不平等，是就风险承受能力和风险化解能力、风险责任的承担乃至风险收益的分配方面来说的，强国、富有者和权势集团在这些方面占有优势；说它平等，是就风险的长期影响和系统性作用而言的，强国和富人均无法从中逃脱。风险作为一个复杂系统，它不断扩散又缺乏控制机制，使得全球最终形成相互联系、相互影响的风险社区。结果，源头处的风险扩散出去，会通过某种反馈机制再回到源头处。这是风险扩散告诉我们的深刻事实。贝克也分析过回飞镖效应的原因。第三世界的物质贫困，使得他们竭尽一切可能增加粮食产量，大量进口和使用发达国家的先进农药技术、生物化学技术和转基因技术等。这些技术包含的风险，如贝克指出的那样："对富裕的社会是具有传染性的。风险的倍增促使世界社会组成了一个危险社区。'回飞镖效应'精确地打击那些富裕的国家，它们曾经希望通过将危险转移到国外来根除它们，却因此不得不进口廉价的食物。杀虫剂通过水果、可可和茶叶回到它们高度工业化的故乡"③。贫困国家为了发展生产逃避和压制风险，发达国家则拼命转移风险，风险就这样在全球范围内流动，并形成某种相互作用机制，最后无人幸免。

---

① "boomerang"是澳大利亚土著用的一种武器，飞出去又折回来。引申为自作自受，从源头处引发的祸害又回到源头处。贝克首先提出风险的"the boomerang effect"，它的中文被译成"飞去来器效应"，笔者则以为可以译成"回飞镖效应"。相关内容分别参见 Ulrich Beck. Risk Society：Towards a New Modernity Theory, Sage Publications：1992, p.37；[德]乌尔里希·贝克：《风险社会》，前引书，第39页。

② 参见 Ulrich Beck. Risk Society：Towards a New Modernity Theory, p.37；以及[德]乌尔里希·贝克：《风险社会》，前引书，第39页。

③ [德]乌尔里希·贝克：《风险社会》，前引书，第49页。

从更深入的哲学视角来看，风险政治既不平等又平等。从风险建构论的维度来看，风险扩散是不平等的，风险制造者努力借助各种社会组织、媒体和信息渠道把他们制造的风险合法化，并且必要时转嫁风险；他们努力构建有利于自己的风险话语权，风险制造者和风险受众在承担风险时是不公平的。从风险存在论的角度来看，风险扩散对于所有人都是平等的，风险的系统性扩散在客观上使得所有人都难逃风险的"回飞镖"。

本章小结

当代风险社会的发展进程内含系统性风险的扩散，即风险的扩散机制，它使得当代风险扩散呈现出快速、连续和全球性特点。自然和社会系统本来就存在着复杂的、动态的相互作用，这本身就带来风险；对这种动态复杂性人们经常缺乏系统思维，助长了风险扩散；认识风险扩散机制，我们需要采用系统论和复杂性理论的方法。

风险是系统性存在，技术、资本、科学和相关主体构成风险系统的基本要素，它们之间存在复杂的相互作用，由此形成一种风险结构，发挥着风险扩散的功能。风险要素之间的相互作用和风险扩散之间是内在关联的，而且这种相互作用还是非常隐蔽的。相互作用的两种基本方式是正反馈和负反馈，二者的共同作用使得风险系统是相对稳定的，能持续发挥风险扩散的功能；风险要素的相互作用，从开始孕育到带来某种结果往往存在时间迟滞，它使人们对风险感知经常是滞后的，也为风险责任的推卸和转移创造了便利条件；风险要素的相互作用是变换多样的，风险系统所以呈现出动态复杂性和非平衡性；风险要素的相互作用也是非线性的，并带来不可逆的结果。以上这些复杂的相互作用，使得风险系统的各个部分，对系统整体的存在和发展经常是无知的，即各部分对每个个体行为产生的总体结果，往往缺乏认知和反思能力。因此人们无意中会经常助长风险扩散，并缺乏责任意识。这不仅表明了系统论对理解和应对风险的必要性，也显示出人是风险系统的能动要素，群体性地逃避和转移风险；最后，风险要素之间的复杂性相互作用，会在市场中进一步被放大，市场成为风险扩散的主要时空场域。

对风险扩散的系统论研究可以得出，当代风险社会的风险扩散具有累积效应、乘数效应和温室效应、回飞镖效应。由此也可以引申出一种风险政治：尽管现实中风险的承担和分配存在不公平现象，但是风险社会的全球性发展，最终会"公平地"打击到每个人。

第六章　风险评估与治理

风险社会的发展和风险的迅速扩散，需要人们及时应对，在对风险及其扩散效应进行合理评估的基础上，找到积极有效的治理办法。

第一节　风险评估

风险评估是考察风险对人和环境造成损害的可能性和程度，包括某种风险是否会发生，风险的性质如何，风险的大小，发生某种程度的风险的几率是多大等。从时间上来看，风险评估可能是预测性的，即对未来可能发生的某种风险作出估计；或者对正在发生、不断扩散的风险进行分析，并估计它在未来造成的可能影响；此外，对某种已经发生的风险及其实际影响作出全面分析，也可以为我们在以后应对类似风险提供借鉴。风险评估的内容，主要应包括风险对人的身心健康造成的可能危害，风险对生态环境造成的可能危害，以及这些危害之间的系统性作用。

现实中，不同群体对于风险评估往往采取不同的方式和标准。风险专家提出"可接受风险"的概念，试图按照科学的某些量化标准评估风险。他们通常认为："风险是一种能被客观地度量的东西"，风险评估是"对发生负面效果的可能性和强度的一种综合测量。"[1] 基于这样的认识，风险专家通常以功利主义的态度，把"成本—收益"分析法运用到风险评估中；按照风险专家的意见，可接受风险的评判标准是："在可选择的情况下，伤害的风险至少相等于产生收益的可能性。"[2] 风险专家由此对一些风险作出某种货币估算。实践中，专家的这种风险评估方式存在诸多局

---

[1] ［美］查尔斯·E. 哈里斯等：《工程伦理概念和案例》（第3版），前引书，第125页。
[2] 同上书，第125—126页。

限。不过，在大多数没有涉及人身权利重大损害的场合，人们往往以专家评估意见为准。

普通人则对风险有着和专家不同的理解，他们更愿意接受"自愿认定的风险"（昌西·斯塔尔语）。普通人会基于自身对风险的切身感受评估风险，希望风险责任和收益能够公正分配。因此，普通人对于可接受风险的评判标准是："一种可接受的风险指的是这样一种风险，它是通过行使自由和知情同意权而自愿认可的，或者它是得到适当赔偿的，并且它是公正地分配的。"①

政府管理者在评估风险时，则希望尽可能平衡专家意见和普通群众的要求，保护公众免遭风险的伤害。他们对可接受风险的评判标准是："可接受风险是这样一种风险，其保护公众免遭伤害的重要性远远超过了使公众获利的重要性。"②

风险评估的已有方法主要有定量评估和定性评估。定量方法是计算风险发生的概率，用数量指标描述风险可能产生的影响。定量评估的目的是发现某些风险是否存在，风险的大小如何，划定"可接受的风险"和"不可接受的风险"的界限。风险是否可以被接受，往往以专家系统研究得出的数量描述为依据。比如：美国人在评估农药残留的风险时，认为农药残留物可分为致癌物和非致癌物，大多数致癌物只有零接触才没有风险，而接触非致癌物需要超过一定剂量才有毒性。美国 EPA（环境保护局）经研究，最后将致癌性的可接受风险，定位为接触某化学物质所导致的风险在百万分之一或以下。③ 定量评估的一般过程是寻找一些可量化的风险要素，采用实验观察、问卷设计和统计分析描述要素，然后建构数学模型，解释或预测风险。定性评估则包含了研究者对某种风险的价值判断，不是价值中立的。定性方法是对风险的性质及其影响做出某种知识和伦理判断。对风险性质的认识，过去做法一般是依据专家对风险的某种解释，对风险的伦理判断则以专家提供的风险知识为依据。比如专家告诉人们，核电风险是可控的，因此是可接受的。

---

① ［美］查尔斯·E. 哈里斯等：《工程伦理概念和案例》（第3版），前引书，第131页。
② 同上书，第132页。
③ 张存政等：《农药残留风险评估研究进展》，《江苏农业学报》2010年第6期。

第二节 风险评估维度的扩展

面对风险社会现状，人们已经在很多风险领域开始建立评估制度。风险评估是一件困难的事，犹如"在黑暗中透过玻璃看东西"[①]。已有的风险评估制度存在诸多局限性，需要扩展它的内容或维度，以便完善它。

一 风险评估方法的革新

长期以来，定量评估或量化方法在风险评估中占据主导地位。如上文所述，这首先有科学方法的依据。常态而言，科学方法是我们感知和评估风险的主要知识来源。人们在现实中，包括政府管理者在内，考察风险的影响只能借助科学。此外，量化方法具有极强的可操作性，有利于我们在实际中及时有效地处理一些伤害事故。在风险的社会政治决策中，考虑多大程度的风险是可接受的，风险的扩散范围应该多大是可以允许的，还都需要风险的定量研究。另外，对风险的定量评估也有很多缺陷，如量化方法难以跟踪风险的长期影响，不能对风险性质进行某种全面的伦理判断等。

当量化方法被全面运用到资本主义的风险管理中时，其局限性就充分暴露出来了。贝克早就指出：现代资本主义社会针对风险建立了一种保险制度，如在工厂中失去一只手臂，赔偿5000元；"人们必须接受生命或者健康与一笔款项交换的逻辑，即资本主义逻辑。"[②] 资本主义的风险评估实际上遵循着资本主义的生产逻辑，其中风险量化为可见成本，只要风险能带来更大收益，再大的风险也是可以接受的，小到一只胳膊，大到人的生命。资本主义发展到信息时代，整个社会的管理和运营数字化，数字的"专制"横行，人的身心都受到它的严密控制，数字成为抹杀人的个性和自由的直接工具[③]。按照资本主义的生产逻辑，货币成为风险考量的唯一

---

① [美]查尔斯·E. 哈里斯等：《工程伦理概念和案例》（第3版）前引书，第118页。
② [德]乌尔里希·贝克、威廉姆斯：《关于风险社会的对话》，路国林编译。见《全球化与风险社会》，前引书，第7页。
③ 算术原本具有抹杀个性的特点。如"1（个人）+2（块石头）=3"，这个运算过程是去除事物个性的。

尺度，人被单纯量化为生产的原材料，人的多方面的价值追求被忽视了。

此外，从当前实践来看，单纯的量化方法也不能适应风险社会的现实。本书第一章第四节述及海德格尔的"庞然大物"的思想，它启示人们，作为当代计算性思维的产物，它却恰恰成为不可计算的。风险的不断扩散必定使它超出人们可以估计的范围。风险的量变引起了质变。科学技术运用带来的各种后果，具有不可计算性，工程学的量化方法在当代的风险评估中不能再完全适用。汉森则指出了风险量化的两个主要困境：

其一，风险量化会混淆不同性质的风险。比如，一次海岸冲浪事故的死亡率是1/1000，而一次核事故的死亡率是1000/1000000，尽管两者的死亡率都是0.001，但是这两种风险是不同性质的。因此，仅以死亡率衡量两种风险是不够的；其二，人们对于事件后果的期望是不一样的，或说人们的期望是价值多元的，因而对于同等严重的不利事件的预计值，它的价值陈述往往是有争议的。这种结果难以量化。[①]

总之，鉴于量化评估的局限，风险评估的方法必须扩展，把定量评估和定性评估综合起来使用。

二 风险评估的目标改进和内容扩展

以往的风险评估，方法决定了目标，方法的局限也注定了目标的狭隘。为了便于控制风险，人们过于注重那些可以量化的内容，忽视那些不能量化的内容。对于风险评估的目标，其价值尺度过于单一，伦理内涵不够丰富，评估目标需要进一步扩展。我们应该根据人类发展的长远目标反思原有的评估手段和方法，不是让方法决定目标，而是用目标指引方法。同时，风险评估的内容也会随着其目标的调整而扩展。

第一，风险评估的内容应该从人的"身体"扩展到人的"身心"和其他生命，风险评估的维度需要扩展到生命伦理的层面。

美国学者福瑞切特提出：在技术风险的评估中，工程学看重可以量化的身体伤害；人文主义者则认为，技术风险评估的内容应该包含更多人文

---

① Sven Ove Hansson, "Risk and Safety from the Viewpoint of Philosophy of Technology", Lecture, Northeastern University, Shenyang, China, August 20–21, 2010.

关怀的层面，比如某些精神损害。① 毕竟，人的生命不能用货币来衡量。技术风险评估中的这个争论，对于一般的风险评估也有借鉴意义。现实中，人们过于看重风险可能带来的财产损失、身体伤残和事故的人员伤亡率，忽视风险和灾难对人们造成的更多的、不可见的损害。地震灾害造成的心灵创伤、核泄漏事故造成的心理恐慌难以像经济损失那样准确计算，但是需要人们充分估计到其现实影响，并通过政府和相关部门的积极干预来缓解。再比如，现在普遍流行的一些网络游戏和信息媒体制造的娱乐方式，极力展现和张扬人性的极端面，似乎这在虚拟世界是无害的，但陷入网瘾的青少年和成人往往分不清虚拟和现实的界限，在现实世界中"模拟"网络世界，陷入迷幻和抑郁中不能自拔。风险社会滋生了众多病态心理，传统的伦理尺度像平等、正义、自由和幸福等已显得不够用，心理健康和心态安宁应该作为新的伦理诉求加入当代伦理学的建设视野中，并作为价值标准的内容成为风险评估的目标。风险评估应该有更多人性尺度的关照。

此外，风险评估的内容还应该考虑到一切生命有机体的生存问题。生态自然观告诉我们的常识是，人和各种生物都是休戚与共的，共同构成一个完整的生态链。每一种生物都占据着一个重要位置，它们的衰亡会造成链条中断，引发生态危机，并危及人自身的生存。比如当牧场变成沙漠，附近的人们会被沙尘暴侵袭，以及失去食物来源。本书第五章第四节研究表明，风险扩散具有回飞镖效应，它启示我们，当科技生产活动破坏了人们周围的有机环境，动物等生命物质受到的伤害也会变换形式波及到人身上，人要警惕风险的回飞镖击伤自己。然而长期以来，人总是先入为主地以自身这个种族为中心。弗兰西斯·培根在其"四假象"理论中首先提到的就是"种族假象"，即按照某种希腊哲学的传统，人把自身及其感觉立为万物的尺度②；培根发现："种族假象的基础就在于人的天性之中，

---

① Kristin Shrader - Frechette, "Technology and Ethics", in *Technology and Values: Essential Readings*, p. 62.
② 众所周知，这是普罗塔格拉提出的命题：人是万物的尺度，是存在的事物存在的尺度，是不存在的事物不存在的尺度。

就在于人类的种族之中。"①

要改变这种现状,风险评估需要增加生命伦理的维度,一切生命的生存权应该受到尊重和保护。综合海德格尔和约纳斯的观点,生命伦理的实现路径是人对其他生物的"看护"。海德格尔曾经指出:人的本真存在是生存,而生存是看护者。② 人对其他存在者负有看护的责任,在此看护中,其他生物的本真存在也能实现。人在自然系统中处在高端位置,是智能生物;一般生物处在低端位置,是本能生物。正如父母对婴儿负有看护责任,人对普通生物也负有看护责任。

需要强调的是传统西方伦理学已经不能适应当今风险评估的现实需要。传统西方伦理学的一个重要前提是人具有自由意志,有作恶的可能,这需要建立一些善恶判断的伦理标准并寻此标准惩恶扬善,使每个人都能恰当地、互不妨碍地实现个人自由和幸福。没有自由意志的人也没有道德权利和义务,因为被迫做的事情没有道德价值,无所谓善恶。一般生物是没有自由意志的,不进入伦理关照的范围,它们的生存权利也被忽视了。概括起来,传统西方伦理学是人类中心主义,然而现实情况是,技术发展使得整个地球生态圈受到威胁。因此约纳斯指出:

> 人不能再只想着自己,这至少有两个原因。其一,所有自身就具有其目的的有机体,应该获得生存关照;其二,人类应该考虑"明智的自我利益",生物圈的整体毁坏将危及人自身的生存。因而伦理学的视野应该扩展到对非人类生命的特有关照,人类首次对整个宇宙承担着责任。③

第二,风险评估应该考虑到风险及其扩散的长期效应,它的评估维度需要扩展到代际伦理的层面。

本书第五章的研究表明,风险从孕育到产生可见影响存在时间迟滞,

---

① 《西方哲学原著选读》,北京大学哲学系外国哲学史教研室编译,北京:商务印书馆1982年版,第350页。
② 《海德格尔选集》上卷,前引书,第386页。
③ [美]汉斯·约纳斯:《技术、医学与伦理学——责任原理的实践》,前引书,第28－29页。

风险扩散还具有长期性,因此对某种风险的评估一般应是长期的。至于时间究竟应该多长,要根据不同的风险及其在本地区的可能影响来确定。现在的风险评估过于注重其短期效应,对其长期效应估计不足。这和资本短视的本性也是有深刻关联的。资本生产体系把风险当成生产的成本,期待它以最大效率获得最大收益,风险的长期的、综合性的效应经常被掩盖起来。

某些科技项目和资本主义生产体系结合在一起产生的风险,甚至会影响以后几代人的生存。约纳斯指出:"今天每一种技术能力的运用很容易在社会上迅猛成长,变化极快;同时,技术及其产品遍布全球,其累积的效果可能延伸到无数后代。我们此时此地的所作所为,大多是自顾自的,这样粗暴地影响着千百万在别处和未来生活、对此不会有选择权的人们的生活。我们应该尽量公平地为后代负起责任。"[①] 约纳斯在此提出了一种代际伦理思想。代际伦理是建立在不同代人之间的伦理关系,旨在实现代际之间的公平和正义,即后代人应该和现时代的人们平等地获得生存和发展权利。传统西方伦理学注重"现在"的个人幸福,研究横向的人际关系,这不能适应我们应对风险的现实需要。风险是面向未来的,风险社会的伦理学必然是代际伦理。我们如果留给后代渗满农药的土地,布满阴霾的天空,乃至不适宜人居的地球,那么我们就违背了代际伦理。

第三,风险评估需要关注全局性的、隐蔽的后果,整体性的伦理思想应该引入风险评估。

笔者在本书第五章第三节曾经提出,风险要素对系统整体的"无知"和人的画地为牢的天性,阻碍着人们对风险整体效应的认知。对此培根也为我们提供了认识论的依据,即"洞穴假象",笔者在第一章第一节也已阐明。在现代资本生产体系中,本地区或企业的利益更是被放在首位。以上种种原因导致人们过于关注风险造成的局部影响,忽略其全局后果。同时受人们的认知局限和量化方法的影响,人们往往只是关注风险的可见影响,对其隐蔽后果难以觉察和评估。

为此,风险社会需要一种整体性伦理的建构,这个目标也只能在风险社会的实践中达成,传统西方伦理学对此也是应对乏力的。传统西方伦理

---

① [美]汉斯·约纳斯:《技术、医学与伦理学——责任原理的实践》,前引书,第27页。

学是个人主义的,旨在实现每个个体的自由和幸福;实现的主要路径有德性论的"做一个善人",义务论的道德自律(善良意志自己立法并自己遵守),以及功利主义的效果计算(如果计算的结果是实现了"最大多数人的最大幸福"就是善)。这种伦理学忽略了人类或团体的整体利益的重要性。整体性伦理的本质要求是整体先于部分,全体先于个人、企业和国家。人类群体的生存权和发展权必须放在首位,个体的自由和个别国家的利益诉求不能损害整体利益,否则个体和国家的生存和发展也会受到威胁。一个典型的例子是,各个国家只注重自身发展,不断排放温室气体,导致全球变暖,最终它引发的气候灾变等严重后果也会波及所有国家。

总结来看,风险评估的内容和目标需要涉及风险对所有生命的负面影响,以及风险的长期的、全局的、无形的负面后果,这要求建构新的生命伦理、代际伦理和整体论思想作为风险评估的尺度。这些新的伦理观已经超出旧的伦理学范畴,只能在风险社会的人类实践中孕育出来。我们现正致力于新伦理的建设,它将在风险社会的土壤中生长起来,它的养分不再是冷冰冰的理性强迫(绝对命令)和功利计算,而是人的看护。

三 评估主体的范围和知识层次的扩展

风险评估的方法和内容的扩展,也要求评估主体的范围和知识层次相应地扩展。量化方法已经不再是唯一的评估方法,风险评估就不能只依赖专家系统及其知识。[①] 风险定性需要普通民众的参与,这是生命伦理的根本要求,因为生命伦理关涉人类对所有生命的看护,普通民众是践行生命伦理的主要力量。风险评估要关涉其长期和整体的效应,普通民众的风险认知成为重要参照系。专家系统只有借助民众的风险知识,才能跟踪研究风险长期的、整体性的结果,并提出可操作性的风险应对方略。在风险治理的实践中,专家和政府主要是决策者,民众才是执行者。专家和民众的

---

① 和过去相比,现实中人们对专家系统应对风险能力的信任度确实也在下降乃至出现动摇。据调查,在"非典"流行期间,人们对于科学技术专家的信任出现了问题,而且越是教育程度高的人,就越表现出对于他们的不信任。在"小学及以下"教育程度的人当中,有87.5%的人表示他们"信任"科学家;而这一比例随着教育程度的提高而呈逐渐下降的趋势,到了教育程度"研究生"的人当中,表示"信任"科学家的比例已下降到50%。参见赵延东:《风险社会与风险治理》,《中国科技论坛》2004年第4期。

第六章 风险评估与治理

沟通与协商是应对风险的重要路径。

已有风险评估的问题在于，专家系统在制定风险评估的标准时，被授予了过大的权力，民众基本上被排斥在外了。结果，专家系统制定的标准可能不仅没有遏制风险的扩散，反而会助长这种扩散。民众是风险评估结果的主要承受者，他们才是风险效应的实际检验者，把民众排除在外的风险评估注定是片面的。贝克认为："任何坚持对因果关系进行严格证明的人，都是对工业造成的文明污染和疾病的最大程度无视和最小程度承认。以'纯粹'科学的天真，风险研究者保卫着'证明因果关系的高超技艺'，进而阻碍了人们的抗议，以缺少因果关联为由将抗议扼杀在萌芽阶段。这使生活受到普遍的威胁。"①

这是因为，专家系统的风险评估本身存在很大局限。这可以从两个方面来看。一方面，专家系统制定的评估依据和标准是有缺陷的。专家们在评估可接受的风险时会提出一个"允许的最小毒害量"，这是毒物的"可接受值"，然后据此判断一种风险的危害效应在多大程度上是允许的。可接受值成为风险评估的标准，以此确定某种风险项目是否可以实施。也许某个或几个可接受值的判定确实有利于控制某些局部的风险。但是笔者在第五章的研究表明，风险是一个系统性的扩散过程，风险会在系统和市场的相互作用机制中被放大。可接受值只是给人们吃了象征性的"定心丸"，至于物质对人是否有毒害以及毒害有多大，只有当物质进入生态循环圈，并经过它与环境的长期相互作用，我们才能有所认知。贝克发现："就单个物质来说，即使存在看上去没有危险的可接受的毒物水平，但毒性物质的协同作用也会使这些安全的毒害变成危险的。"② 就像每个工厂都是按照某种"可接受"的排污标准排放废水和废气的，单个来看好像危害不大。但是这些危害累积起来，却使河流和地下水系遭到污染，天空中时常布满有害烟雾。

不止如此，专家系统能够制定简单的可接受值，却对它们形成的复杂结果失去判断能力。个中原因也是多方面的，概括起来有两个：（1）主观上，专家们有时不愿意认可这种复杂结果；（2）客观上这种复杂结果

---

① ［德］乌尔里希·贝克：《风险社会》，前引书，第74页。
② 同上书，第79页。

本身也存在认识上的困难。具体说来，很多专家与企业、相关政府部门结成了利益集团，制定某个生产项目的可接受风险，引导企业和政府部门做一项风险投资，这是专家们被委派的任务。尽管后来可能会引发不可接受的复杂结果，但出于对自身利益的维护，专家们不愿意正视这些有害结果。当然，即便是专家"学富五车"，风险的复杂结果本身往往难以厘清，人对风险系统的整体性无知是客观存在的。但是，专家系统应该正视这种客观情况，并将其如实地反映出来，反之则只能助长风险的持续扩散。要弥补专家系统的这种缺陷，需要引导民众积极参与，借助他们的风险感知，补充专家系统认知的不足。

另一方面，在风险评估中，专家们所采用的实验方法也是有缺陷的。由于不可能拿人做实验，专家测定很多风险危害时一般用动物做实验，并假定动物的反应可以类推到人的反应。然而，正如贝克指出地那样："我们如何从A 推论到 B，从极端多样化的动物反应推论到完全未知的人的反应？而人的反应从来就不是可以从动物的反应推论出来的。"[①] 风险评估中的试验方法存在一个悖论：风险评估必须拿人做实验，才能对风险给人带来的有害影响进行可靠分析；但是，社会的伦理和法律规范又不允许把人作为实验对象。袁隆平在一次关于转基因的谈话中质疑道：赞成转基因的人是用小白鼠做的实验，可是小白鼠和人能一样吗？他们有人类食用转基因的实验结果吗？人民不是小白鼠，不能用那么多人的健康和生命安全来冒险。[②]

风险评估的主体和知识层次的扩展，并非意味着抛弃现有的专家系统及其评估方式。现有的专家系统受到权力和资本势力的牵制，在风险评估中经常向特定利益集团妥协，违背自己本来的职业伦理。这种职业伦理包含着传统科学的某些精神，如独立自由、求真务实，它们对于风险评估具有指导意义。因此，风险评估如果能按照严格科学的方式进行，则这样的评估是风险社会所需要的。毕竟，从知识角度来说，我们除了科学技术专家系统，也没有其他更加成熟的渠道来评估风险。在此基础上，专家系统吸纳民众的民主参与、民主监督，关切民众对风险的真实感受，然后建立

---

① ［德］乌尔里希·贝克：《风险社会》，前引书，第 81 页。
② 参见《袁隆平：转基因或影响生育，人民不是小白鼠》，原载《中国经济周刊》，2012 年 3 月 13 日。见 http：//news.ifeng.com/mainland/special/2012lianghui/yulu/detail_2012_03/13/13143734_0.shtml。

起综合性的、长远的风险评估系统。

总而言之，风险评估的维度需要结合当今风险社会发展的实践而扩展。不仅评估风险的短期效应，还要评估其长期效应；不仅评估风险的局部影响，还要关注其全局影响；不仅评估风险的可见效应，还要密切注意其隐蔽效应；不仅评估风险对人的可能的身体伤害，还要评估风险对人的心灵和一切生命的可能损害；风险评估不仅要依赖专家系统，还要积极引导民众的广泛参与。知识精英要深入民众的风险实践，帮助政府建立合理有效的风险评估制度。风险评估要引入系统思维和复杂性科学方法，跟踪、观察并估计系统性风险的动态扩散过程。风险评估是长期应对风险的实践，而非一蹴而就的"专家项目"。在这种实践中，风险建构论需要建立在风险存在论的基础上，人们的风险意识和风险的现实处境要实现具体的、历史的统一。如此，人们才能够不断完善风险评估机制，为风险治理奠定良好基础。

第三节　风险治理

一　全球风险社会与风险治理

"治理（governance）"是当前政治领域的关键词。据法国学者让－皮埃尔·戈丹考证：

> "govern（指导、指引）"、"government（统治、政府）"和"governance（治理）"有同样的词源，表示主导和驾驭某事物。直到中世纪末期，这三个词的意思是等同的，可以相互替代使用。后来，"government"的理念确立，它只表示一种含义，即"统治的思想与等级化的权力、垂直和自上而下的指挥关系，以及以整齐划一的方式推行的意志等概念联系在一起，与对国家整体性的思考紧密相关"。20世纪90年代，"governance"逐渐成为热门词，用来指涉超出传统政治能力范畴的领域和议题。①

---

① 参见［法］让－皮埃尔·戈丹：《何谓治理》，钟震宇译，社会科学文献出版社2010年版，第14—15页。作者本来使用法文分析治理的词源，笔者调整为英文，英文的"govern"实际对应法文的"gouverne"。

从"统治"到"治理",显示了现代政治的一种重要转变趋势。在理解这个趋势之前,我们首先需要澄清统治和治理的区别。统治是以民族—国家为主体,通过一定的政权组织形式(直接民主、代议制、专制集权等)建立各级政府组织,主要以自上而下的方式管理社会;统治的目标以政府扩大自身的权力控制与实现国家利益的最大化为主。治理的主体除了政府之外,则还包含了各种非政府组织,如跨国公司、国内企业和民间社团等;他们通过广泛的协商与谈判,以比较平等的方式抛出议题,并动员普通民众参与其中,提出解决方案供政府决策。治理的目标是分析并解决带有某种利益诉求的重要议题,因此治理是议题导向的,各种议题负载着各个利益集团的利益诉求。联合国全球治理委员会曾于1995年发表了一份题为"我们的全球伙伴关系"的研究报告,其中对于治理做了明确界定,代表了全球人们对治理概念达成的初步共识。报告认为:

> 治理是个人和公共或私人机构管理其共同事务的诸多方式的总和。它是使相互冲突的或不同的利益得以调和并且采取联合行动的持续的过程。它既包括有权迫使人们服从的正式制度和规则,也包括人民和机构同意的或以为符合其利益的各种非正式的制度安排;治理有四个重要特征:治理不是一整套规则,也不是一种活动,而是一个过程;治理过程的基础不是控制,而是协调;治理既涉及公共部门,也包括私人部门;治理不是一种正式的制度,而是持续的互动。[①]

如果结合风险社会的发展现状,治理可以说是对全球化进程和风险社会发展带来的各种政治难题,通过各种国际组织、政府机构和非正式组织,动员与这些难题存在利益相关的民众参与其中,以"接近直接民主"的形式讨论、协商和谈判,并提出可能的解决方式。之所以说治理是直接民主,是因为普通公民对于议题有了实质的参与乃至决策的权力;之所以说治理"接近直接民主",是说它还不一定是相关利益主体全部地、直接

---

① 参见俞可平:《经济全球化与治理的变迁》,http://www.cctb.net/zjxz/expertarticle/200502/t20050224_4901.htm,2004年1月17日。

地参与决策，他们也选择自己的代言人。①

现代政治从"统治"到"治理"的转变，正是全球性风险社会发展的要求。一方面，全球化的深入发展，带来了各个民族—国家靠自身力量不能解决的众多社会问题，传统的政治控制模式已不能适应全球化的发展要求。自由竞争资本主义的发展过程中曾经出现"市场失灵"，全球化的发展也带来了"政府失效"。② 戴维·赫尔德和安东尼·麦克格鲁甚至说："在全球和区域的内在联系日益紧密的情况下，把政治团体仅仅看作一种排外性的、地方性的、界限分明的组织，说轻点是不可信，说重点就是时代错误。在一个全球变暖把许多太平洋岛屿的长期命运与整个地球上几千万个私家车主的行为联系到了一起的世界里，传统的地方性政治团体概念显得极不充分。"③ 市场失灵的时候人们求助于政府的宏观调控，而在政府失效的地方人们则求助于治理。

另一方面，风险社会向纵深发展以及风险的持续扩散，也使传统政治的应对方式力不从心，需要借助非政府组织和民间力量，采取多种调控手段以妥善处置这些风险。戈丹认为："在20世纪90年代初，观察家们感到了巨大的困惑。更具流动性和多极性的世界并未使人产生深深的满足感，反而同样令人担忧。在这一背景下，面对方方面面的不确定性，治理这个命题就应运而生了。"④ 如果说全球性风险社会的发展带来了以治理

---

① 治理过程中选出的代言人不同于代议制民主下选出的议员：代言人和公民的利益相关性更高，代言人大多本身就是议题的利益攸关方；代言人不像议员有固定的任期和职责，代言人是根据议题灵活设立并服务民众的。代言人直接服务相关团体和组织，民众选择的代言人有时甚至是自己的邻居和亲朋好友；代言人不具备公权力，他们要经常和民众沟通、协商和解决议题。不称职的代言人很容易被民众罢黜。因此，治理既不是古代城邦式的公民社会，也不是现代的间接民主（代议制民主），而是兼具二者的特点。

② 萨缪尔森较早地基于经济学的角度提出过"政府失效"问题。阿尔基布吉将其引入"全球治理"，并分析了"政府失效"的三个原因：一是外部效应，即由于产生于政府权限之外因素的干扰，政府无法充分履行其职责；二是资源缺乏，即因为政府的物质、组织和认知资源不足以充分履行某些特定职能；三是政府不情愿，即政府对为民众和重要部门履行某些具体职能不感兴趣，或无法察觉问题的存在。参见马蒂亚斯·科尼格－阿尔基布吉：《绘制全球治理》。见[英]《治理全球化：权力、权威与全球治理》，戴维·赫尔德、安东尼·麦克格鲁编，曹荣湘等译，社会科学文献出版社2004年版，第37—38页。

③ [英] 戴维·赫尔德、安东尼·麦克格鲁编：《治理全球化：权力、权威与全球治理》导言，前引书，第7页。

④ [法] 让－皮埃尔·戈丹：《何谓治理》，前引书，第11页。

为主题的政治转型，那么反过来，在全球范围内的政治治理，在目前来说，也是必要的风险应对之方式。

风险治理由此成为风险社会一项重要的政治生活内容。风险治理是面对全球性风险及其持续扩散，借鉴尚在发展中的当代政治治理的经验，充分考虑专家系统的意见并对风险进行全面评估以后，提出有价值的风险议题。在此基础上，通过各种政府和民间组织，广泛吸收与议题有利益关联的公民或其代表参与其中，组织各种区域的、行业的论坛或会议，以民主方式进行平等的磋商和谈判，分析能够解决这些风险议题的手段、程序和途径，最终合力形成某种决策内容。

二 风险治理的现实困境

面对风险社会的迅速发展，风险不断异化和扩散，要找到长期有效的风险治理办法并非易事，风险治理存在诸多现实困境。

第一，风险治理的困难来自风险本身的性质。本书第五章已经说明，风险是动态复杂的系统，其发展和扩散是迅速的，影响却是长期的。风险的迅速扩散需要社会建立及时的反应机制，但是风险的长期效应却需要人们静观其变，积累经验。二者产生深刻矛盾，风险治理的制度难以及时建立。全球变暖是近150年工业快速发展的结果，但是其影响却是长期难以估量的。自2009年以来，全球各国连开多次气候大会却仍然对此束手无策。

风险本身给治理带来的难题主要有三个：①风险的源头难以发现，或者当人们发现了，已难以对其进行控制；有时即使能够追究，危害已经发生，环境破坏和人的身心损害难以挽回。河流上游的工厂排污造成下游水系污染，下游的人们长期饮用这些水，身体已经受到损害，即使能够对上游工厂进行经济处罚，人们的健康损失已经是无法补偿的。②风险扩散的过程难以控制和监管。由于风险扩散的隐蔽性和温室效应，人们身处其中不识风险的"庐山真面目"，难以对其进行有效管理。③风险的结果难以准确预测。风险治理的最佳时机，是在风险扩散的过程中进行跟踪管理，不能等到它的危害结果发生以后再采取行动。这就需要对风险的某种后果进行提前预测，这也是风险评估的意义所在。也就是说，风险治理需要在当前认知风险的未来，再根据未来制定当前的决策。这是风险治理中蕴含的时间矛盾。然而，风险要素之间有动态的、复杂的相互作用，其产生的结果也是变幻莫测的，对这种结果难以做出准确预测。

第二，在风险治理过程中还存在很多难以调和的矛盾和冲突，它们主要涉及风险责任和风险治理的收益如何承担和分配等问题，这也是当代风险政治的难题。

其一，全球和国家、国家和地方在风险治理中存在矛盾，这可以概括为整体和局部的矛盾。鉴于全球性风险社会的发展，风险治理需要整合全球政治力量，而原有的民族—国家管理模式已不能适应这个需要。正如美国政治学者汉斯·摩根索指出的："现代世界相互依赖的事实需要一个考虑到这一事实的政治秩序；而实际情况则是，上溯到19世纪的法律和制度的上层建筑假定，现实存在的是众多自给自足的和不可渗入的主权民族国家。"[①] 各个国家之间在承担风险责任方面也存在深刻歧见，发达国家和发展中国家的矛盾尤其突出。如果从工业革命算起，发达国家已经充分享受了大约一个半世纪的发展成果，但是他们却不愿意承担与此对等的义务。发展中国家要求发达国家承担责任无异于"与虎谋皮"。在现实的国际关系中，各国政府实质上也是用现实主义的态度处理国家间的关系，他们只顾追求和实现自己的国家利益，不愿对自己给全球社会带来的诸多难题承担必要责任，这成为各国处理国际关系的实际准则。摩根索说："利益是判断指导政治行为的唯一永存的目标"，任何理性的外交政策都是"使危险减至最小，使利益增至最大"[②]。这种国家关系符合逐利和短视的资本逻辑，是风险治理的一大障碍。

其二，风险的短期治理往往不能有效应对风险的长期不良效应。客观上，这是风险的时间迟滞带来的必然结果。风险从孕育到产生某种明显的效果，往往经历一段时间。人们在这段时间里进行的治理活动，往往不能兼顾其长远效应。主观上，人们难以准确预测风险的长期结果，又加上人们习惯于追求短期利益，因此很难有长远眼光应对风险。这个矛盾又进一步引发了已有的治理原则和新的治理难题的矛盾。人们在短期形成的治理

---

① ［美］汉斯·摩根索：《国家间政治——权力斗争与和平》（第7版），徐昕等译，北京大学出版社2006年版，第32页。

② 同上书，第34、36页。

经验和规则，可能被风险扩散的新状况所否定，人们很难建构长期的治理制度。在风险的持续扩散和制度安排之间形成长期的恶性循环。

以上两个方面，即风险的整体和局部、短期和长期的矛盾，导致不同国家和地区、不同人群在风险责任的承担和风险分配的收益方面存在严重的不公平现象。新的阶级社会出现了，正如贝克见识到的，这一次不是基于财富分配的不平等，而是风险承受和分配的不平等。贝克说："常常是没有读写能力的那部分对工业一无所知的农村人口，很少能负担得起防护服装的费用，这给资方提供了难以想象的机会来合法化那些处置风险的方式，这些方式在具有高度风险意识的工业国家是不可想象的。"① 概括起来说，风险影响是全球性或全国性的，它的源头往往在局部，但是其不良的结果却是全球或者全国的人们都得承受；先发展者先享受利益，却把发展的不良后果转移或转嫁给后发展者。发达国家和一些富裕群体能够利用这种不平等的风险分配秩序，把本来是他们制造的风险及其后果转移到发展中国家或者穷人那里。

其三，不同国家和群体之间存在"风险文化"的矛盾，这给风险治理带来巨大的认知差距。所谓风险文化，并非是把风险仅看成是一种文化，而是说面对同样的风险事实，不同国家和人们的意识反映是不一样的。风险存在论引出的风险意识结构，存在很大差异。风险文化的内容包括对风险概念的界定，人们对风险扩散的认识，界定风险责任和应该承担多大的责任，风险后果的负面影响应该如何衡量，风险治理的收益怎样分配才是公平的，风险评估的价值标准的制定等。由于各国和各地区传统文化的差异，这些问题难以达成共识，也就很难形成有效的治理方案，因为共识是制度建设的重要基础。风险文化是一场关于风险的话语权争夺，各国竭力按照自己的文化模式界定风险，以争取在全球风险社会格局中占据有利位置，这更增加了认同难度。发达国家借助自己的优势，努力构建符合自身利益的风险话语。"9·11"事件以后，美国按照自己的价值标准定义恐怖主义和所谓"邪恶轴心国"，在全球范围内推行自己的文化霸权，遭到了激烈反弹。美国的行为不仅没有减弱恐怖主义在全球的影响，反而使恐怖主义化整为零，分散到各国"打游击"，对这些国家的人民带

---

① ［德］乌尔里希·贝克：《风险社会》，前引书，第46—47页。

来巨大伤害。

其四，在个体层次，人们在应对风险方面经常存在机会主义和"搭便车"等行为，风险治理经常面临人们能否遵守规则的疑问。风险治理是一项公共事业，但是需要私人的积极配合。风险治理中还存在公共和私人之间的矛盾，可能极大损害这项公共事业的就是个人的投机和搭便车行为。机会主义是一种"欺诈式自利"（埃莉诺·奥斯特罗姆语），即某人不遵守别人都在认真履行的集体规则，通过数次的投机行为实现个人的私利。奥斯特罗姆发现：在每一个群体中，都有不顾道德规范，一有可能就采取机会主义行为的人；或者潜在收益很高，以至于极守信用的人也会违反规范；因此已有的集体行为规范不可能完全消除机会主义行为。[1] 此外，风险治理的成果往往是共享的，而经济学的诸多研究成果都表明，公共物品是难以杜绝"搭便车"行为的。有些个人可以享受风险治理的成果，却不愿意承担自己应负的风险责任。

总的来说，不同群体之间存在关于风险利益的深刻矛盾，这是风险治理的现实困境。所谓风险利益，是指风险相关者在风险责任的承担、风险话语的界定、以某种风险为成本带来的发展成果的分配等这些问题中可能获得的收益。这些收益包括经济方面的，比如企业因为推卸了某种排污责任而减少的环保费用；还有政治方面的，比如有的国家因为转移了某些风险的不良后果而减少了一笔治理投入；也有文化方面的，比如有些组织垄断了风险的界定和评估权力，可以借此寻租。由于风险应对能力存在差异，不同群体在风险治理中获得风险利益的能力也是不同的。专家系统、政府、企业管理者是风险社会的"上层"，普通民众和职员是"下层"。二者对于风险管理的预期存在很大不同："下层"因为信息不对称、应对风险的能力弱等原因，倾向于夸大风险（及其不良结果），因而经常采取极端手段化解风险，比如蔬菜种植户担心减产，往往过量施加农药，甚至施加不对症的农药和现行法律不允许添加的农药；"上层"则倾向于把风险解释到最小化，因为"上层"往往是风险的源头或者风险治理的主要责任方。这种不同预期导致人们不能实事求是地评估风险，使风险治理无

---

[1] ［美］埃莉诺·奥斯特罗姆：《公共事物的治理之道：集体行动制度的演进》，余逊达、陈旭东译，上海三联书店2000年版，第61页。

章可循,无的放矢。

第三,风险治理需要平衡各方面的利益冲突,在各个层级的组织和个人之间进行对话和协商。①民族国家需要担负起治理全球性风险的重任,各个国家之间,国家、国际组织和跨国企业之间需要进行协商;地方政府和企业需要治理发端于本地而有全国性影响的风险,这些地方政府和企业之间以及他们与中央政府之间也要进行对话。②由于风险及其扩散的隐蔽性和时间迟滞等原因,已经受到风险影响的人们与未受到影响但将来可能受到影响的人们之间也要对话。③因为风险的影响可能波及长远的未来,因此现在的人们要为明天的人们负责,理论上在他们之间也要对话。这种对话需要现在的人主动站在未来人的立场,和自己展开一场关于风险的对话。风险治理在当代刚刚揭开序幕,各方围绕风险利益的对话现在主要集中在第①个方面,我们以为现在需要扩展到另外两个方面。

最后,风险治理还面临人们的一些思维方式的局限。笔者在本章前文中已经阐明风险评估的诸多局限,实际上这些思维局限也会延伸到风险治理中。①在风险治理的方法上,人们过于倚重科学主义的量化思维,在平衡各种利益冲突时只注意容易量化的物质利益,而各种风险利益的矛盾是复杂多变的,要很好地处理和解决这些矛盾就要超越唯科学主义思维;②人类对于风险也有先天的认知局限,即人们往往对未来和可能性只有有限的预测能力而缺乏确切的知识,这样风险治理的知识基础总是匮乏的。总之,风险评估维度的扩展也需要风险治理维度的扩展,我们在风险社会的实践中应该找到新的治理路径。

三 风险治理的可能路径

风险治理还是一个全新的事物,因为全球性风险社会的到来也是新近的事情。在此我们只能就风险治理的路径进行初步探索,风险治理也是"摸着石头过河"。

(一) 风险治理的总体思路与方法

路径选择的前提是明晰风险治理的思路,达成某种原则性的共识。笔者以为,这个总体性的治理思路就是用现代系统论统筹风险治理的全过程。风险治理需要系统性地思考和分析全球问题,发现危机背后的结构因素,找到解决问题的某种全局性方案,以适应风险系统的动态复杂性。这也是笔者基于本书研究得出的自然结论。

这种思路也已经在当今的一些技术哲学家和科技专家那里萌生。在解决当今科技发展造成的严重问题方面，海德格尔等人曾有一种要回归原始自然的"怀乡病"情结。芬伯格对此提出批判，并提出了自己的解决办法：

> 不是退回到自然（backward to nature），而是前进到自然（forward to nature），即朝向一种根据人的需要和忧虑的广阔范围有意识构造的整体性。这需要一种全然不同于资本主义的技术实践的范式，或可称为社会主义的实践范式，它包含环境和适当的技术在结构上的协同作用。这种实践表明，人与环境将既是主动的也是被动的，人成为"有机存在者"，人性和自然之间达到了一种更高水平的整体性，马克思设想的人的自由发展得以实现。①

美国圣菲研究所（SFI）的科技专家曾经对威胁全球安全与稳定的课题做过专门研究，并提出解决思路。研究所的创始人乔治·考温（George Cowan）曾经给威胁全球人类的生存和发展的未来危险做过分级：起初他把核战争列为最大的 A 级灾难，把第二次世界大战列为次等的 B 级灾难。后来美苏两国恢复了友好关系，核战争在灾难排名上降到了第 5 位。人口爆炸问题上升到首位，排名第 2 位的是可能的环境灾难，比如温室效应。面对这些可能的灾难，考温和马瑞·盖尔曼（Murray Gell-Mann）主张"用全球性的、整合的观点来看待人类的长久生存性"②。

那么，系统论的治理思路如何在风险治理中发挥作用？接下来，我们根据系统的基本特征试做具体分析。

其一，根据系统整体性，人们首先要承认全球性的风险社会已经形成一个相互关联的整体，这是一个不能分割的利益链条。风险治理要调解人们之间的利益冲突，达成利益共识，形成合理的利益分享格局。这种利益

---

① Andrew Feenberg, "The Critical Theory of Technology", in *Craig Hanks' Technology and Values: Essential Readings*, p. 194.
② [美] 米歇尔·沃尔德罗普：《复杂：诞生于秩序与混沌边缘的科学》，前引书，第 183—184 页。

共识就是，某种整体利益的实现是个人利益实现的先决条件，身处风险社会的人们存在广泛的共同利益。这将为风险治理打下重要的思想基础。修昔底德曾经说："不论是城邦之间或是个人之间，利益一致是最可靠的保证。"① 面对风险社会的迅速发展，全球人们需要真正"团结"起来，发挥集体的力量迎接各种严峻挑战，打下持久的共识基础。海德格尔发现，人的本真存在是在与他人的"共在"中实现的，实现途径是"本真的团结"："为同一事业而共同戮力，这是由各自掌握了自己的此在来规定的。这种本真的团结才可能做到实事求是，从而把他人的自由为他本身解放出来。"② 这种本真的团结，是基于个人对自身存在的领悟，与他人为了共同目标而合作的精神。儒家的"和而不同"——人们之间保留个人原则的合作也指向这种精神。③ 人们在风险治理过程中拥有广泛的共同利益和目标，人们之间可以在相互尊重各自利益诉求和处事原则的前提下开展对话，找到有效合作的方式。

贝克也认为，风险社会的人们要发扬协作精神，为此他提出"焦虑（Anxiety）促动型团结"。贝克发现，从过去的阶级社会到如今的风险社会，"不平等的"社会价值体系被"不安全的"社会价值体系所取代，社会合作的方式也从"需求型团结"变为"焦虑促动型团结"："基本上，人们不再关心获得'好的'东西，而是关心如何预防更坏的东西。阶级社会的梦想是每一个人都需要和应该分享蛋糕。风险社会的乌托邦则是每一个人都应该免受毒害。"④ 贝克更进一步解释道："阶级社会的驱动力可以概括为这样一句话：我饿！风险社会的驱动力则可以表达为：我害怕！焦虑的共同性代替了需求的共同性。在这种意义上，风险社会的形成标示

---

① ［古希腊］修昔底德：《伯罗奔尼撒战争史》，徐松岩等译，南宁：广西师范大学出版社2004年版，第52页。

② ［德］马丁·海德格尔：《存在与时间》（修订译本），前引书，第142页。

③ 中国哲学中有"和"、"同"的概念区分："同"是相同的东西相加，"和"是不同的东西相加，不同的东西相加才有新事物出现，不同的颜色、不同的音符、不同的观念融合在一起产生更美妙的新事物。这种概念区别显示出"和"是至高的境界。达到"和"的办法，是取"中"。儒家提出中庸，实现人与人的"和"，道家也提出"多闻数穷，不若守于中"（《道德经·道经·第五章》)，实现人道与天道的"和"。中国哲学的这种观念可以成为风险治理的重要思想资源。

④ ［德］乌尔里希·贝克：《风险社会》，前引书，第56页。

着一个社会时代,在其中产生了由焦虑得来的团结并且这种团结形成了一种政治力量。但是,焦虑的约束力量如何起作用甚至它是否在起作用,仍是完全不明确的。"① 从海德格尔的"烦"、约纳斯的"忧患启迪法"到贝克的"焦虑促动型团结",其中暗示了风险的迅猛扩散带给人们的警示,通过人们的深刻反思,它能变成风险治理的重要思想力量和达成共识的思想基点。

总体而言,短期内要让各国政府和个人发扬集体主义精神,乃至在某种程度上放弃各自的利益诉求,这未免天真。这需要经过长期的艰难协商和谈判。之后,人们不止要达成利益共识,更重要的是达成某种价值共识,才能为风险长期有效的治理奠定思想基础。这种价值共识更适应风险长期扩散的趋势,要把各国人民的身心健康,以及安全、稳定的生存和发展条件包括在内。

其二,根据系统层次性,针对不同层级的风险探索出合适的治理模式。

首先是全球层次的风险治理。现有的国际政治秩序是"一超多强",美国和发达国家在国际事务中拥有极大的发言权。但是遗憾的是,发达国家在全球性风险治理中没有发挥应有的作用。以气候变化的谈判为例,美国作为《京都议定书》的重要发起国,却拒绝签署该协议。加拿大则在2011年的南非德班气候大会中退出了《京都议定书》。② 发达国家是气候变化的主要责任者,也是最有能力承担责任者,然而最应该、最有能力承担责任的国家却不承担责任。

约瑟夫·奈则寄希望于"联合国改革":"联合国改革与新制度形成,给国家之间以及非国家行为体之间加强合作提供了新途径。在某些情况下,政府官员的跨国网络将促进这样的合作;而在另外一些情况下,政府与非国家行为体之间的联合可以促进这样的合作。"③ 全球风险的治理,需要借助包括联合国在内的各种国际组织,针对风险议题,让各国政府参与协商

---

① [德] 乌尔里希·贝克:《风险社会》,前引书,第57页。
② 《加拿大宣布正式退出京都议定书,成第二个退出国》,参见 http://news.sohu.com/20111213/n328879048.shtml,2011年12月29日。
③ [美] 小约瑟夫·奈:《理解国际冲突:理论与历史》(第7版),张小明译,上海人民出版社2009年版,第346页。

与谈判。这里重要的是发扬"直接民主"的精神,即让所有那些受到风险影响的国家,无论大小和强弱,都平等参与进来并享有发言权和投票权。

另一层次是国家内部的风险治理。这其中还可以细分为全国层次和区域层次,企业和个体层次的风险治理等。这个层次的风险治理需要动员多方力量和多种组织的积极性,不断积累经验,形成因地因时制宜的治理制度。多方力量包括法律、伦理、媒体和习俗等,多种组织包括政府组织和民间组织,其中各种"压力集团"经过适当的改造可以成为风险治理的重要力量。压力集团(pressure group),是指那些并不谋求获得政治权力和进入政治机构,带着自身的利益诉求,以合法手段影响和干预国家相关政策制订和执行的非政府组织。[①] 在风险扩散过程中,风险受众会自然形成一个利益集团,他们自然会注意到政府对风险的相关作为并做出反应,有时反应是积极的甚至激烈的,这就对风险决策构成某种压力。政府需要积极利用这种民间资源,并加以合理引导和规划,使之转化成为风险治理的现实基础。

其三,根据系统动态复杂性,风险治理是一个经验累积与试错的过程。

风险社会在发展,风险在不断扩散,风险系统的动态复杂性本身需要一条不断适应风险变化的治理之路。在风险治理中,专家的理性建构是有局限的。风险的动态复杂性不断摧毁理性对未来的预测,和一些固执的理性法则,如计算性思维。风险治理在很大程度上需要打破"理性的自负"(哈耶克语),通过经验的累积,找到长期有效的治理之路。这条道路不排除理性,而是把理性和风险社会的实践结合起来。

经过长期经验累积,某种"习惯法"可能形成了。习惯法是具有一定适应性的、经过长期试错形成的规范,成功的风险判例等。奥斯特罗姆提供了一个案例:哈德森湾克里族印第安人长期生活的区域有海狸资源,外地捕猎者曾经极大危及这些资源。1930 年美国立法开始保护他们的传统领地。从此以后,克里人使用欧洲人到达北美大陆以前经几个世纪的实验和改进而建立的规则,成功保护了海狸资源。[②]

[①] 参见《压力集团》,http://baike.baidu.com/view/109735.htm,2012 年 5 月 15 日。
[②] [美] 埃莉诺·奥斯特罗姆:《公共事物的治理之道:集体行动制度的演进》,前引书,第 60 页。

其四，风险治理需要发现风险因子相互作用的分岔点和风险动态变化的关节点，从而制定具有前瞻性的决策。所谓分岔点[①]，是指由于风险因子的相互作用，导致系统整体打破原有平衡走向新状态的节点。如果大量的分岔点出现，系统会走向混沌状态。举个比较简单的例子，一片草场和羊群的放牧频率之间存在一个分岔点，假设这个点是这样一个频率，即1000头羊每天放牧8小时，连续放牧1年。那么超过1000头羊的放牧频率将破坏草场的自身修复能力，有些草皮就再也长不出来了。如果这种情况继续，那么草场会逐渐退化成沙漠。这反过来也会影响到羊群的生存，可放养的羊的数量也会不断减少，直至不能供养羊群。对于这片草场的生命系统来说，它原有的平衡被破坏了。所谓风险动态变化的关节点，是指系统出现整体性新变化的节点，比如一般气压条件下，水加热到100℃变成蒸汽，还有股市的拐点等。

风险治理的关键，就是通过经验累积和试错，不断跟踪并发现风险系统的这些分岔点和关节点，这样我们就能找到风险治理的有效规范，提出符合实际的治理方案。草场的放牧频率可以为草原治理提供基本参照；在一片渔场中，渔网的网眼大小和网的数量也是重要分岔点，可以提供渔场治理的依据；城市空气中的浮尘和颗粒悬浮物的量，其对人的身体健康的影响也有关节点，可以为城市环境监测和大气污染治理提供根据。

读者可能会发现，分岔点与前文所述的"可接受值"存在一定联系。二者都为风险治理提供了某种重要依据。不过需要说明，二者还是有很大区别：分岔点包含了普通民众的风险认知，可接受值的确定则主要依据专家系统的知识判断；分岔点是内在于风险系统的客观知识，而可接受值是科技专家的理性建构。风险治理需要改造现有的"可接受值"判断体系，把专家系统的知识判断和民众的风险认知结合起来，以发现分岔点和关节点。

以上我们分析了系统思维对风险治理的统筹意义。不过这种统筹作用要有效发挥，还要看治理实践中多方博弈的结果如何。各国政府、相关企业、群体和个人要进行多方、多次的博弈，在存在利益冲突的条件下寻找

[①] 这个概念在自然科学的非线性动力学中已经得到广泛探讨，在复杂性科学中也初步得到发展。笔者根据这些研究做出了自己的解释，尚待科学和实践的检验。

各种合作的可能。复杂性理论对囚徒困境的研究表明：囚徒之间的一次博弈不足以产生信任和合作，甚至由于信息不完整等原因还会有猜疑、不信任乃至背叛；但是囚徒之间的多次博弈却能导致善意的相互对待和合作。① 复杂性研究学者爱克斯罗德基于自然界的某种演化规律，提出"针锋相对策略"，这实际上是生物在多次博弈中形成的竞争性合作关系。爱克斯罗德和威廉姆·汉弥尔顿共同发现：

> 无花果树的花是黄蜂的食物，而黄蜂反过来又为无花果树传授花粉，将树种撒向四处；金蚁合欢树为一种蚂蚁提供了住食，而这种蚂蚁反过来又保护了该树。针锋相对的合作风格在自然界的共同演化过程中是广泛存在的。同样的关系也可以在人们之间产生。在一种相互影响和相互碰撞的情境中人们形成了某些利害关系，于是采取针锋相对的协商谈判，形成一定的合作关系。②

在风险治理过程中，人们之间通过多次的博弈积累经验，排除不切实际的和不合理的方案，留下有效方案，最终发现风险治理的现实路径。

（二）风险治理的路径选择

目前来看，风险治理不能抛开人类现有的政治经验和组织，但是它们对于应对全球性风险又是远远不够的，必须在风险社会的实践中不断试错而得到刷新。各国和民众需要扩展自身的政治能力，找到适合当今风险社会的治理路径。目前风险治理有三条可供选择的路径：政府宏观调控、私有化和区域性的自主治理。

政府宏观调控是常规的治理道路。在正常情况下，人们寄希望于以政府为主导解决各种风险问题。各国政府间的协商和谈判，以及政府对相关环境条约的遵守和执行，是贯穿在全球性风险治理中的关键环节；国内的风险治理也常常依靠政府威权。不过，鉴于传统的政府管理模式在很大程度上不适应风险社会的现状，政府职能需要及时转型。贝克发现，当前人

---

① ［美］米歇尔·沃尔德罗普：《复杂：诞生于秩序与混沌边缘的科学》，前引书，第136—137页。

② 同上书，第138页。

们试图用 19 世纪的体制应对 20 世纪晚期的危机，这其中的困难在于，"旧工业社会体系已经过时，现在的民族国家已经无力应对威胁整个人类的现代风险，这必然要求并引发社会结构深层的变化和政府制度的变革与角色的转换"[①]。

私有化也被认为是风险治理的一条重要路径。对于大量可以套用在"公地悲剧"模型中的案例，很多西方学者认为治理办法是私有化。把这些公用地进行明确的产权划分，然后私人会主动承担起保护公地的责任。但是，当公地上的私人在短期内有较高的预期收益，也会采取极端的放牧措施，以在短期内赚取"一辈子都花不完的钱"。风险治理要求承担长远的、不可见的风险责任，而私人或企业往往是短视和逐利的，二者包含深刻矛盾。

埃莉诺·奥斯特罗姆的实证研究表明，中央政府的强力控制和私有化不是公共池塘资源治理的唯一道路。我们认为，奥斯特罗姆的这种案例研究为风险治理的路径选择提供了重要启发。她发现，政府控制和私有化的中心信条是"制度变迁必须来自外部并且强加给受它影响的个人"[②]。这种强制经常会遭遇到相关当事人的激烈反弹而不能见效。奥斯特罗姆经过大量的案例分析发现，资源治理的一些成功案例并非是政府规制或私有化，而是公共体制和私人体制的有机结合。这启示了风险治理的"第三条道路"，即区域性、多中心的自主治理模式，它也许代表了未来风险治理的方向。自主治理最符合"治理"本身的精神，它针对各种风险问题，让相关当事人进行面对面的广泛协商和讨论，借助他们这个地区的历史经验（比如一些重要的乡规民约等），形成区域性的治理规则，并根据风险扩散的新情况时时调整。在这个过程中，政府仍然是必要的"守夜人"和引导者，个人在其中发挥主体作用，企业在承担一些必要风险责任的前提下也可以参与其中。自主治理可以充分调动政府、企业和个体等多方积极性，实现了公共性和私人性的有效融合。

自主治理要发挥作用，首先要建立和不断完善风险自主治理的组织。

---

① 转自周战超：《当代西方风险社会理论研究引论》。见《全球化与风险社会》，前引书，序言第 30 页。

② ［美］埃莉诺·奥斯特罗姆：《公共事物的治理之道：集体行动制度的演进》，前引书，第 30 页。

某些风险的影响都是有时间和空间范围的，根据这个范围，借助政府和民间的各种力量，把受风险影响的人们组织起来应对风险，以避免各自为政带来的应对成本，包括交易成本和信息成本等。

其二，在风险自主治理过程中进行平等的沟通和协商，制定协议和规则，并引导人们积极遵守规则。在建立组织、制定规范或建立规则的过程中，首要前提是在人们之间进行平等交流与协商。奥斯特罗姆对公共池塘资源的实证研究表明：

> 当不允许资源占用者相互沟通时，他们倾向于过分占用，其总的占用水平逼近所预料的水平；当允许占用者相互沟通时，他们所得到的共同回报显著高于其不能相互沟通之时；当天赋条件较差时，面对面的沟通能够使占用者达成和维持接近最优占用水平的协议；当天赋条件较好时，某些参与者倾向于违背协议，所获得的共同回报也低于天赋条件较差的场合。①

沟通的效果，又取决于人们的参与度。人们越是广泛持久地参与到组织建立和规则制定中，人们越有可能积极地维护组织的整体利益。建立组织和规则以后，更重要的是遵守组织制订的规则。使人们遵守规则的必要手段包括政府引导和监督，发挥相关法律的作用，调动人们自身的积极性等。自主治理的精神是让人们自己参与制定规则并自己认真遵守。

其三，风险自主治理还要通过某种切实的奖惩体制，让人们养成健全的公共生活能力，积累治理经验并积淀下来形成民间规约。风险自主治理需要边干边学，学习如何互惠和建立信任，克服各种治理难题。研究表明：人们在自我管理的组织中，会对做出积极反应的其他人的积极行为也回馈以积极反应，同时以某种形式的惩罚对其他人的负面行为做出反应。② 这种奖惩体制可以激励更多的互惠行为，排除损人利己。信任、尊重、互惠成为风险治理组织的价值共识。

---

① ［美］埃莉诺·奥斯特罗姆：《公共事物的治理之道：集体行动制度的演进》，前引书，中文版序，第3页。
② 同上书，第4页。

总之，风险自主治理的实质其实就是"协商民主（deliberative democracy）"。目前，人们在实践中已经探索出了协商民主的有益形式，比如"共识会议（consensus conference）"①。据研究，共识会议的运作程序包括：

①邀请不具备专业知识的普通公众参加会议；②针对有争议的问题选定主题；③事先阅读相关资料并进行讨论；④设定这个主题领域中他们想要探查的子问题；⑤在公开的论坛中，针对这些问题询问专家；⑥在获得了一定知识信息的基础上，会议参加者对争议性的问题相互辩论并作判断；⑦将讨论后达成的共识写成正式报告；⑧把报告向社会公布，并供决策参考。②

目前，共识会议已经初步获得了一些成效。据美国 Loka 研究中心的一份统计显示：截至 2002 年，全球共有 16 个国家至少举办了 46 次共识会议，议题包括转基因食品、环境问题等许多方面。③ 在全球范围内，人们针对气候变化等问题已经开始每年一次的定期磋商，全球风险议程正在不断发育中。

当然，风险治理的三条路径都不能脱离健全法制。目前来看，已有法律体系在很多方面不适应风险社会的发展要求，需要改进。一是，"法不溯及既往"与风险的源头治理之间存在矛盾。作为一项基本的法治原则，"法不溯及既往"要求不能根据正式颁布实施以后的法律去约束它颁布实施以前的行为。然而，风险自源头开始扩散到产生可见的危害，具有一段时间迟滞，或长或短，原有法律对此经常是"鞭长莫及"。一条河流的下游受到污染，下游居民的饮用水源被破坏了。经查污染源来自 20 年前上

---

① 据学界研究，"共识会议"术语最早源自美国，美国国家健康研究所于 1970 年首次设计了"共识发展会议（Consensus Development Conferences）"，让医学专家、科学家和其他专业人员之间进行科学交流，就研究和发现中的某些问题达成共识，以及对新的医学技术项目做出专业评估。1987 年，丹麦技术委员会把它扩展为广泛的公民参与形式，使之成为普通公众参与科学技术评估的重要形式。共识会议是面向社会公众和媒体开放、在公众与专家间对话的公共议程，包括一组连续会议、论坛和定期研讨的组织等。

② 许志晋、毛宝铭：《论科技风险的产生与治理》，《科学学研究》2006 年第 4 期。

③ 同上。

游的一个化工企业，那么法律对此应该如何作为？在风险治理中，是否需要有一定溯及力的法规来控制源头处的风险？如果需要，这种溯及力应该控制在何种程度？这些问题都等待着法学界专家来回应。

二是举证责任的适用范围是否应该扩展的问题。现行法律一般实行受害者（原告方）承担举证责任的制度。但是在风险造成的现实危害中，这种举证责任对于受害人是不公平的。风险的影响是隐蔽的和长期的，要建立证据和危害事实之间的因果关系需要专家系统的协助，这极大地增加了原告的诉讼成本。被告可以利用风险影响的隐蔽性转移和推卸责任。贝克认为：事故原因的举证责任不能完全推卸给受害者，他们在事件中是能力最弱的人，必须把一部分举证责任推给可能的肇事者，他们必须证明，他们不是或很有可能不是有责任者。① 对此，现行法律倒是有一个"举证责任倒置"的规定，对于贝克的期望有帮助。原告（受害人）只要提出损害事实就可以了，被告人（加害人）负有举证责任，即如果被告人不能提出自己可以免责的事由，就认定原告的损害事实成立。实际上，据研究，举证责任倒置正是适应风险社会发展的要求而出现的：在出现了大量的公害事件、产品责任、医疗事故等新型侵权案件之后，为了公平分配举证责任，对危险和各种事故责任中的受害人进行有效的救济和全面的保护，法律于是引入了举证责任倒置。② 随着风险社会的迅猛发展，适用举证责任倒置的领域可能会继续扩大，这也需要现有法律对此做出更积极有力的回应。

三是"严格责任"如何界定和适用的问题。举证责任的倒置给加害人提出的正是严格责任的要求。严格责任大体上是指行为人对自己造成的危害事实必须承担责任，无论行为人是否有过错或者是否是蓄意造成的危

---

① ［德］乌尔里希·贝克、威廉姆斯：《关于风险社会的对话》，路国林编译。见《全球化与风险社会》，前引书，第27页。

② 参见王利明：《论举证责任倒置的若干问题》，《广东社会科学》2003年第1期。《最高人民法院关于适用〈中华人民共和国民事诉讼法〉若干问题的意见》第74条规定了举证责任倒置的适用范围。在下列侵权诉讼中，对原告提出的侵权事实，被告否认的，由被告负责举证。这些侵权诉讼包括：（1）因产品制造方法发明专利引起的专利诉讼；（2）高度危险作业致人损害的侵权诉讼；（3）因环境污染引起的损害赔偿诉讼；（4）建筑物或者其他设施以及建筑物的搁置物、悬挂物发生倒塌、脱落、坠落致人损害的侵权诉讼；（5）饲养动物致人损害的侵权诉讼；（6）有关法律规定由被告承担举证责任的情形。

害。严格责任在各国法律实践中的界定和适用范围都不同。比如在中国，严格责任只在合同法中有规定。① 同时，侵权责任法规定了几种与严格责任相类似的"无过错责任"，如产品缺陷责任、机动车交通事故责任、环境污染责任、高度危险责任和违规饲养动物的责任等。② 严格责任也是风险社会发展的客观要求。企事业单位和某些群体对自己造成的危害需要承担严格责任，这样才能在一定程度上遏制这些危害的持续发生，比如重化工企业造成的环境污染，过量添加农药造成的健康损害等。这样做的目的也是要让相关加害人能够最大限度地约束自我。正如贝克指出："要使康采恩把风险视为自己的内部事务，而非向外转移风险，即要在政治上迫使企业从内部打开风险控制的阀门。"③

最后，传统的法律实践往往根据证据和危害事实之间的因果关联来定义犯罪行为，做出判罚。然而按照贝克，在很多风险事件中，因果关系的构造是困难的："面对错综复杂的情况、知识的偶然性以及推测原因的困难，谁来判定什么是原因、什么不是原因？依据哪些标准来判定？哪些有关因果关系的解释是有效的？"④ 这些疑难都需要现行法律做出回应。在风险社会的实践中，风险的定义关系可能是更首要的，风险评估乃至有效治理都需要先对风险做出合适界定。贝克为此提出"定义关系先于因果关系"并举了日本的案例："人们不再采取严格的因果关系推测法，而是依据某种统计关系分摊责任和费用。比如某个地区某些疾病总是以某种统计上的频率出现，这些疾病又是由该地区可查证的某些产品在统计上的生产频率引起的，这就是一种得到认可的风险。可以据此要求相关生产企业承担相关责任和费用。所谓定义关系，就是不必提供因果证明，只要有合乎标准的相互关系就行了。"⑤

总体而言，为适应当前风险社会的发展要求，政府应加快相关法律制度的改革和建设，在法律未能涉及而风险产生了广泛影响的领域加强立

---

① 参见《中华人民共和国合同法》第107条。
② 无过错责任是即使加害人没有（主观）过错也需要承担的责任。
③ ［德］乌尔里希·贝克、威廉姆斯：《关于风险社会的对话》，路国林编译。见《全球化与风险社会》，前引书，第27页。
④ 同上书，第25页。
⑤ 同上。

法，在风险产生了较大影响的领域加强执法力度，以期能遏制风险扩散的强劲势头。

在阐明了风险治理的思路、方法和路径选择之后，我们大体上能找到适应当今风险社会发展的政治路线，刷新传统的民主政治。这种新型民主政治的精神将超越个人主义和代议民主，走向协商民主。这也是一种风险政治，其最终目标是在全球范围内、在各国建立一种公平的风险承担和分配的秩序。风险政治将不应是老谋深算的权力游戏，而要保护那些深受风险危害的人们的合法权利；风险政治不再只是满足个体的权益诉求，还有暴露在各种风险面前的人类整体利益；风险政治也将不再只是关注现实利益，还有未来人们的长期生存与持续发展。风险政治将不再是纯粹的政治，还是必要的道德关怀。这样的道德关怀要建立在风险社会的实践基础上。正如风险从过去延伸到未来，风险政治将深入理解和应对风险社会的现实而超出这个现实。应对现实难题的力量，来自对现实的扬弃式超越，唯有这种超越才能发现有价值的政治理想。超越专制制度的理想曾经带来现代民主制度，超越自然的理想曾经带来发达的科学技术，如今，超越风险社会的理想也许能为人类带来走出风险社会的真正契机。这不应该是一个沉陷于危险却失去理想的时代，而是一个直面危险让理想更加弥足珍贵的时代。

本章小结

风险社会的发展和风险的扩散，需要对风险进行适时评估和治理。风险评估和治理的总体思路和方法是系统论。风险评估是考察风险对人们的身心健康和环境等造成危害的可能性与程度。风险评估需要在实践中综合运用定量评估和定性评估。风险评估的内容和维度，也需要结合当前风险社会发展的实际加以扩展。风险评估的价值标准，应该加入生命伦理、代际伦理和整体性伦理思想，它们也可以用来拓展传统伦理学的学科范式。同时，风险评估的主体范围和知识层次也要扩展，要把专家系统的风险知识和民众的风险认知结合起来。风险评估最终要对风险之长期的、全局的、隐蔽的影响或效应做出系统的、动态的跟踪考察。

风险治理是应对全球性风险社会发展的基本方式。风险治理是以风评估为基础，提出重要的风险议题，召集各个责任人和利益攸关方，展开平等的协商与谈判，形成解决议题的思路和手段，然后广泛借助政府机构和非政府组织的力量形成决策并推动执行。风险治理要融合古代直接民主和现代代议制民主的长处。现实中，风险治理面临诸多挑战和难题：如何在全球各国之间、各国的民众之间公平地分担风险责任和分配风险收益，是一大难题；时间迟滞使得风险的短期治理难以化解其长期不利影响；不同主体对同样的风险事件存在文化上的认知差距；风险治理的过程难以避免机会主义和"搭便车"行为。面对这些难题，我们必须以复杂系统思维方法来统筹应对：身处全球风险社会的人们应该达成利益共识，意识到人类整体利益和长远发展的优先性；针对不同层级和区域的风险，找到因地因时制宜的治理模式；通过长期的经验累积和试错，发现风险因子相互作用的分岔点和关节点，把握现实中某种风险的演变规律，找到应对风险的动态复杂性的有效办法。系统思维对风险治理的积极作用要真正发挥出来，还需要相关各方进行多次博弈，化解利益冲突，积极寻找各种合作可能，最终发现风险治理的现实路径。

参考文献

中文参考文献

著作:

1. 《马克思恩格斯选集》,第 1 卷,北京:人民出版社 1995 年版。
2. 《马克思恩格斯选集》,第 2 卷,北京:人民出版社 1995 年版。
3. 《马克思恩格斯全集》,第 10 卷,北京:人民出版社 1998 年版。
4. 《马克思恩格斯全集》,第 16 卷,北京:人民出版社 1964 年版。
5. 《马克思恩格斯全集》,第 25 卷,北京:人民出版社 2001 年版、1974 年版。
6. 《马克思恩格斯全集》,第 26 卷第 2 册,北京:人民出版社 1973 年版。
7. 《马克思恩格斯全集》,第 26 卷第 3 册,北京:人民出版社 1974 年版。
8. 《马克思恩格斯全集》,第 32 卷,北京:人民出版社 1998 年版。
9. 《马克思恩格斯全集》,第 40 卷,北京:人民出版社 1982 年版。
10. 《马克思恩格斯全集》,第 42 卷,北京:人民出版社 1979 年版。
11. 《马克思恩格斯全集》,第 44 卷,北京:人民出版社 2001 年版。
12. 《马克思恩格斯全集》,第 46 卷(上),北京:人民出版社 1979 年版。
13. 《马克思恩格斯全集》,第 47 卷,北京:人民出版社 1979 年版。
14. 《马克思恩格斯全集》,第 49 卷,北京:人民出版社 1982 年版。
15. 《马克思恩格斯文集》,第 1 卷,北京:人民出版社 2009 年版。
16. 《马克思恩格斯文集》,第 5 卷,北京:人民出版社 2009 年版。
17. 《马克思恩格斯文集》,第 7 卷,北京:人民出版社 2009 年版。

18. 《马克思恩格斯文集》，第 8 卷，北京：人民出版社 2009 年版。

19. 马克思：《资本论》，第 1 卷，北京：人民出版社 2004 年版。

20. 马克思:《机器—自然力和科学的应用》，北京：人民出版社 1978 年版。

21. 马克思恩格斯：《共产党宣言》，北京：人民出版社 1967 年版。

22. 马克思：《1844 年经济学—哲学手稿》，刘丕坤译，北京：人民出版社 1979 年版。

23. 《列宁选集》，第 1 卷，北京：人民出版社 1995 年版。

24. 《列宁全集》，第 41 卷，北京：人民出版社 1986 年版。

25. 《列宁全集》，第 60 卷，北京：人民出版社 1990 年版。

26. 《西方哲学原著选读》，上卷，北京：商务印书馆 1987 年版。

27. 《西方哲学原著选读》，下卷，北京：商务印书馆 1982 年版。

28. [法] 让-雅克·卢梭：《论科学与艺术》，何兆武译，上海人民出版社 2007 年版。

29. [法] 让-保罗·萨特:《禁闭》，冯汉津等译，载《萨特戏剧集》上卷，北京：人民文学出版社 1985 年版。

30. [德] 黑格尔：《精神现象学》，上卷，贺麟、王玖兴译，北京：商务印书馆 1997 年版。

31. [匈] 卢卡奇：《历史与阶级意识》，杜章智等译，北京：商务印书馆 1992 年版。

32. [德] 胡塞尔：《欧洲科学的危机与超越论的现象学》，王炳文译，北京：商务印书馆 2001 年版。

33. [德] 海德格尔：《存在与时间》（修订译本），陈嘉映、王庆节合译，北京生活·读书·新知三联书店 1999 年版。

34. [德] 海德格尔：《海德格尔选集》，上、下卷，孙周兴选编，上海三联书店 1996 年版。

35. [德] 海德格尔：《演讲与本书集》，孙周兴译，北京生活·读书·新知三联书店 2005 年版。

36. [德] 海德格尔：《形而上学导论》，熊伟、王庆节译，北京：商务印书馆 1996 年版。

37. [德] 海德格尔：《荷尔德林诗的阐释》，孙周兴译，北京：商务印书馆 2000 年版。

38. ［德］马克斯·韦伯：《新教伦理与资本主义精神》，于晓等译，北京：生活·读书·新知三联书店 1987 年版。

39. ［德］马克斯·韦伯：《经济·社会·宗教》，郑乐平编译，上海社会科学院出版社 1997 年版。

40. ［德］马克斯·韦伯：《经济与社会》，上卷，林荣远译，北京：商务印书馆 1997 年版。

41. ［美］马尔库塞：《单向度的人：发达工业社会意识形态研究》，刘继译，上海译文出版社 1989 年版。

42. ［德］冈特·绍伊博尔德：《海德格尔分析新时代的技术》，宋祖良译，北京：中国社会科学出版社 1993 年版。

43. ［德］汉斯·约纳斯：《技术、医学与伦理学——责任原理的实践》，张荣译，上海译文出版社 2008 年版。

44. ［法］贝尔纳·斯蒂格勒：《技术与时间》，裴程译，南京：译林出版社 2000 年版。

45. ［美］安德鲁·芬伯格：《技术批判理论》，韩连庆、曹观法译，北京大学出版社 2005 年版。

46. ［德］乌尔里希·贝克：《风险社会》，何博闻译，南京：译林出版社 2004 年版。

47. ［英］安东尼·吉登斯：《失控的世界》，周红云译，南昌：江西人民出版社 2001 年版。

48. ［英］安东尼·吉登斯：《现代性的后果》，田禾译，南京：译林出版社 2000 年版。

49. ［英］安东尼·吉登斯：《社会学》（第 4 版），赵旭东等译，北京大学出版社 2003 年版。

50. ［英］约翰·齐曼：《真科学》，曾国屏等译，上海科技教育出版社 2002 年版。

51. ［美］丹尼斯·古莱特：《靠不住的承诺：技术迁移中的价值冲突》，郏立志译，北京：社会科学文献出版社 2004 年版。

52. ［丹］波尔·哈勒莫斯主编：《疏于防范的教训：百年环境问题警世通则》，北京师范大学环境史研究中心译，北京：中国环境科学出版社，2012年版。

53. ［美］亨利·N. 波拉克：《不确定的科学与不确定的世界》，李萍萍译，上海科技教育出版社2005年版。

54. ［美］詹姆斯·E. 凯茨等：《互联网使用的社会影响》，郝芳等译，北京：商务印书馆2007年版。

55. ［美］查尔斯·E. 哈里斯等：《工程伦理概念和案例》（第3版），丛杭青等译，北京理工大学出版社2006年版。

56. ［美］詹姆斯·E. 麦克莱伦等：《世界科学技术通史》，王鸣阳译，上海科技教育出版社2007年版。

57. ［英］查尔斯·辛格等主编：《技术史》第4卷：工业革命，辛元欧主译，上海：上海科技教育出版社2004年版。

58. 薛晓源、周战超编：《全球化与风险社会》，北京：社会科学文献出版社2005年版。

59. 杨雪冬等著：《风险社会与秩序重建》，北京：社会科学文献出版社2006年版。

60. ［英］谢尔顿·克里姆斯基等编著：《风险的社会理论学说》，徐元玲等译，北京出版社2005年版。

61. ［英］芭芭拉·亚当等编著：《风险社会及其超越：社会理论的关键议题》，赵延东等译，北京出版社2005年版。

62. ［英］尼克·皮金等编著：《风险的社会放大》，谭宏凯译，北京：中国劳动社会保障出版社2010年版。

63. ［美］珍妮·卡斯帕森等编著：《风险的社会视野》（上），董蕴芝译，北京：中国劳动社会保障出版社2010年版。

64. ［美］珍妮·卡斯帕森等编著：《风险的社会视野》（下），李楠、何欢译，北京：中国劳动社会保障出版社2010年版。

65. ［美］曼纽尔·卡斯特：《网络社会的崛起》，夏铸九等译，北京：社会科学文献出版社2001年版。

66. ［美］曼纽尔·卡斯特：《千年终结》，夏铸九等译，北京：社会科学文献出版社2003年版。

67. ［美］大卫·哈维：《后现代状况——对文化变迁之缘起的探究》，阎嘉译，北京：商务印书馆2003年版。

68. [美] 道格拉斯·凯尔纳、斯蒂文·贝斯特：《后现代理论：批判性的质疑》，张志斌译，北京：中央编译出版社 2001 年版。

69. [法] 让·鲍德里亚：《生产之镜》，仰海峰译，北京：中央编译出版社 2005 年版。

70. [南非] 保罗·西利亚斯：《复杂性与后现代主义：理解复杂系统》，曾国屏译，上海科技教育出版社 2006 年版。

71. [美] 米歇尔·沃尔德罗普：《复杂：诞生于秩序与混沌边缘的科学》，陈玲译，北京：生活·读书·新知三联书店 1997 年版。

72. [美] 彼得·圣吉：《第五项修炼》，郭进隆译，上海：三联书店 2003 年版。

73. [英] 彼得·泰勒－顾柏等：《社会科学中的风险研究》，黄觉译，北京：中国劳动社会保障出版社 2010 年版。

74. [美] 威廉·I. 罗宾逊：《全球资本主义论——跨国世界中的生产、阶级与国家》，高明秀译，北京：社会科学文献出版社 2009 年版。

75. [法] 让－皮埃尔·戈丹：《何谓治理》，钟震宇译，北京：社会科学文献出版社 2010 年版。

76. [英] 戴维·赫尔德、安东尼·麦克格鲁编：《治理全球化：权力、权威与全球治理》，曹荣湘等译，北京：社会科学文献出版社 2004 年版。

77. [美] 汉斯·摩根索：《国家间政治——权力斗争与和平》（第 7 版），徐昕等译，北京大学出版社 2006 年版。

78. [美] 埃莉诺·奥斯特罗姆：《公共事物的治理之道：集体行动制度的演进》，余逊达、陈旭东译，上海三联书店 2000 年版。

79. [美] 小约瑟夫·奈：《理解国际冲突：理论与历史》（第 7 版），张小明译，上海人民出版社 2009 年版。

80. [美] 约瑟夫·熊彼特：《经济发展理论》，何畏、易家详等译，北京：商务印书馆 1990 年版。

81. 陈春文：《栖居在思想的密林中》，兰州大学出版社 1999 年版。

82. 吴国盛编：《技术哲学经典读本》，上海交通大学出版社 2008 年版。

83. 庄友刚：《跨越风险社会：风险社会的历史唯物主义研究》，北京：人民出版社 2008 年版。

84. 王若柏：《破译神话"女娲补天"》，北京：气象出版社 2011 年版。

85. ［日］河上肇：《"资本论"入门》，下卷，仲民译，北京：生活·读书·新知三联书店 1961 年版。

86. 《西方经济学》（第 3 版），高鸿业主编，北京：中国人民大学出版社 2006 年版。

87. ［古希腊］修昔底德：《伯罗奔尼撒战争史》，徐松岩等译，南宁：广西师范大学出版社 2004 年版。

88. 叶险明：《世界历史理论的当代构建》，北京：中国社会科学出版社 2014 年版。

论文：

1. 李伯聪：《风险三议》，《自然辩证法通讯》，2000 年第 5 期。
2. 朱葆伟：《高技术的发展与社会公正》，《天津社会科学》，2007 年第 1 期。
3. 张广利：《主客观风险社会理论的分歧与融合》，《广东社会科学》，2008 年第 4 期。
4. 许长新、宋敏：《风险投资中资本与技术的博弈》，《财经研究》，2003 年第 11 期。
5. 胡泳：《信息、主权与世界的新主人》，《读书》，2011 年第 5 期。
6. 周江：《技术资本在高新技术企业价值增值中的作用探析》，《云南社会科学》，2005 年第 1 期。
7. 刘剑：《内生增长理论：综合分析与简要评价》，《贵州社会科学》，2005 年第 4 期。
8. 吴富林：《金融家与时代》，《读书》，2012 年第 3 期。
9. 郭洪水：《"存在—时间"、"技术—时间"与时间技术的现代演变》，《哲学研究》，2015 年第 7 期。
10. ［澳］比尔·卢卡雷利：《马克思关于货币、信用和危机的理论》，周亚霆译，《国外理论动态》，2011 年第 2 期。
11. ［英］希勒尔·蒂克廷：《今日的危机与资本主义制度》，裘白莲、刘仁营译，《国外理论动态》，2010 年第 11 期。

12. ［美］迈克尔·赫德森：《从马克思到高盛：虚拟资本的幻想和产业的金融化》（上），《国外理论动态》，2010 年第 9 期。

13. 徐洋：《资本主义技术与社会主义技术》，《国外理论动态》，2001 年第 6 期。

14. 苗东升：《复杂性研究的现状与展望》，《系统辩证学学报》，2001 年第 4 期。

15. 陈春文：《论"自然"与弗西斯》，《科学·经济·社会》，2001 年第 4 期。

16. 陈春文：《〈明镜〉访谈中的海德格尔》，《西北师范大学学报·社会科学版》，2003 年第 1 期。

17. 张存政等：《农药残留风险评估研究进展》，《江苏农业学报》，2010 年第 6 期。

18. 杜骏飞：《网络政治的问题与主义》，《当代传播》，2010 年第 3 期。

19. 程光泉：《全球化视野中的风险治理》，《社会主义研究》，2006 年第 5 期。

20. 张文生、冯志宏：《全球化视域中的风险治理》，《甘肃社会科学》，2009 年第 4 期。

21. 张子礼、侯书和：《风险社会风险的成因与治理》，《齐鲁学刊》，2010 年第 6 期。

22. 赵延东：《风险社会与风险治理》，《中国科技论坛》，2004 年第 4 期。

23. 费多益：《风险技术的社会控制》，《清华大学学报（哲学社会科学版）》，2005 年第 3 期。

24. 李强彬、陈宝胜：《风险与公共危机治理的协商民主诉求及其价值》，《天府新论》，2009 年第 5 期。

25. 王茂涛：《风险社会根源的历史唯物主义考察》，《学术论坛》，2009 年第 2 期。

26. 刘岩：《风险意识启蒙与反思性现代化——风险社会理论的生存论理路》。见邴正主编《改革开放与中国社会学：中国社会学会学术年会获奖本书集》，北京：社会科学文献出版社 2009 年版。

27. 冯登国等：《信息安全风险评估综述》，《通信学报》，2004 年第 7 期。

28. 黄崇福：《综合风险评估的一个基本模式》，《应用基础与工程科学学报》，2008 年第 3 期。

29. 姚治华、夏志前：《大圆满（Dzogchen）及海德格尔的四维时间》，《现代哲学》，2006 年第 1 期。

30. 许志晋、毛宝铭：《论科技风险的产生与治理》，《科学学研究》，2006 年第 4 期。

31. 王利明：《论举证责任倒置的若干问题》，《广东社会科学》，2003 年第 1 期。

32. 金煜：《"末日预言"不死，世界照常活着》，《新京报》2011 年 5 月 29 日，第 B04 版。

33. 王佳：《我国成首个批准主粮转基因种植国家》，《中国经营报》2010 年 1 月 16 日，第 B01 版。

34. 方旭东：《生活在陌生的社会》，《百科知识》，2011 年第 6 期。

35. 李红梅：《"超级细菌"哪里来》，《人民日报》2010 年 11 月 11 日，第 19 版。

36. 王迎春：《技术与资本的共谋及其对现代性的建构》，复旦大学 2010 届博士论文。

外文参考文献

1. Martin Heidegger. *The Question Concerning Technology*, trans. William Lovitt, New York: Harper & Row, 1977.

2. Ulrich Beck, *Risk Society: Towards a New Modernity*, Sage Publications, 1992.

3. Anthony Giddens. *The Consequences of Modernity*, Stanford: Stanford University Press, 1991.

4. David Denney. *Risk and Society*, London: Sage, 2005.

5. Gabe Mythen, Sandra Walklate. *Beyond the Risk Society: Critical Reflections on Risk and Human Security*, McGraw-Hill International, 2006.

6. John Tulloch, Deborah Lupton. *Risk and Everyday Life*, SAGE, 2003.

7. Nick F. Pidgeon, Roger E. Kasperson. *The social Amplification of Risk*, Cambridge University Press, 2003.

8. Mary Douglas, Aaron Wildavsky. *Risk and Culture: An Essay On the Selection of Technical and Environmental Dangers*, University of California Press, 1983.

9. Ortwin Renn, Bernd Rohrmann. *Cross-cultural Risk Perception: A Survey of Empirical Studies*, Springer, 2000.

10. Millett Granger Morgan. *Risk Communication: A Mental Models Approach*, Cambridge University Press, 2002.

11. Manuel Castells. *The Rise of the Network Society*, Second Edition, U. S.: Wiley-Blackwell, 2000.

12. Craig Hanks. *Technology and Values: Essential Readings*, ed., Wiley-Blackwell, 2009.

13. Barbara Adam, Ulrich Beck and Joost Van Loon. *The Risk Society and Beyond: Critical Issues for Social Theory*, eds. SAGE Publications of London, Thousand Oaks and New Delhi, 2000.

14. Paul Slovic. *The Perception of Risk*, Earthscan Publications, 2000.

15. W. Brian Arthur. *The Nature of Technology: What It Is and How It Evolves*, FreePress, 2009.

16. Sheldon Krimsky. *Social Theories of Risk*, ed. Praeger, 1992.

17. James Flynn, Paul Slovic, Howard Kunreuther. *Risk, media, and stigma: understanding public challenges to modern science and technology*, eds. Earthscan, 2001.

18. Carl Mitcham. *Thinking Through Technology: The Path Between Engineering and Philosophy*, ed. The University of Chicago Press, 1994.

19. George A. Akerlof, "The Market for 'Lemons': Quality Uncertainty and the Market Mechanism", *The Quarterly Journal of Economics*, Vol. 84, No. 3. (Aug., 1970), pp. 488-500.

20. Sven Ove Hansson. *Risk and Safety from the Viewpoint of Philosophy of Technology*, Lecture, Northeastern University, Shenyang, China, August 20-21, 2010.

后　记

有待于思的事情，实在是太重大了。海德格尔在当今技术时代曾如是说。当人类进入风险社会，我们也确实需要对风险社会生成和演化的内在规律进行深入思考。对风险社会的本质之思，正是解开风险社会各种问题的钥匙。对风险社会进行全面深入研究，也具有前瞻意义。目前来看，这一理论尚处于"初级阶段"，有很多重大问题等待着人们做出进一步的解释和回答。笔者结合自己的学术兴趣和已有积累，重点对风险社会的生成逻辑和风险扩散机制做了研究。

第一，从哲学角度对风险和风险社会进行了研究。之所以要从哲学层面对风险社会进行研究，至少有两个主要原因。一者，哲学的任务本来就是回应时代的核心问题，以不愧为时代精神的精华。风险正是当前时代的核心问题，需要哲学的回应；二者，风险社会的各种问题，也需要深入到哲学层次做出思考和阐释。目前来看，社会学、文化学等学科对风险和风险社会已经做了一些研究，但是哲学方面的研究尚显不足。本书正是基于哲学存在论，运用唯物史观和复杂系统方法，借鉴并融合了其他学科的已有成果，尝试对风险社会作出了哲学的解读。首先，以哲学存在论理解风险概念和把握风险社会，是非常必要的。风险作为无法克服的不确定性，内在于人的存在之中；人类社会的发展过程中，各种风险始终是挥之不去的；其次，风险存在论表明：人被抛入世，面对周围环境、面向未来进行生存谋划，周围环境和未来的不确定性必定植入人的存在之中；人的行动是创造性活动，它把人带入未知的时间和空间领域，人必然是历险和涉险的；人与他人共在，他人的自由活动也带来各种不确定性；人和自然、人和社会、人们的行动之间都形成复杂的、不断变化的交互作用，这给人的生存和发展带来不能消弭的不确定性；对于这些不确定性，人们在很大程度上是难以准确预知的。在这些不确定性之中，包含着对人之生存和发展既有利又不利的双重可能，不确定性由此成为风险；最后，扎根于人生的风险，对人实现自身的存在也具有启发意义。人既然是自由的行动者，要不断行动和从事创造活动，以不断实现自身的各种可能性。行动的结果是不确定的，其中必有风险。因此，人需要适度冒险，才能不断开展出自身的各种可能性。从风险存在论出发，我们还可以进一步理解风险的各种意识结构。风险建构论不能脱离风险存在论。

第二，本书秉承存在论和唯物史观的思想方法，用动态的、发展的观点分析了风险社会的发生机制和根源。风险早就植根于人类社会的发展进程，直到今天人们进入了风险社会。风险社会的发生机制在于风险异化为危险，这些危险极大威胁着人们的生存和发展，成为人们难以逃避的关键问题。风险到危险的异化，也正是人类从"前风险社会"步入风险社会的过程。而促成这种转化的原因主要有两个：一是技术，其发展本身有各种风险；工业化进程中技术融合了科学，科学技术快速的"行星运动"更使各种风险加剧为危险；二是逐利和短视的现代资本，其发展也带来危险。技术和资本成为当代风险社会的两大根源，并且这两种力量汇合在技术资本主义的发展进程中，推动着风险不断放大为各种迫近现实的巨大威胁。科技主导的工业化进程，包含着从"前风险社会"到风险社会的转化逻辑的答案。换句话说，从风险到危险转化的历史进程，包含着风险社会的生成逻辑。

第三，本书尝试用复杂系统理论分析了风险的扩散机制。人与周围世界、人与他人、人的行动与其后果之间，形成复杂性作用，而且这种作用呈现出动态变化，这种动态复杂性本身是不确定的，因此人的生存和发展内含风险。风险是系统性的。风险系统中的各种风险因子形成复杂的交互作用，不同风险系统也相互影响，又通过市场的放大功能，风险持续扩散。风险的扩散机制，实质上是风险的系统性扩张过程。风险的扩散机制进一步阐明了技术风险、资本生产的风险、科学风险等风险的相互作用，有助于我们更深入地理解从风险到危险的异化与风险社会的生成逻辑。由此联想到，对于不断扩散的全球风险，我们需要整体观点和长远眼光来评估和应对。

这对于我们把握当今社会在未来的发展动向，也提供了更深入的启示。从历时态的角度来看，今后的社会发展方向应该是"瞻前顾后"和稳步前进的。当人们沿着工业单行道阔步前进时，也应该适当停歇下来，看看"路边的风景"，并回顾一下"前路"。面对风险社会，人们更多地面向未来考虑现在的应对策略，容易忽略历史和传统。其实，人们可以挖掘各自文化传统中有关"天人和谐"的思想，重新提出关乎未来的期望，打下治理风险的观念基础。通过对中西方文明发展过程的比较，笔者的这种感觉尤为强烈。近代以来的西方文明是一种科技文明，科技文明是一种面向未来的风险文化。[①] 这种文明犹如一个跃跃欲试的青年，崇尚个体独立与自由，好动又喜欢冒险。他不喜欢回忆过去，而只顾往前冲。这是一种不断摧毁传统的文明，它在全球化进程中越走越深，积累的风险也越来越多。中国文明犹如一位阅历丰富的老人，知道"天高地厚"，崇尚敬天法古，以静制动。他喜欢回忆美好过去，不注重面向未来一味的索取。当青年人和老人相遇，最好的结果不是激烈对抗，而是相互学习。青年人可以做事更深思熟虑一些，老人也可以活得更轻松一些。青年人向老人学习，并不是把他变成老人，而只是让他做事更加成熟稳健而已。在当前条件下，中国传统文化的基本精神可以成为应对风险社会的一种重要文化资源。海德格尔也试图让西方文明获得回归其传统的能力以应对当前困局。他在总结技术危险的解救之途时认为，我们要追随技术发展的道路从而深思技术的本质，在技术的本质处我们将发现西方文明的另外一种可能——艺术生活，这种可能早就埋藏在希腊文明的源头处。因此人类今天对技术的反思应该是"返思"，在此西方文明可以找到自己的"另一个开端"（海德格尔语），从而发现制衡技术冒险的思想动力。当青年人做事更成熟一些，他就会少栽跟头。海德格尔对中国道家思想的钟爱，也许绝非一种简单的思想兴趣，而是他可能从中获得了某种他所说的"最危险处最有救"的文化信心。

从共时态的角度来看，当今社会发展方向也应是空间上"向心"的。以往的社会发展带来很多问题和风险，人们无暇解决，又匆匆踏上了向前探索的道路。发展的成就在累积，风险也在累积。在推进科技发展的同时，人们也要把注意力聚焦在当代重大风险上，凝聚全球智慧，最大程度

[①] 如果如学界所说，西方文明源于狩猎的生产方式，那么从中发展出冒险文化并不奇怪。

地化解这些风险。然而令人遗憾的是，世界范围的解决机制远未成熟。看起来，责任伦理在当前显得更加弥足珍贵。这需要全球人们超越狭隘的局部利益，甚至牺牲某些既得利益，意识到人类整体生存和共同发展的重要性，对自己行为承担起应有责任。本书开始曾经提到女娲补天的神话，其中也许还有一层隐喻：火神代表改变自然的力量，是技术支持者；水神则是顺应自然的力量，正如道家所言"上善若水"，她怀疑和反对技术。女娲令火神斗水神，实际上是借助技术战胜了反对派。但是火神的胜利、技术的使用带来了灾难后果，对此女娲只能自己来补救。技术使用者要对技术的风险后果承担责任，女娲补天的神话或许也暗示了应对风险的责任伦理。

这样看来，科技创新长期拥有的绝对话语权需要我们重新评估。尽管创新是人的风险存在的必要方式，但它不是充分方式，即不是任何创新都值得追求。约纳斯曾经指出：我们必须从"克制使用力量"走向"克制掌握力量"，因为拥有力量几乎是无法抗拒的诱惑，而所掌握的力量所带来的后果可能是无法预计的。因此，根本就不拥有所涉及的力量，也许会更好些。① 科技专家应该对创新保持有选择的克制，比如不去发明杀伤性武器、瘦肉精、从事细菌实验等；专家如发现自己的发明可能有极大的负面影响，则尽力不使其扩散。"二战"时期，美国洛斯阿拉莫斯实验室的科学家们从事原子弹研发，当初只是为了赶在纳粹德国之前研制出原子弹。后来，科学家们的预想成功实现了，他们中很多人都反对美国对日本使用原子弹，甚至奥本海默也抵制后来的氢弹实验，这都是科技专家"负责任"的表现，也是他们的职业伦理所在。

本书研究还有诸多遗憾，留待以后弥补。首先，对于中国的风险社会发展状况需要有深入研究。西方近三百年的发展带来了全球性风险社会，中国近三十年的快速发展，也给中国社会带来诸多危机。中国既是全球性风险社会的被动卷入者，自身也在制造各种社会风险。对此需要积极应对，以免重蹈西方覆辙。其次，本书如果能结合更多典型案例，那就更能使理论阐述生动有力。最后，复杂性理论作为当前科技哲学的前沿领域，本身正处于不断发展之中。本书把它主要用来分析了风险的扩散机制。复

---

① 汉斯·约纳斯：《技术、医学与伦理学——责任原理的实践》，前引书，第48页。

杂性理论与风险社会也许还存在更多关联，需更全面和深入的探索。最后，本书对风险评估和治理进行了初步分析，但风险评估的标准和风险治理的有效路径，仍然需要结合实践进行更细致的实证研究。

  本书在撰写过程中多次得到过朱葆伟教授、叶险明教授、李河教授等诸位先生的重要启发；陈凡教授、肖峰教授、吴彤教授等先生对本书研究也提出了很多建设性意见，对笔者的后续研究具有重要参照。本书能够顺利出版，得益于中国社会科学出版社冯春凤老师的支持与帮助，特此感谢。本人主持的陕西省社科规划项目"风险的存在：论解读与风险社会的生成逻辑研究"（13C034）以及西北农林科技大学基本科研业务费项目"当代风险社会的生成与风险治理"（Z109021403）为本书出版提供资助，在此一并致谢。